clave

Deepak Chopra (India, 1947) es médico, pionero de la medicina alternativa y autor. Ha escrito más de 70 libros traducidos a 43 lenguas, varios de los cuales han estado en la lista de los más vendidos del *New York Times*. Se especializó en medicina interna y endocrinología, y en la actualidad es miembro de la Academia Estadounidense de Médicos y de la Asociación Estadounidense de Endocrinólogos Clínicos, además de desempeñarse como investigador científico en la organización Gallup. Su labor y libros han ayudado a millones de personas a comprenderse mejor y a vivir una vida más plena. Fundó, en 2009, el Centro Chopra, organización dedicada a mejorar la salud y el bienestar, cultivar la sabiduría espiritual, expandir la conciencia y promover la paz mundial. Es el divulgador de la filosofía oriental más destacado en el mundo occidental.

DEEPAK CHOPRA

El libro de los secretos

Descubre quiénes somos, de dónde venimos y por qué estamos en esta vida

DEBOLS!LLO

El libro de los secretos
Descubre quiénes somos, de dónde venimos
y por qué estamos en esta vida

Título original: The Book of Secrets: *Unlocking the Hidden Dimensions of Your Life*

Primera edición en Debolsillo: octubre de 2015

D. R. © 2004, Deepak Chopra

D. R. © 2015, derechos de edición mundiales en lengua castellana:
Penguin Random House Grupo Editorial, S.A. de C.V.
Blvd. Miguel de Cervantes Saavedra núm. 301,1er piso,
colonia Granada, delegación Miguel Hidalgo, C.P.11520,
México, D.F.
www.megustaleer.com
© Gerardo Hernández Clark, por la traducción

ISBN: 978-607-313-638-9
Impreso en México – *Printed in Mexico*

El papel utilizado para la impresión de este libro ha sido fabricado a partir de madera procedente
de bosques y plantaciones gestionadas con los más altos estándares ambientales, garantizando
una explotación de los recursos sostenible con el medio ambiente y beneficiosa para las personas.

Penguin
Random House
Grupo Editorial

A mi padre,
Krishan Lal Chopra:
La dignidad de tu vida y de tu muerte
inspiró y liberó las dimensiones
ocultas de mi vida.

Agradecimientos

Peter Guzzardi, muy diestro corrector, crítico y uno de mis mejores amigos;

Shaye, Tina, Tara, Brian, Jenny, y el resto de mi familia en Harmony: han sido afectuosos, gentiles y pacientes desde el inicio de mi carrera;

Rita, Mallika, Gotham, Sumanth, Candice y mi querida Tara: por ustedes todo es valioso y sagrado;

De mi oficina, Carolyn Rangel, Felicia Rangel y Jan Crawford; su dedicación y trabajo hacen que todo sea posible;

Y finalmente, gracias a mi familia en el Centro Chopra, quienes traducen mis palabras en una práctica que cambia la vida de las personas.

Índice

Introducción. Abre el libro de los secretos   13

Secreto 1. El misterio de la vida es real   17

Secreto 2. El mundo está en ti   31

Secreto 3. Cuatro senderos llevan a la unidad   45

Secreto 4. Ya eres lo que deseas ser   61

Secreto 5. La causa del sufrimiento es la irrealidad   81

Secreto 6. La libertad doma la mente   101

Secreto 7. Todas las vidas son espirituales   125

Secreto 8. El mal no es tu enemigo   149

Secreto 9. Vives en dimensiones múltiples   177

Secreto 10. La muerte hace posible la vida   191

Secreto 11. El universo piensa a través de ti   211

Secreto 12. No hay más tiempo que el ahora   231

Secreto 13. Eres auténticamente libre cuando
no eres una persona   251

Secreto 14. El significado de la vida es todo   267

Secreto 15. Todo es esencia pura   295

Epílogo. Renacimiento   307

Abre el libro de los secretos

Lo que más anhelamos en la vida no es comida, dinero, éxito, posición, seguridad o sexo; ni siquiera el amor del sexo opuesto. Una y otra vez conseguimos estas cosas y terminamos sintiéndonos insatisfechos, en ocasiones más de lo que estábamos al principio. Lo que más anhelamos es un secreto que se revela sólo cuando estamos dispuestos a descubrir una parte oculta de nuestro ser. En las antiguas tradiciones sapienciales, este empeño se comparó con la recolección de la más hermosa perla, una manera poética de expresar que debemos nadar bajo las aguas superficiales, sumergirnos en nuestro ser y buscar pacientemente esa perla invaluable.

La perla también recibe el nombre de esencia, hálito de Dios, agua de vida o néctar sagrado, lo que con la trivialidad propia de la era científica llamamos "transformación". Transformación significa cambio radical de forma, como cuando la oruga se transmuta en mariposa. En el ámbito humano significa convertir temor, agresión, duda, inseguridad, odio y vacío en sus opuestos. ¿Es esto posible? Lo indudable es que el anhelo secreto que carcome nuestra alma es totalmente ajeno a cuestiones externas como dinero, posición o seguridad; nuestro ser interior reclama un significado, el final del sufrimiento y respuestas a enigmas como amor, muerte, Dios, alma, bien y mal. Una vida superficial jamás responderá a estas preguntas ni satisfará las necesidades que las suscitan.

La única manera de satisfacer el anhelo más profundo es encontrando nuestras dimensiones ocultas.

Cabría esperar que este anhelo de conocimiento hubiera desaparecido con el nacimiento de la ciencia, pero en realidad se ha fortalecido. No hay más "hechos" por descubrir sobre las dimensiones ocultas de la vida. Es ocioso analizar más tomografías de pacientes durante "experiencias cercanas a la muerte" o resonancias magnéticas de yoguis en meditación profunda. Esa fase de experimentación ha cumplido su cometido: sabemos que adonde vaya la conciencia, allá irá el cerebro. Las neuronas son capaces de registrar las experiencias espirituales más elevadas. Pero de alguna manera, sabemos menos que nuestros antepasados sobre el misterio de la vida.

Vivimos en la Era del Cerebro Superior, esa corteza que creció desmedidamente en los milenios recientes y eclipsó al cerebro inferior instintivo. También se le llama "cerebro nuevo", en contraposición al que imperó sobre los seres humanos durante millones de años y sigue haciéndolo en la mayoría de los seres vivos. El cerebro antiguo no puede concebir ideas ni leer, pero tiene el poder de sentir y, sobre todo, de ser. Fue gracias a él que nuestros antepasados percibieron la cercanía de una presencia misteriosa en la naturaleza.

Esa presencia, que habita cada partícula de la creación, inunda también tu vida. Eres un libro de secretos que espera ser abierto, aunque probablemente te concibas de manera muy distinta: en la vida cotidiana eres trabajador, padre o madre, esposo o esposa, un cliente que "peina" el centro comercial en busca de algo nuevo, o un miembro del público que espera con impaciencia el siguiente espectáculo.

Cuando vives la verdad de la realidad única, todos los secretos se revelan sin esfuerzo ni lucha.

Todo se reduce a la proverbial elección entre separación o unidad. ¿Deseas sentirte fragmentado, en conflicto o desgarrado entre las fuerzas eternas de la luz y la oscuridad, o prefieres escapar de esto para acceder a la totalidad? Eres una criatura que actúa, piensa y siente; la espiritualidad funde estos tres elementos en una realidad única. El pensamiento no subyuga al sentimiento, y el sentimiento no se resiste tozudamente al cerebro superior; la acción ocurre cuando pensamiento y sentimiento dicen: "Esto es correcto". En la realidad única experimentamos el flujo de la vida sin obstáculos ni resistencia; en ella, inspiración, amor, verdad, belleza y sabiduría son aspectos naturales de la existencia. La realidad única es espíritu, y la superficie de la vida es sólo un disfraz de mil máscaras que oculta la realidad. Hace mil años, esta afirmación no hubiera encontrado oposición; todos aceptaban que el espíritu era la auténtica fuente de la vida. Ahora debemos ver el misterio de la existencia con nuevos ojos, pues como hijos orgullosos de la ciencia y la razón, hemos quedado huérfanos de sabiduría.

Este libro tiene dos objetivos: primero, persuadirte de que hay un misterio en las dimensiones ocultas de la vida; segundo, inspirarte la pasión y dedicación necesarias para descubrirlas. No pospongas este proyecto hasta que te sientas listo; estuviste listo desde el día que dejaste de preguntar quién eres y por qué estás aquí. Por desgracia, la mayoría rechazamos miles de experiencias que podrían hacer de la transformación una realidad. Si no fuera por el empeño que ponemos en la negación, la represión y la duda, nuestra vida sería una revelación constante.

En última instancia, debes convencerte de que tu vida es digna de analizarse con pasión y compromiso totales. Fueron muchas las decisiones que mantuvieron cerrado el libro de los secretos, pero basta un segundo para abrirlo de nuevo.

Yo entiendo de manera literal las palabras del Nuevo Testamento: "Pide y recibirás, toca y la puerta se abrirá". Es así de simple. Conocerás todos los secretos de la vida cuando digas sinceramente: "Debo saber, no puedo esperar un minuto más". Buda bajo el árbol Bodhi y Jesús luchando con los demonios en el desierto simbolizan el mismo drama del alma que revivimos al nacer. Ten esto por seguro: eres el ser más importante del mundo pues en el plano del alma, tú *eres* el mundo. El derecho de saber ya es tuyo. Tu siguiente pensamiento, sentimiento o acción puede revelar la sabiduría espiritual más profunda, que fluye tan pura y libre como los ríos primaverales en las montañas. No basta lo que hemos aprendido, pero es imposible que los secretos se mantengan ocultos por siempre.

Secreto 1

El misterio de la vida es real

La vida que conoces es una delgada capa de acontecimientos que cubre una realidad más profunda. En ésta, eres parte de cada experiencia que ocurre, ocurrió y ocurrirá. En la realidad profunda sabes exactamente quién eres y cuál es tu propósito. No hay confusión ni conflictos con ninguna persona. Tu propósito en la vida es fomentar la expansión y crecimiento de la creación. Cuando te miras, sólo ves amor.

Sin embargo, el misterio de la vida no reside en estas cuestiones sino en cómo sacarlas a la superficie. Si alguien me pidiera una prueba del misterio de la vida, la más clara sería la enorme distancia entre la realidad profunda y la vida cotidiana. Desde que nacemos recibimos constantes señales que sugieren la existencia de un mundo distinto en nuestro interior. ¿Has experimentado estos momentos de asombro? Ocurren al escuchar música hermosa o cuando el esplendor de la naturaleza nos provoca un estremecimiento. También cuando vemos con el rabillo del ojo algo familiar (la luz del amanecer, un árbol meciéndose con el viento, el rostro de un ser querido mientras duerme) y sabemos que en ese instante la vida es más de lo que parece.

Hemos pasado por alto innumerables señales porque no forman un mensaje claro. He conocido a un número prodigioso de personas con experiencias espirituales asombrosas: de niños vieron el alma de su abuela elevarse al momento de su muerte o seres de luz durante una fiesta de cumpleaños, viajaron más allá de sus cuerpos físicos o fueron recibidos tras acudir a la escuela por un familiar que acababa de morir en un accidente automovilístico. (Un hombre me contó que había sido un "niño de la burbuja" durante los primeros diez años de su vida: viajaba en su burbuja sobre la ciudad y hacia tierras desconocidas.) Millones de personas —no exagero, es el testimonio de encuestas públicas— se han visto cubiertas por una luz blanca iridiscente; o han escuchado una voz que saben proviene de Dios; o tuvieron guardianes invisibles en su infancia, amigos secretos que los protegían durante el sueño.

Con el tiempo me di cuenta de que son más las personas que han tenido estas experiencias (viajes a una realidad separada de ésta por un tenue velo de incredulidad) que quienes no. Para correr el velo debes cambiar tus percepciones. Se trata de un cambio personal, totalmente subjetivo, pero muy real.

¿Cómo empezarías a resolver un misterio que está en todas partes pero que, de alguna manera, no forma un mensaje articulado? Un gran detective como Sherlock Holmes partiría de una deducción elemental: *algo desconocido quiere darse a conocer*. Un misterio renuente a mostrarse se retiraría cada vez que nos acercáramos. El misterio de la vida no se comporta así: sus secretos se revelan inmediatamente si sabes en qué dirección mirar. Pero, ¿cuál es ésta?

La sabiduría del cuerpo es un buen punto de acceso a las dimensiones ocultas de la vida: es totalmente invisible, pero innegable. Los investigadores médicos empezaron a aceptar este hecho a mediados de los años ochenta. Anteriormente se consideraba que la capacidad de la inteligencia era exclusiva del cerebro, pero entonces se descubrieron indicios de inteligencia en el sistema inmune y luego en el digestivo. Ambos se valen de moléculas mensajeras especiales que circulan por todos los órganos llevando información hacia y desde el cerebro, pero que también actúan de manera autónoma. El glóbulo blanco que distingue entre bacterias invasoras y partículas inofensivas de polen realiza una decisión inteligente pese a que viaja en el flujo sanguíneo lejos del cerebro.

Hace diez años parecía absurdo hablar de inteligencia en los intestinos. Se sabía que el revestimiento del tracto digestivo posee miles de terminaciones nerviosas, pero se les consideraba simples extensiones del sistema nervioso, un medio para mantener la insulsa tarea de extraer sustancias nutritivas del alimento. Hoy sabemos que, después de todo, los intestinos no son tan insulsos. Estas células nerviosas que se extienden por el tracto digestivo forman un fino sistema que reacciona a sucesos externos: un comentario perturbador en el trabajo, un peligro inminente, la muerte de un familiar. Las reacciones del estómago son tan confiables como los pensamientos del cerebro, e igualmente complicadas. Las células de colon, hígado y estómago también *piensan*, sólo que no con el lenguaje verbal del cerebro. Lo que llamamos "reacción visceral" es apenas un indicio de la compleja inteligencia de estos miles de millones de células.

En una revolución médica radical, los científicos han accedido a una dimensión oculta que nadie sospechaba: las células nos han superado en inteligencia durante millones de años. De hecho, su sabiduría, más antigua que la cortical, puede ser el mejor modelo de lo único anterior a ella: el cosmos. Quizá el universo también nos supera en inteligencia. Adonde quiera que vea, puedo percibir lo que la sabiduría cósmica intenta. Es muy similar a lo que yo pretendo: crecer, expandir, crear; la diferencia es que mi cuerpo coopera con el universo mejor que yo.

Las células no tienen inconveniente en participar en el misterio de la vida. La suya es una sabiduría de pasión y compromiso totales. Intentemos relacionar las cualidades de la sabiduría corporal con las dimensiones ocultas que deseamos descubrir:

La sabiduría que estás viviendo

La inteligencia del cuerpo

1. Tienes un **propósito superior.**
2. Estás en **comunión** con la totalidad de la vida.
3. Tu **conciencia** está siempre abierta al cambio: percibe momento a momento lo que ocurre en tu entorno.
4. **Aceptas** a los demás como tus iguales, sin prejuicios.
5. Afrontas cada momento con **creatividad** renovada, sin aferrarte a lo antiguo o lo gastado.
6. Tu **ser** se mueve al ritmo del universo. Te sientes seguro y atendido.
7. Tu concepto de **eficiencia** es dejar que el flujo de la vida te traiga lo que necesitas. Fuerza, control y lucha no son tu procedimiento.
8. Sientes **conexión** con tu origen.
9. Estás comprometido con la **generosidad**, fuente de toda abundancia.
10. Valoras todos los cambios, incluso el nacimiento y la muerte, en función de la **inmortalidad**. Lo que menos cambia es lo más real.

Ninguno de estos temas son aspiraciones espirituales; son hechos cotidianos en el plano de las células.

Propósito superior: cada célula del cuerpo acuerda trabajar por el bien del todo; el bienestar individual es secundario. Si es preciso, morirá para proteger al cuerpo (lo que ocurre con frecuencia). La vida de cualquier célula es muchísimo más breve que la nuestra. Las células de la piel mueren por cientos cada hora, al igual que las inmunológicas que combaten los microbios invasores. El egoísmo resulta inconcebible, incluso cuando la supervivencia de las células está en juego.

Comunión: cada célula permanece en contacto con todas las demás. Hay células mensajeras que corren en todas direcciones para notificar a los puestos avanzados más lejanos cualquier intención o deseo, por pequeño que sea. Retirarse o negarse a comunicar resulta inconcebible.

Conciencia: las células se adaptan a cada momento. Son flexibles para responder a cada situación. Mantener hábitos rígidos resulta inconcebible.

Aceptación: las células reconocen que cada una es igualmente importante. Todas las funciones del cuerpo son interdependientes. Realizarlas de manera aislada resulta inconcebible.

Creatividad: aunque cada célula cumple funciones específicas (las células hepáticas, por ejemplo, realizan 50 tareas distintas), éstas se combinan de manera creativa. Una persona puede digerir alimentos que nunca había comido, concebir pensamientos nuevos o bailar de un modo nunca visto. Aferrarse a conductas anquilosadas resulta inconcebible.

Estar: las células obedecen al ciclo universal de reposo y actividad. Aunque este ciclo se manifiesta de distintas formas (niveles hormonales fluctuantes, presión sanguínea, ritmos digestivos), su expresión más obvia es el sueño. Sigue siendo un misterio por qué necesitamos dormir, pero si no lo hacemos sufrimos disfunciones graves. El futuro del cuerpo se incuba en el silencio de la inactividad. La actividad obsesiva o la agresividad resultan inconcebibles.

Eficiencia: las células operan con la menor cantidad posible de energía. En general, sólo almacenan tres segundos de alimento y oxígeno dentro de la pared celular. Confían totalmente en que se les proveerá. El consumo excesivo de alimento, aire o agua resulta inconcebible.

Conexión: debido a su herencia genética común, las células saben que, en esencia, son iguales. El hecho de que las células hepáticas sean diferentes de las cardiacas, y las musculares de las cerebrales, no contradice su identidad colectiva, que es inalterable. En el laboratorio, una célula muscular puede transformarse genéticamente en célula cardiaca refiriéndola a su origen genérico. Las células saludables permanecen vinculadas a su origen sin importar cuántas veces se dividan. Vivir en aislamiento resulta inconcebible.

Dar: la actividad principal de las células es dar, lo que mantiene la integridad del resto. El compromiso total con la concesión produce automáticamente la recepción, la otra mitad de un ciclo natural. El acopio resulta inconcebible.

Inmortalidad: las células se reproducen para transmitir a su descendencia, sin restricciones, su conocimiento, experiencia y talentos. Es una clase de inmortalidad práctica: someterse a la muerte en el plano físico, pero vencerla en el no físico. La brecha generacional resulta inconcebible.

Es lo que mis células han convenido. ¿No es un pacto plenamente espiritual? La primera cualidad —seguir un propósito superior— corresponde a los atributos espirituales de renunciación o desprendimiento; dar es devolver a Dios lo que es de Dios; la inmortalidad coincide con la creencia en la vida después de la muerte. Sin embargo, al cuerpo no le conciernen los apelativos adoptados por la mente. Para él, estas cualidades son simplemente la manera en que funciona la vida, el resultado de la expresión biológica de la inteligencia cósmica a lo largo de millones de años. El misterio de la vida manifestó su potencial pleno con gran paciencia y cuidado: aun hoy, el acuerdo que mantiene unido mi cuerpo parece un secreto porque, a juzgar por las apariencias, no existe. Más de 250 clases de células realizan sus actividades diarias (las 50 funciones que cumplen las células hepáticas son exclusivas de ellas y no se superponen a las de las células musculares, renales, cardiacas o cerebrales) y sería catastrófico que tan sólo una de ellas se malograra. El misterio de la vida ha encontrado el modo de expresarse perfectamente por mi conducto.

Relee la lista de cualidades y presta atención a lo señalado como "inconcebible": egoísmo, incomunicación, aislamiento, consumo excesivo, actividad obsesiva y agresividad. Si nuestras células no se comportan de este modo, ¿por qué lo hacemos nosotros? ¿Por qué si la avaricia provoca la destrucción de las células (la avaricia es el principal pecado de las células cancerígenas), la consideramos buena para nosotros? ¿Por qué nuestro consumo desemboca en una epidemia de obesidad mientras nuestras células reducen el suyo al mínimo? La conducta que aniquilaría a nuestros cuerpos en un día es la que los seres humanos hemos adoptado. Hemos traicionado la sabiduría de nuestro cuerpo y, peor aún, ignorado el modelo de una vida espiritual perfecta.

Este libro no nació de la idea de que los seres humanos son débiles o incompetentes en lo espiritual. Nació durante una crisis familiar que me infundió esperanzas renovadas. Mi padre murió hace unos años cuando nadie lo esperaba. Enérgico a sus 81 años, había pasado ese día de enero viendo la investidura del nuevo presidente estadounidense. Aunque se había retirado de su prolongada práctica médica como cardiólogo, seguía activo y había pasado la noche discutiendo casos clínicos con un grupo de alumnos.

Mi madre dormía en otra habitación debido a su mala salud, y no escuchó cuando Krishan se fue a la cama. Sin embargo, después de media noche, ella aún no podía conciliar el sueño y él apareció en su puerta en ropa de cama —apenas una tenue silueta en la oscuridad— y le dijo que se iba. Mi madre comprendió inmediatamente. Él le dio un beso y dijo que la amaba. Entonces, volvió en silencio a su cuarto, donde sólo penetraban los sonidos nocturnos de los grillos, las aves tropicales y la ciudad de Delhi. Se acostó, invocó a Dios tres veces y murió.

La confusión reinó en mi familia. Mi hermano menor y yo volamos de Estados Unidos a India tan pronto como pudimos. Al cabo de unas horas, luego de vestir el cuerpo de mi padre para el funeral y esparcir flores de caléndula sobre él, lo bajamos por las escaleras hacia donde esperaba el cortejo, en el cual se mezclaban lamentaciones de mujeres con cantos sagrados. Poco tiempo después me encontraba sobre una pila de cenizas en el *ghat* de incineración, en la ribera del río, cumpliendo el deber del primogénito: hacer trizas con un palo los restos del cráneo de su padre para liberarlo simbólicamente de los lazos con su vida terrenal.

No pude evitar la idea de que él, la persona a quien más amé en mi vida y que jamás pensé perder tan pronto, había desaparecido completamente. Sin embargo, la conciencia tan clara y serena con la que murió nos evitó los dolores más profundos del duelo. Aunque sabía que el cuerpo y la personalidad de Krishan Chopra habían desaparecido, mis emociones no descansarían hasta comprender en todo detalle en qué se había convertido. El misterio lo había transformado, y me di cuenta de que yo y todos sufrimos esa transformación. El misterio nos mantiene unidos y el misterio nos dispersa.

En lugar de investigar el misterio de la vida en tanto aspecto íntimo de nuestro ser, actuamos como si no existiera. Todos hemos sufrido por esta omisión, y en nuestro horizonte se perfila aún más sufrimiento, quizá más intenso que el hasta ahora conocido. Mi padre partió de un mundo hundido en las profundidades de la oscuridad. Para cuando comience el noticiario de esta noche habrán surgido problemas en todas partes, como siempre, y las explicaciones no se acercarán siquiera a la sabiduría de una sola célula. Muchas personas se desaniman y evitan el desafío de tanto sufrimiento. Otras suponen que deben cambiar su situación y buscar algo nuevo —relación, empleo, religión o maestro— para sentirse vivos de nuevo.

¿Crees que las células de tu cuerpo aceptarían esta lógica derrotista? Si el lugar en que estás no es suficientemente bueno, el amor, la salud y Dios permanecerán siempre fuera de tu alcance. Después de generaciones de vivir en el caos, ¿estamos preparados para permitir que el misterio nos salve? ¿Hay alguna otra manera?

CAMBIA TU REALIDAD PARA ALBERGAR EL PRIMER SECRETO

A cada secreto sigue un ejercicio que te permitirá aplicarlo en tu vida. La lectura incide en el nivel del pensamiento, pero los niveles del sentimiento y la acción permanecen intactos. Los tres deben fundirse para que tu realidad personal cambie.

El primer secreto consiste en dejar que la sabiduría del cuerpo señale el camino. Escribe hoy mismo diez de las cualidades mencionadas y cómo pondrías en práctica cada una.

Anótalas en una hoja aparte que te guiará durante el día. Puedes dedicar una jornada a cada cualidad o escribirlas y practicar todas las que te sean posibles. El propósito no es que seas "una mejor persona"; no partas de la idea de que eres débil o incapaz. La intención es extender la zona de confort de tu cuerpo hacia el comportamiento y el sentimiento. Asegúrate de que tus palabras expresen aspiraciones cercanas a tu corazón, que te hagan sentir tú mismo. Por ejemplo:

Propósito superior. Estoy aquí para servir. Estoy aquí para inspirar. Estoy aquí para amar. Estoy aquí para vivir mi verdad.

Comunión. Mostraré mi aprecio a alguien a quien nunca lo he expresado. Pasaré por alto la tensión y seré amigable con alguien que me ha ignorado. Expresaré al menos un sentimiento que me ha hecho sentir culpable o avergonzado.

Conciencia. Dedicaré diez minutos a observar y guardar silencio. Me sentaré a solas con el único fin de sentir mi cuerpo. Si alguien me molesta, me preguntaré qué hay detrás de mi ira y no dejaré de prestar atención hasta que desaparezca la incomodidad.

Aceptación. Dedicaré cinco minutos a pensar en las cualidades de alguien que me desagrada. Leeré sobre alguna comunidad que considero intolerante e intentaré ver el mundo a su manera. Me miraré al espejo y me describiré exactamente como si fuera la madre o el padre perfecto que me gustaría haber tenido (empezando con la frase: "Para mí eres hermoso").

Creatividad. Imaginaré cinco cosas que puedo hacer y que mi familia jamás esperaría, y realizaré al menos una. Esbozaré una novela basada en mi vida (todos los sucesos serán verdaderos, pero nadie adivinará que yo soy el protagonista). Inventaré algo que el mundo necesita desesperadamente.

Ser. Pasaré media hora en un lugar tranquilo, percibiendo únicamente qué se siente existir. Me recostaré en el pasto y sentiré cómo la tierra se remueve lánguidamente bajo mi cuerpo. Inhalaré tres veces y dejaré que el aire salga lo más suavemente posible.

Eficiencia. Evitaré controlar al menos dos cosas y veré qué sucede. Observaré una rosa y reflexionaré en la posibilidad de hacer que se abra más rápida o bellamente de lo que lo hace; luego me preguntaré si mi vida ha florecido con tal eficiencia. Me acostaré en un lugar tranquilo cerca del océano —o con una grabación de sus sonidos— y respiraré a su ritmo.

Conexión. Cuando esté con alguien y mi mirada se desvíe, la dirigiré de nuevo a sus ojos. Miraré con aprecio a alguien cuya importancia no he reconocido. Expresaré solidaridad a alguien que la necesita, de preferencia a un desconocido.

Dar. Compraré el almuerzo y lo daré a una persona necesitada —o iré a una cafetería y comeré con ella—. Elogiaré a una persona por una cualidad de la que se sienta orgullosa. Dedicaré hoy a mis hijos todo el tiempo que deseen.

Inmortalidad. Leeré un texto sagrado sobre el alma y la promesa de la vida después de la muerte. Escribiré cinco cosas por las que quiero ser recordado. Me sentaré y experimentaré en silencio el lapso entre la inhalación y la exhalación, sintiendo la eternidad en el momento presente.

Ejercicio 2: ¿accidente o inteligencia?

Cada uno de los secretos de este libro se refieren a la existencia de una inteligencia invisible que opera bajo la superficie visible de la vida. El misterio de la vida no es la expresión de accidentes aleatorios sino de una inteligencia omnipresente. ¿Es posible creer en esta inteligencia, o seguiremos aceptando sucesos azarosos y causas fortuitas?

Lee los siguientes hechos inexplicados y señala si conocías o no la existencia de esos misterios.

Sí ❑ No ❑ Las aves que habitan el desierto cercano al Gran Cañón entierran miles de piñones en lugares muy dispersos al borde del desfiladero. En invierno, cada una encuentra los que enterró, aun bajo una gruesa capa de nieve.

Sí ❑ No ❑ Los salmones que nacen en una pequeña corriente que alimenta el Río Columbia, al noroeste del Pacífico, nadan hacia el mar. Luego de varios años de recorrer vastas extensiones del océano, regresan para reproducirse justo al lugar donde nacieron, sin equivocarse jamás.

Sí ❑ No ❑ A niños de distintos países se les leyó un texto en japonés y se les preguntó si consideraban que habían escuchado palabras sin sentido o un bello poema en este idioma. Todos los niños japoneses contestaron correctamente pero, de manera significativa, también la mayoría de los de otros países, quienes nunca habían escuchado una palabra de este idioma en sus vidas.

Sí ❑ No ❑ Una persona siente el momento exacto en que su gemelo idéntico muere en un accidente a miles de kilómetros de distancia.

Sí ❑ No ❑ Las luciérnagas de Indonesia, que se cuentan por millones, son capaces de sincronizar sus destellos en un área de varios kilómetros cuadrados.

Sí ❏ No ❏ En África, ciertos árboles podados en exceso pueden avisar a otros situados a kilómetros de distancia que incrementen la cantidad de tanina en sus hojas, sustancia química que las vuelve incomibles para los animales. Estos árboles reciben el mensaje y modifican su composición química.

Sí ❏ No ❏ Gemelos separados al momento de nacer se encuentran años después y descubren que se han casado con mujeres del mismo nombre y en el mismo año, y que tienen el mismo número de hijos.

Sí ❏ No ❏ La hembra del albatros vuelve con alimento al lugar de crianza y encuentra a sus polluelos entre cientos de miles de aves idénticas en una playa atestada.

Sí ❏ No ❏ Una vez al año, durante la luna llena, millones de cangrejos herradura salen a la playa a aparearse. Todos responden al mismo llamado desde las profundidades del océano donde la luz no llega jamás.

Sí ❏ No ❏ Cuando las moléculas de aire hacen vibrar tus tímpanos —de manera similar a un palo que golpea un platillo— escuchas voces que reconoces y palabras que comprendes.

Sí ❏ No ❏ Aislados, el sodio y el cloro son venenos mortales. Combinados forman la sal, sustancia fundamental para la vida.

Sí ❏ No ❏ Para leer esta frase, varios millones de neuronas de tu corteza cerebral deben formar de manera instantánea una estructura completamente original e inédita.

No hay calificación para este ejercicio, pero tenlo a mano hasta que termines el libro. Entonces reléelo y verifica si tus creencias cambiaron y puedes explicar estos hechos con base en los secretos espirituales considerados.

El mundo está en ti

Para resolver el misterio de la vida sólo necesitamos cumplir un mandamiento: *vivir como una célula*. Sin embargo, no lo hacemos, y la razón resulta evidente: tenemos nuestra manera de hacer las cosas. Nuestras células se alimentan del mismo oxígeno y glucosa que nutrieron a las amibas hace dos billones de años, pero nosotros preferimos los alimentos de moda, grasosos, azucarados y frívolos. Pese a que nuestras células cooperan entre sí —con base en lineamientos establecidos por la evolución en los helechos del periodo cretáceo—, nosotros encontramos un nuevo enemigo en el planeta cada década, cada año, cada mes. Lo mismo podemos decir de otras desviaciones de la sabiduría exacta, completa y casi perfecta de nuestros cuerpos.

Estos ejemplos reflejan una situación de mayor alcance. Para volver a la sabiduría de la célula debemos aceptar que vivimos las consecuencias de elecciones ajenas. Se nos enseñaron hábitos y creencias que ignoran por completo el misterio de la vida. Estas creencias están contenidas unas en otras, como esas cajas chinas que contienen siempre otra más pequeña.

Hay un mundo material.
El mundo material está lleno de objetos, sucesos y personas.

Yo soy una de esas personas y no tengo una posición más elevada que las demás.
Para descubrir quién soy debo explorar el mundo material.

Este conjunto de creencias resulta limitante. En él no hay lugar para ningún acuerdo espiritual; ni siquiera para el alma. ¿Para qué integrar el misterio de la vida en un sistema que sabe de antemano qué es real? Por más convincente que parezca el mundo material —y para vergüenza de la ciencia moderna—, nadie ha podido demostrar que es real. Las personas comunes no están al tanto de los avances de la ciencia, por lo que este grave problema no es conocido. No obstante, cualquier neurólogo puede decirte que el cerebro no ofrece ninguna prueba de que el mundo exterior existe en verdad, y sí muchas de que no existe.

Todo lo que el cerebro hace es recibir señales incesantes relacionadas con el equilibrio químico, el consumo de oxígeno y la temperatura del cuerpo. A lo anterior se suma una corriente discontinua de impulsos nerviosos. Esta enorme cantidad de información no procesada tiene su origen en estallidos químicos que producen cargas eléctricas. Estas viajan en todas direcciones por una intrincada red de finísimas células nerviosas, y una vez que llegan al cerebro (como un corredor que lleva un mensaje a Roma desde los límites del imperio) la corteza las combina y forma un conjunto aún más complejo de señales eléctricas y químicas.

La corteza no nos dice nada sobre este procesamiento perpetuo de información, que es lo único que ocurre dentro de la materia gris. Nosotros sólo percibimos el mundo material con todas sus imágenes, sonidos, sabores, olores y texturas. El cerebro nos ha gastado una broma, un admirable juego de prestidigitación, pues no existe conexión entre la información no procesada del cuerpo y nuestra percepción subjetiva de un mundo exterior.

En lo que a nosotros concierne, el mundo exterior podría ser un sueño. Cuando estoy dormido y sueño, veo un mundo de sucesos tan vívido como el que veo durante la vigilia (aparte de la vista, mis otros cuatro sentidos están presentes de manera irregular, pero al menos un pequeño porcentaje de personas tiene los cinco: pueden tocar, saborear, escuchar y oler con tanta intensidad como cuando están despiertos). Sin embargo, cuando abro los ojos en la mañana, sé que esos sucesos tan reales fueron producto de mi mente. Nunca he tomado el sueño por realidad porque doy por hecho que los sueños no son reales.

¿Mi cerebro tiene un sistema para crear el mundo de los sueños y otro para crear el de la vigilia? No; en términos de función cerebral, el mecanismo de los sueños no se esfuma cuando despierto. La misma corteza visual localizada en la parte trasera de mi cabeza, hace que vea un objeto —un árbol, un rostro, el cielo— en la memoria, en un sueño, en una foto o justo frente a mí. La ubicación de la actividad neuronal cambia ligeramente entre una situación y otra, por lo que puedo distinguir entre un sueño, una foto y el objeto; pero el proceso fundamental siempre es el mismo: estoy creando un árbol, un rostro o el cielo a partir de una maraña de nervios que lanzan estallidos químicos y cargas eléctricas por todo el cuerpo. Por más que me esfuerce, jamás encontraré un patrón de sustancias químicas y cargas eléctricas con forma de árbol, de rostro o de ninguna otra cosa. Todo lo que hay es una tormenta de actividad electroquímica.

Este embarazoso problema —la incapacidad de demostrar la existencia de un mundo exterior— socava la base del materialismo. Es así como llegamos al segundo misterio espiritual: *no estás en el mundo; el mundo está en ti.*

La única razón por la que las piedras son sólidas es que el cerebro interpreta una ráfaga de señales eléctricas como tacto; la única razón por la que el sol brilla es que el cerebro interpreta otra ráfaga de señales eléctricas como vista. No hay luz solar en mi cerebro, cuyo interior es tan oscuro como una caverna de piedra caliza sin importar cuán iluminado esté el mundo exterior.

En el momento en que digo que el mundo entero se crea en mí, me doy cuenta de que tú podrías decir lo mismo. ¿Estoy en tu sueño, tú estás en el mío, o estamos todos atrapados en una extraña combinación de las versiones de cada uno sobre los acontecimientos? Para mí, éste no es un problema sino la esencia de la espiritualidad. Todos somos creadores. El misterio de cómo se combinan todos estos puntos de vista individuales —de modo que tu mundo y el mío armonicen— es lo que lleva a las personas a buscar respuestas espirituales. No hay duda de que la realidad está llena de conflictos, pero también de armonía. Es liberador darse cuenta de que como creadores generamos cada aspecto, bueno o malo, de nuestra experiencia. Así, cada uno es el centro de la creación.

Antiguamente, estas ideas se aceptaban de manera espontánea. Hace siglos la doctrina de la realidad única constituía el centro de la vida espiritual. Religiones, pueblos y tradiciones discrepaban muchísimo, pero todos coincidían en que el mundo es una creación indivisa e imbuida de una inteligencia, un diseño creativo. El monoteísmo llamó a esta realidad única Dios; India, Brahma; China, Tao. En todos los casos, el individuo vivía dentro de esta inteligencia infinita, y sus actos constituían el diseño total de la creación. No tenía que emprender búsquedas espirituales para encontrar la realidad única: su vida estaba inmersa en ella. El creador permeaba por igual cada partícula de la creación, y la misma chispa divina animaba toda forma de vida.

En la actualidad tildamos esta perspectiva como "mística" porque trata con lo invisible. Pero si nuestros ancestros hubieran conocido el microscopio, ¿no habrían encontrado en la conducta de las células la comprobación de su misticismo? La creencia en una realidad inclusiva ubica a cada individuo en el centro de la existencia. El símbolo místico de esta situación es un círculo con un punto en el centro: el individuo (punto) es en realidad infinito (círculo). Es como la pequeña célula cuyo punto de ADN la vincula con millones de años de evolución.

¿Pero podemos considerar al concepto de la realidad única como místico? Durante el invierno veo por mi ventana al menos un capullo colgando de una rama. Dentro de él una oruga se ha convertido en crisálida, la cual surgirá en primavera como mariposa. Todos conocemos esta transformación porque la vimos de niños o porque leímos *The Very Hungry Caterpillar* de Eric Carle. Pero lo que ocurre en el interior del capullo sigue siendo un misterio. Los órganos y tejidos de la oruga se disuelven, forman una sopa amorfa y toman la estructura de una mariposa, la cual no guarda ningún parecido con la oruga.

La ciencia no se explica cómo se desarrolló esta metamorfosis. Resulta imposible imaginar que los insectos la descubrieran por accidente: la complejidad química necesaria para convertir una oruga en mariposa es insólita; la transformación requiere miles de pasos interconectados minuciosamente. (Es como si llevaras tu bicicleta a reparar y te entregaran a cambio un avión.)

Pero algo sabemos sobre cómo se conforma esta delicada cadena de sucesos. Dos hormonas, juvenil y ecdisona, regulan lo que a simple vista parece la disolución de la oruga.

Ambas indican a las células dónde ir y cómo cambiar: unas deben morir, otras consumirse a sí mismas y unas más convertirse en ojos, antenas y alas. Esto denota un ritmo frágil —y milagroso— con un delicado equilibro entre creación y destrucción. El ritmo depende de la duración del día, que a su vez deriva del movimiento de traslación de la Tierra. Así pues, el ritmo del cosmos ha estado íntimamente ligado al nacimiento de las mariposas durante millones de años.

La ciencia se concentra en las moléculas, pero en este asombroso ejemplo una inteligencia las utiliza para lograr sus objetivos. El objetivo en este caso es formar una nueva criatura sin desperdiciar ingredientes. (Si hay una sola realidad no podemos decir, como hace la ciencia, que la duración del día *provoca* que las hormonas de la crisálida desencadenen la metamorfosis. La duración del día y las hormonas provienen de la misma fuente creativa y conforman la realidad única. Esa fuente utiliza ritmos cósmicos o moléculas según su conveniencia. Así como la duración del día no provoca cambios en las hormonas, éstas no motivan que el día cambie: ambas están vinculadas a una inteligencia oculta que las crea simultáneamente. Si en un sueño o pintura un niño golpea una pelota de béisbol, ésta no sale volando por los aires. Cada sueño o pintura forma una unidad indivisible.)

Otro ejemplo: dos proteínas que evolucionaron hace millones de años, la actina y la miosina, permiten a los músculos de las alas de los insectos contraerse y relajarse. Gracias a ellas los insectos aprendieron a volar. Si una de estas moléculas está ausente, las alas crecen pero no baten, y por tanto son inútiles. Las mismas proteínas son responsables del latido del corazón humano, y cuando una está ausente, el pulso es ineficiente, débil y, en última instancia, puede sobrevenir un ataque cardiaco.

La ciencia se maravilla de que las moléculas se adaptan a lo largo de millones de años. ¿No hay aquí una intención más profunda? Todos anhelamos volar, liberarnos de las limitaciones. ¿No es éste el mismo impulso que expresó la naturaleza cuando los insectos empezaron a volar? La prolactina que genera leche en el pecho de una madre es la misma que impulsa al salmón a nadar contra corriente para reproducirse y cambiar el agua salada por la dulce. La insulina de una vaca es idéntica a la de una amiba: sirve para metabolizar carbohidratos, aunque una vaca es millones de veces más compleja que una amiba. Por todo esto, no hay nada místico en el concepto de una realidad totalmente interconectada.

¿Cómo fue que la creencia en la realidad única se vino abajo? Había una alternativa que también colocaba a cada individuo en el centro de su propio mundo. Sin embargo, en vez de incluirlo lo hacía sentir solo y aislado, impulsado por el deseo personal y no por una fuerza vital compartida o por la comunión de las almas. Es la opción a la que llamamos ego, hedonismo, ley del karma o —para usar un lenguaje religioso— expulsión del paraíso. Ha penetrado hasta tal grado nuestra cultura que seguir al ego no parece ya una elección. Desde niños hemos sido educados en la norma del "primero yo, después yo y finalmente yo". La competencia nos enseña que debemos luchar por lo que deseamos. La amenaza de otros egos —que se sienten tan aislados y solos como nosotros—, está siempre presente: nuestros planes podrían frustrarse si alguien se nos adelantara.

Mi intención no es censurar al ego ni responsabilizarlo de que las personas no sean felices, sufran o no encuentren su verdadero yo, a Dios o al alma. Se dice que el ego nos obnubila con sus exigencias, avaricia, egoísmo e inseguridad interminables, lo cual es un punto de vista común pero errado. Lanzarlo a la oscuridad, convertirlo en enemigo, sólo agudiza la división y la fragmentación. Si sólo existe una realidad, debe abarcar todo. Excluir al ego es tan imposible como suprimir el deseo.

La decisión de vivir en aislamiento —algo que las células jamás eligen, excepto las cancerígenas— originó un género especial de mitología. En todas las culturas se habla de una edad de oro enterrada en un oscuro pasado. Este relato de perfección degrada a los seres humanos, quienes creyeron que eran defectuosos por naturaleza, que todos portamos la marca del pecado, que Dios no mira con buenos ojos a estos hijos descarriados. El mito da a una elección la apariencia de designio. La separación cobró vida propia, pero ¿desapareció la posibilidad de la realidad única?

Para reconquistar la realidad única debemos aceptar que el mundo está en nosotros. Este secreto espiritual se basa en la naturaleza del cerebro, cuya función es crear el mundo en todo momento. Si tu mejor amigo te llama por teléfono desde Tíbet, el sonido de su voz es una sensación en tu cerebro; si se presenta en tu casa, su voz seguirá siendo una sensación en la misma parte de tu cerebro, y lo mismo ocurrirá cuando tu amigo se haya ido y su voz resuene en tu memoria. Una estrella en el cielo parece lejana aunque también es una sensación en otra zona de tu cerebro. Por tanto, la estrella está en ti. Ocurre lo mismo cuando degustas una naranja, tocas una tela aterciopelada o escuchas a Mozart: toda experiencia se origina en tu interior.

En este momento, la vida centrada en el ego resulta totalmente convincente, razón por la cual ni todo el dolor y sufrimiento que provoca nos decide a abandonarla. El dolor lastima pero no muestra la salida. El debate sobre cómo terminar la guerra, por ejemplo, ha resultado estéril porque se funda en la idea de que somos individuos aislados; como

tales, nos enfrentamos a "ellos", los innumerables individuos que quieren lo mismo que nosotros.

La violencia se basa en la oposición nosotros-ellos.
"Ellos" nunca se van ni se dan por vencidos; luchan por
proteger sus intereses. Mientras unos y otros tengamos intereses distintos, el ciclo de violencia perdurará. Las consecuencias funestas de esta postura pueden observarse en el
organismo: en un cuerpo saludable, todas las células se reconocen en las demás. Cuando esta percepción se corrom-
pe y ciertas células se convierten en "el otro", el cuerpo
arremete contra sí, situación conocida como *trastorno in-*
munológico, y provoca afecciones terribles como artritis reu-
matoide y lupus. La agresión de un ser contra sí mismo se
fundamenta en un concepto erróneo, y aunque la medicina
puede proporcionar cierto alivio al cuerpo, es imposible
curarlo sin corregir primero el concepto equívoco.

Una acción categórica en favor de la paz es renunciar
al interés personal de una vez por todas, lo que arranca la
violencia de raíz. Esta idea puede resultar desconcertante;
nuestra reacción inmediata es: "¡Pero *yo soy* mi interés personal en el mundo!" Por fortuna, esto no es exacto: el mundo está en ti, no al revés. A esto se refería Cristo cuando nos
apremió a alcanzar el reino de Dios y preocuparnos por lo
mundano después. Dios posee todo en virtud de haber
creado todo; si tú y yo creamos las percepciones que inter-
pretamos como realidad, nos pertenecen también.

La percepción es el mundo; el mundo es percepción.

Esta idea echa por tierra el drama de "nosotros contra
ellos". Todos formamos parte del único proyecto trascendente: la creación de la realidad. Defender otros intereses
—dinero, propiedades, posición— sólo tendría sentido si
fueran esenciales. Pero el mundo material es consecuencia;
nada en él es esencial. El único interés personal valioso es

la habilidad de crear libremente, con plena conciencia de cómo se crea la realidad.

Puedo entender a quienes encuentran tan repugnante al ego que quieren deshacerse de él. Sin embargo, el ataque al ego es sólo un disfraz sutil del ataque a uno mismo. Su destrucción no serviría de nada aun si pudiera lograrse. Es vital mantener la maquinaria creativa intacta. Cuando lo despojamos de sus sueños feos, inseguros y violentos, el ego deja de ser feo, inseguro y violento, y toma su lugar como parte del misterio.

La realidad única nos ha revelado un valioso secreto: *quien crea es más importante que el mundo entero*. De hecho, *es* el mundo. Vale la pena hacer una pausa para asimilarlo. De todas las ideas liberadoras que pueden cambiar la vida de una persona, quizá ésta sea la más poderosa. Pero para llevarla a la práctica, para ser auténticos creadores, debemos liberarnos de múltiples condicionamientos. Nadie nos pidió que creyéramos en un mundo material, pero aprendimos a considerarnos seres limitados. El mundo exterior debe ser mucho más poderoso; él marca la pauta, no nosotros; él está primero y nosotros muy por detrás.

El mundo exterior no te proporcionará respuestas espirituales mientras no asumas tu papel de creador de la realidad. Esto parecerá extraño al principio, pero establecerá un nuevo conjunto de creencias:

Todo lo que experimento es un reflejo de mí. Por tanto, no tiene sentido tratar de escapar. No hay a dónde ir, y como creador de mi realidad, no me interesaría huir aun si pudiera.

Mi vida es parte de todas las demás. Mi conexión con todos los seres vivientes me impide tener enemigos. No siento necesidad de oponerme, resistirme, vencer o destruir.

No necesito controlar nada ni a nadie. Puedo inducir cambios transformando lo único que está bajo mi control: yo.

Cambia tu realidad para albergar el segundo secreto

Para vivir el segundo secreto con toda su fuerza empieza por considerarte cocreador de todo lo que te ocurre. Un ejercicio simple es contemplar lo que te rodea: conforme tu mirada se pose en una silla, un cuadro o el color de las paredes, piensa: "Esto es un reflejo de mí. Esto también es un reflejo de mí". Permite que tu conciencia asimile todo, y pregúntate:

> ¿Veo orden o desorden?
> ¿Veo mi singularidad?
> ¿Veo lo que siento en realidad?
> ¿Veo lo que quiero en realidad?

No todos los objetos de tu entorno responderán claramente a estas preguntas. Si bien un departamento iluminado y de alegres colores representa un estado de ánimo muy distinto al de otro subterráneo y oscuro, un escritorio atestado de papeles puede tener varios significados: desorden interior, temor a las responsabilidades, exceso de obligaciones, desdén por los asuntos cotidianos, etcétera. Esta pluralidad se explica porque todos manifestamos y ocultamos al mismo tiempo quiénes somos. A veces expresamos nuestros sentimientos y otras nos distanciamos de ellos, nos negamos o utilizamos válvulas de escape aceptadas por la sociedad. El sofá que compraste sólo porque estaba de oferta, la pared blanca que no te importó pintar de otro color y el cuadro que no retiras porque es un obsequio de tus suegros, son también símbolos de tus sentimientos. Sin entrar en detalles, es posible echar un vistazo al espacio vital de una persona y determinar con bastante exactitud si está satisfecha o insatisfecha con la vida, si tiene una identidad firme o débil, si es conformista o inconformista, si prefiere el orden al caos, si se siente confiado o desahuciado.

Ahora pasa a tu círculo social. Cuando estés con tu familia o amigos, escucha con tu oído interno lo que ocurre. Pregúntate:

> ¿Escucho felicidad?
> ¿La presencia de estas personas me hace sentir vivo y animado?
> ¿Percibo un trasfondo de cansancio?
> ¿Se trata de un encuentro rutinario o hay una verdadera interacción entre las personas?

Las respuestas te ayudarán a valorar tu mundo y lo que ocurre en tu interior: quienes te rodean, al igual que los objetos, son un espejo. Ahora concéntrate en el noticiario nocturno, y en vez de pensar que los sucesos ocurren "allá afuera", refiérelos a tu persona. Pregúntate:

> ¿El mundo que veo es seguro o amenazador?
> ¿El noticiario me produce temor y consternación o me divierte y entretiene?
> Cuando se trata de una noticia mala, ¿presto atención sólo para entretenerme?

¿Qué parte de mí representa este programa, la que pasa incesantemente de un problema a otro o la que busca respuestas?

Este ejercicio desarrolla una nueva clase de conciencia: empiezas a romper el hábito de considerarte una entidad aislada. Descubres que el mundo entero está en tu interior.

Ejercicio 2: lleva el mundo a casa

Que seas un creador no significa que tu ego lo sea. El ego está inextricablemente unido a tu personalidad, la cual, obviamente, no creó todo lo que te rodea. La creación no ocurre en ese nivel. Intentemos acercarnos al creador interior reflexionando sobre una rosa.

Busca una rosa roja y sosténla frente a ti. Huélela y piensa: "Sin mí, esta flor no tendría aroma". Mira su intenso color rojo y piensa: "Sin mí, esta flor no tendría color". Acaricia los pétalos aterciopelados y piensa: "Sin mí, esta flor no tendría textura". Si no fuera por tus sentidos —vista, oído, tacto, gusto y olfato— la rosa no sería más que átomos vibrando en el vacío.

Ahora reflexiona en el ADN contenido en cada célula de la rosa. Visualiza millones de átomos engarzados en esta doble hélice y piensa: "Mi ADN está mirando el ADN de esta flor. No se trata de un observador mirando un objeto; es una forma de ADN observando otra forma de ADN". Observa cómo el ADN empieza a relucir hasta convertirse en vibraciones invisibles de energía. Piensa: "La rosa se ha desvanecido; ha vuelto a ser energía primigenia. Yo me he desvanecido y soy de nuevo energía primigenia. Ahora, un campo de energía está mirando otro campo de energía".

Finalmente, observa cómo las ondas de energía de cada uno se mezclan hasta desvanecer el límite que los separa, como olas que se alzaran y cayeran en la vasta superficie de un mar infinito. Piensa: "Toda la energía proviene de una fuente y vuelve a ella. Cuando miro una rosa, una porción minúscula del infinito se eleva de la fuente para experimentarse a sí misma".

Este ejercicio nos ha permitido conocer la realidad: un campo de energía infinito y silencioso experimentó mediante un destello al objeto (rosa) y al sujeto (observador) sin ir a ningún lado. La conciencia simplemente contempló un aspecto de su belleza eterna. Su único móvil fue crear un momento de alegría. Tú y la rosa fueron los polos opuestos de ese momento, pero no estaban separados: un mismo trazo creativo los fundió en uno.

Secreto 3

❁

Cuatro senderos llevan a la unidad

Los secretos espirituales restantes —la mayoría— se fundamentan en la existencia de la realidad única. Si aún crees que se trata simplemente de una idea caprichosa, tu experiencia de vida no cambiará. La realidad única no es una idea: es la puerta a una participación totalmente novedosa en la vida. Imagina a una persona que no conoce los aviones y sube a uno. Cuando la nave despega, este individuo cae presa del pánico: "¿Qué nos sostiene? ¿Qué pasará si el avión pesa demasiado? El aire no pesa, ¡y el avión está hecho de acero!" Hundido en sus percepciones, el pasajero pierde el control y queda atrapado en una experiencia que puede resultar desastrosa.

En la cabina, el piloto se siente más relajado porque fue entrenado para volar: conoce la nave y los controles que manipula. No hay razón para que sienta pánico, aunque el temor de una falla mecánica siempre está presente. De sobrevenir un desastre, estaría fuera de su control.

Ahora piensa en el diseñador de aviones, quien puede construir cualquier nave con base en principios aerodinámicos. Él tiene más control que el piloto porque, si continúa experimentando, puede concebir un avión que jamás se estrelle (quizá un planeador con alerones que no permitan el descenso sin importar el ángulo de vuelo).

Esta progresión de pasajero a diseñador simboliza un viaje espiritual. El pasajero está atrapado en el mundo de los cinco sentidos; el vuelo se le antoja imposible porque cuando compara el acero y el aire, no puede concebir que aquél se sostenga. El piloto conoce los principios de la aerodinámica, los cuales trascienden los cinco sentidos y se basan en una ley más profunda de la naturaleza: el principio de Bernoulli. Según éste, el aire que fluye sobre una superficie curva provoca elevación. El diseñador trasciende aún más: manipula las leyes de la naturaleza para obtener el efecto que desea. En otras palabras, está más cerca de la fuente de la realidad y no actúa como víctima de los cinco sentidos ni como participante pasivo de la ley natural, sino como cocreador con la naturaleza.

Tú puedes emprender este viaje pues no sólo es simbólico: el cerebro, que elabora cada visión, sonido, sensación táctil, sabor y olor que experimentas, es una máquina cuántica. Sus átomos están en contacto directo con las leyes naturales y, mediante la magia de la conciencia, convierte cualquier deseo en una señal que envía a la fuente de la ley natural. La definición más simple de conciencia es conocimiento: son sinónimos. En cierta ocasión, durante una conferencia de negocios, un ejecutivo me pidió una definición práctica y concreta de conciencia. Pensé contestarle que es imposible definirla, pero dije casi sin querer: "Conciencia es el potencial de la creación". Pude ver cómo el rostro del ejecutivo se iluminó. A mayor conciencia, mayor potencial para crear. La conciencia pura, que subyace a todo, es potencial puro.

Pregúntate: ¿quieres ser víctima de los cinco sentidos o cocreador? Tus opciones son:

Camino a la creación

- **Dependencia de los cinco sentidos.** Separación, dualidad, centrado en el ego, vulnerable al miedo, apartado de la fuente, limitado al tiempo y el espacio.
- **Dependencia de la ley natural.** Bajo control, menos vulnerable al temor, aprovecha los recursos naturales, inventivo, consciente, explora los límites del tiempo y el espacio.
- **Dependencia de la conciencia.** Creativo, conocimiento profundo de la ley natural, cercano a la fuente, los límites se desvanecen, las intenciones se convierten en resultados, trasciende el tiempo y el espacio.

Lo único que cambia en el viaje que lleva de la separación a la realidad única es la conciencia. Cuando dependes de los cinco sentidos consideras al mundo físico como la realidad primaria. En él, tú quedas en segundo plano porque te ves como un objeto sólido formado por átomos y moléculas. La única función de tu conciencia es observar el mundo que está "allá fuera".

Los cinco sentidos son extremadamente engañosos: nos dicen que el sol se levanta por el Oriente y se oculta por el Occidente, que la Tierra es plana, que un objeto metálico no puede sostenerse en el aire. El siguiente nivel de conciencia depende de las leyes naturales y se alcanza mediante el pensamiento y la experimentación. El observador no se deja engañar: puede descubrir la ley de la gravedad utilizando las matemáticas y la experimentación. (Newton no tuvo que esperar hasta sentarse bajo un árbol y ver caer una manzana; realizó mentalmente un experimento usando imágenes y los números correspondientes. Einstein siguió el mismo método cuando imaginó el funcionamiento de la relatividad.)

Cuando el cerebro humano especula sobre las leyes naturales, el mundo material sigue estando "allá fuera". Tenemos más poder sobre la naturaleza, pero si este nivel de conciencia fuera el más elevado (como piensan muchos científicos), Utopía sería un logro tecnológico.

No obstante, el cerebro no puede prescindir de sí mismo por siempre. Las leyes naturales que mantienen los aviones en el aire también rigen los electrones del cerebro. Tarde o temprano debemos preguntarnos: "¿Quién soy, quién realiza estos pensamientos?" Es la pregunta que nos lleva a la conciencia pura. Si vaciamos al cerebro de todo pensamiento —como durante la meditación— descubrimos que la conciencia no está hueca ni es pasiva. Más allá de los límites del tiempo y el espacio ocurre un proceso —uno solo—: la creación se crea a sí misma utilizando la conciencia a manera de arcilla. La conciencia se convierte en las cosas del mundo objetivo y en las experiencias del mundo subjetivo. Si descomponemos cualquier experiencia en sus elementos primordiales, lo que obtenemos son ondas invisibles en el campo cuántico. No hay diferencia, y gracias a un pase mágico supremo, el cerebro humano participa en el proceso creativo. Basta prestar atención y concebir un deseo para poner en marcha la creación.

Para lograr esto debemos saber qué estamos haciendo. La víctima de los cinco sentidos (el hombre precientífico) y el estudioso de las leyes naturales (científicos y filósofos) son tan creativos como quienes experimentan la conciencia pura (sabios, santos, chamanes, siddhas, brujos), pero creen en limitaciones autoimpuestas. Y porque creen en ellas las vuelven realidad. Esta es la maravilla y la paradoja del viaje espiritual: sólo adquirirás pleno poder cuando te des cuenta de que has utilizado ese poder todo el tiempo para restringirte.

Tú eres el prisionero, el carcelero y el héroe que abre la celda, todos a la vez.

Nuestro instinto siempre lo supo. En los cuentos de hadas hay un vínculo mágico entre víctimas y héroes. La rana sabe que es un príncipe y que basta un toque mágico para volverlo a su forma original. En la mayoría de estas historias, la víctima está en peligro y es incapaz de romper el hechizo por sí mismo. La rana necesita un beso; la princesa dormida, alguien que atraviese el seto de espinas; Cenicienta, un hada madrina con una varita mágica. En estos cuentos se refleja nuestra creencia en la magia —convicción de las partes más antiguas de nuestro cerebro—, así como el pesar por no dominarla.

Este dilema ha frustrado a todos los que han querido abrazar la realidad única. Aun cuando se adquiere sabiduría y comprobamos que nuestro cerebro produce todo lo que nos rodea, resulta difícil localizar el interruptor que pone en marcha la creación. Pero es posible hacerlo. Detrás de cada experiencia hay alguien que experimenta y sabe qué está ocurriendo. Si logro colocarme en el lugar de quien experimenta, estaré en el punto fijo alrededor del cual gira el mundo. El proceso para llegar ahí comienza aquí y ahora.

Las experiencias se manifiestan en una de cuatro formas: sentimiento, pensamiento, acción o, simplemente, sensación de ser. Hay momentos inesperados en los cuales quien experimenta posee con mayor viveza estas cuatro formas. Cuando esto ocurre sentimos un cambio, una ligera diferencia respecto a la realidad ordinaria. La siguiente es una lista de esos cambios sutiles tomados de una libreta que llevé conmigo durante varias semanas:

SENTIMIENTOS:

Un sentimiento de ligereza en mi cuerpo.
Una sensación de fluidez en mi cuerpo.
La sensación de que todo está bien, de que ocupo un lugar en el mundo.
Una sensación de tranquilidad absoluta.
La sensación de detenerme, de manera similar a un automóvil.
La sensación de aterrizar en un lugar suave y seguro.
La sensación de que no soy lo que parecía ser, que he estado representando un papel que no corresponde a mi verdadero yo.
La sensación de que hay algo más allá del cielo o detrás del espejo.

PENSAMIENTOS:

"Sé más de lo que creo saber."
"Necesito descubrir qué es real."
"Necesito descubrir quién soy en realidad."
Mi mente es menos inquieta; quiere tranquilizarse.
Mis voces interiores se han vuelto silenciosas.
Mi diálogo interno se ha detenido de súbito.

ACCIONES:

Siento de repente que mis actos no me pertenecen.
Siento un poder mayor que actúa por mi conducto.
Mis acciones parecen simbolizar quién soy y por qué estoy aquí.
Estoy actuando con integridad total.

Renuncié al control y aquello que quise simplemente vino a mí.

Renuncié a la lucha, y en vez de que las cosas se derrumbaran, mejoraron.

Mis acciones son parte de un plan que no puedo distinguir, pero sé que existe.

SENSACIONES DE SER:

Me doy cuenta de que estoy protegido.

Me doy cuenta de que mi vida tiene un propósito, de que soy importante.

Percibo que los sucesos aleatorios no son tales sino que representan pautas sutiles.

Me doy cuenta de que soy único.

Me doy cuenta de que la vida se hace cargo de sí misma.

Me siento atraído al centro de las cosas.

Me doy cuenta y me maravillo de que la vida es infinitamente valiosa.

Esta lista parece abstracta porque todo se refiere a la conciencia. No registré ninguno de los miles de pensamientos, sentimientos y acciones que se referían a cuestiones externas. Como cualquier persona, yo estaba pensando en mi próxima cita o apresurándome para llegar a ella, atrapado en el tránsito, sintiéndome feliz o malhumorado, confuso o seguro, concentrado o distraído. Todo es como el contenido de una maleta mental que llenamos con miles de asuntos, pero la conciencia no es la maleta ni lo que guardamos en ella.

La conciencia sólo es ella misma: pura, viva, alerta, silente y llena de potencial. En ocasiones experimentamos ese estado de pureza y surge alguno de los indicios mencionados u otro similar. Algunos son palpables; surgen como sensaciones innegables en el cuerpo. Otros brotan en un nivel más sutil que es difícil describir. Un destello de *algo* atrapa repentinamente nuestra atención. Cualquiera de estas señales es un hilo que puede conducirte más allá de pensamientos, sentimientos o acciones. Si sólo hay una realidad, todas las pistas deben llevar al sitio donde las leyes de la creación actúan libremente: la conciencia pura.

Una vez que tienes un indicio prometedor, ¿cómo puedes liberarte del control del ego? El ego defiende encarnizadamente su visión del mundo, y todos sabemos cuán vagas y fugaces son las experiencias que no se adaptan a nuestro sistema de creencias. Sir Kenneth Clark, reconocido historiador inglés de arte, relata en su autobiografía la Revelación que tuvo cuando estaba en una iglesia: supo con absoluta certeza que una presencia omnipresente lo llenaba. Percibió, más allá del pensamiento, una realidad sublime, luminosa, amorosa y sagrada.

En ese momento tuvo que elegir entre seguir esta realidad trascendental o volver al arte. Prefirió el arte, sin remordimientos. Aunque incomparable con aquella realidad más elevada, éste era su amor terrenal. Eligió una de dos infinitudes: la de los objetos bellos sobre la conciencia invisible. (Hay una ingeniosa caricatura que muestra dos señales en la bifurcación de un sendero. Una apunta hacia "Dios" y la otra hacia "Debates sobre Dios". En este caso podríamos cambiarlas por "Dios" y "Pinturas de Dios".)

Muchas personas han hecho elecciones similares. Para que el mundo físico que conoces sucumba, uno de los indicios debe expandirse. Los hilos de la experiencia deben urdir una nueva pauta pues, como hebras independientes, son demasiado frágiles para competir con el drama de placer y dolor al que estamos habituados.

Revisa de nuevo la lista. Los límites entre las categorías son difusos. Entre *sentir* que estoy seguro y *saber* que estoy seguro, por ejemplo, hay una diferencia mínima. Puedo *actuar* como si tuviera la certeza de estar a salvo hasta que compruebo, sin lugar a dudas, que mi existencia ha estado segura desde que nací. Es lo que significa urdir una nueva pauta. Puedo tramar conexiones similares con cualquier ítem de la lista. Al conectar pensamiento, sentimiento, acción y ser, quien experimenta se hace más real; aprendo a colocarme en su lugar. Entonces pongo a prueba esta nueva realidad y verifico si tiene la fuerza suficiente para remplazar una imagen antigua y obsoleta de mí.

Te propongo que hagas una pausa y pongas esto en práctica. Elige algún ítem significativo —una sensación o pensamiento que recuerdes— y conéctalo con las demás categorías. Por ejemplo: "Me doy cuenta de que soy único". Esto significa que no existe nadie exactamente como tú. ¿Qué sentimiento corresponde a ese descubrimiento? Quizá uno de fortaleza y amor propio, o de ser como una flor con aroma, forma y color únicos. También sientes que destacas y estás orgulloso de ello. De aquí puede surgir el pensamiento: "No tengo que imitar a otras personas", que te libera de las opiniones de los demás sobre ti. Asimismo surge el deseo de actuar con integridad, de mostrar al mundo que sabes quién eres. En consecuencia, de una pequeña sensación emerge una pauta completamente nueva: has encontrado el camino de la conciencia expandida. Si exploras cualquier atisbo de la conciencia comprobarás cuán rápido se expande; un solo hilo te llevará a un exuberante tapiz. Pero esta metáfora no explica cómo cambiar la realidad. Para dominar la conciencia pura debes aprender a vivirla.

Cuando una experiencia es tan poderosa que nos motiva a cambiar las pautas de nuestra vida, la llamamos revelación.

El valor de una revelación no reside en lo novedoso o emocionante de la experiencia. Imagina que vas caminando por la calle y te cruzas con un extraño. Sus ojos se encuentran y por alguna razón se establece una conexión. No es sexual o romántica; ni siquiera sospechas que esta persona pudiera significar algo en tu vida. La revelación te dice que tú *eres* ese desconocido, tu experiencia se funde con la de él. Puedes llamarlo sentimiento o pensamiento, no importa; lo revelador es la expansión súbita. Eres lanzado fuera de tus estrechos límites, al menos por un instante, y eso es lo que cuenta. Has vislumbrado otra dimensión. Comparada con el hábito de encerrarte tras las murallas del ego, esta nueva dimensión es más libre y ligera. Tienes la sensación de que no cabes en tu cuerpo.

Otro ejemplo: cuando contemplamos a un niño jugando, completamente abstraído y despreocupado, es difícil no sentirnos sacudidos. ¿No es cierto que su inocencia parece palpable en ese momento? ¿Puedes sentir —o anhelas sentir— la dicha del juego? ¿No te parece que el cuerpecito del niño es frágil como una pompa de jabón, pero que estalla con la fuerza de la vida, de algo inmenso, eterno, invencible? En un fascinante texto hindú titulado *Sutras de Shiva*, que data de hace cientos de años, es posible encontrar listas similares de revelaciones. Cada una es un atisbo de libertad y confronta de manera directa a quien experimenta sin interferencias: contemplamos a una mujer hermosa y de repente vemos la belleza, miramos hacia el cielo y de súbito vemos el infinito.

Ninguna persona, por más estrecha que sea tu relación con ella, puede descifrar el significado de tus revelaciones. El secreto reside única y exclusivamente en ti. En el título de la obra mencionada, las palabras *sutra* y *Shiva* significan hilo y Dios, respectivamente. Es decir, son las hebras que conducen a la fuente eterna.

Los *Sutras de Shiva* tienen un contexto más amplio que requiere seguir el camino abierto por una revelación. Según la tradición védica, cada persona elige entre cuatro caminos que corresponden a sentimiento, pensamiento, acción y ser. A estos caminos se les llamó *yoga*, palabra sánscrita que significa "unión", debido a que la unidad —la fusión con la realidad única— era su meta. Con el tiempo, los yogas se utilizaron para definir el sendero adecuado al temperamento de cada persona, aunque de hecho es posible seguir varios o todos a la vez:

Bhakti yoga lleva a la unidad mediante el amor a Dios.
Karma yoga lleva a la unidad mediante la acción desinteresada.
Jñana yoga lleva a la unidad mediante el conocimiento.
Raja yoga lleva a la unidad mediante la meditación y la renunciación.

El nombre del cuarto camino significa literalmente "camino regio a la unión". Este elogio se debe a la creencia de que la meditación trasciende los otros tres caminos. Pero el cuarto camino también es inclusivo: al seguirlo recorremos los cuatro a la vez. La meditación va directamente a la esencia del ser, y esa esencia es la que el amor a Dios, la acción desinteresada y el conocimiento pretenden alcanzar.

Estos caminos no son exclusivos de Oriente. Los yogas fueron las semillas, los medios que pusieron la unidad a nuestro alcance. Todos podemos seguir el camino del sentimiento porque todos tenemos sentimientos. Ocurre lo mismo con pensamiento, acción y ser. El yoga propone que la unidad es posible para todos, desde cualquier nivel. De hecho, la unidad está presente en cada momento de la vida cotidiana. Nada de lo que me ocurre está fuera de la realidad única, nada se desperdicia ni es aleatorio en el plan cósmico.

Veamos cómo podemos vivir cada camino:

El *sentimiento* señala el camino cuando experimentas y expresas amor. En este sendero, las emociones personales se expanden hasta abarcar todo. El amor a uno mismo y a la familia se transfigura en amor a la humanidad. En su expresión más elevada, es tan poderoso que invita a Dios a manifestarse. El corazón anhelante encuentra la paz máxima al unirse con el corazón de la creación.

El *pensamiento* señala el camino cuando tu mente se tranquiliza y deja de especular. En este camino acallas el diálogo interno en favor de claridad y quietud. Tu mente necesita claridad para comprobar que no tiene que estar controlada. El pensamiento puede convertirse en conocimiento, esto es, en sabiduría. Con una mayor claridad, tu intelecto analiza cualquier problema y descubre la solución. Conforme tu conocimiento se expande, las preguntas personales se desvanecen. Lo que tu mente quiere en realidad es conocer el misterio de la existencia. Las preguntas tocan la puerta de la eternidad, y en ese momento sólo el Creador puede responderlas. En este camino, la plenitud llega cuando tu mente se funde con la de Dios.

La *acción* señala el camino cuando te rindes. En él se reduce el control del ego sobre los actos. Ya no te desenvuelves impulsado por deseos egoístas. Al principio es inevitable actuar por uno mismo, pues aun conducirse con desinterés produce satisfacción personal. Sin embargo, con el tiempo las acciones se independizan del ego. Una fuerza externa induce tus movimientos. En sánscrito, esta fuerza universal recibe el nombre de *Dharma*. El camino de la acción se resume en una frase: el karma da paso al Dharma. En otras palabras, el interés personal desaparece mediante la realización de las acciones de Dios. Este camino alcanza su plenitud cuando te rindes de manera tan completa que Dios se encarga de todo lo que haces.

El *ser* señala el camino cuando desarrollas un yo independiente del ego. Al principio, el sentido del "yo" se relaciona con fragmentos de tu identidad real. "Yo" es la suma de todo lo que te ha ocurrido desde que naciste. Esta identidad superficial se revela como una ilusión, una máscara que oculta un "yo" mayor presente en todos. Tu identidad real es una sensación de existencia pura y simple a la que llamaremos "yo soy". Todas las criaturas comparten el mismo "yo soy", y la plenitud ocurre cuando tu ser abarca tanto que incluye a Dios en tu sensación de estar vivo. La unidad es un estado en el que nada queda fuera del "yo soy".

En Occidente, el yoga es considerado un camino de renunciación, una forma de vida que exige separarse de la familia y las pertenencias. Los yoguis que deambulaban con platillos para limosnas en todos los pueblos de India simbolizaban esta clase de vida. Pero esta imagen no significa necesariamente renunciación, la cual ocurre en el interior y es independiente de nuestras posesiones materiales. Internamente tomamos una decisión crucial: *Estoy comenzando de nuevo*. En otras palabras, a lo que se renuncia es a viejas percepciones, no a las pertenencias.

Si tu corazón está harto de la violencia y la división del mundo, tu única opción es comenzar de nuevo. Dejar de concentrarte en los reflejos y dirigirte a la fuente. El universo, como cualquier espejo, es neutral: refleja lo que está frente a él, sin juicios ni distorsiones. Cuando te convenzas de ello habrás dado el paso decisivo hacia la renunciación; habrás abandonado la creencia de que el mundo exterior tiene poder sobre ti. Como ocurre siempre en el sendero a la unidad, vivir esta verdad es lo que la hará verdadera.

CAMBIA TU REALIDAD PARA ALBERGAR
EL TERCER SECRETO

Para encontrar el camino a tu fuente debes permitir que la vida siga el curso que desee. Toda experiencia tiene niveles mezquinos y sutiles; éstos son más delicados, vivos y significativos que aquéllos. A manera de ejercicio, advierte cuando alcances niveles sutiles en tu conciencia, y compáralos con los mezquinos. Por ejemplo:

> Amar a alguien es más sutil que guardarle rencor o rechazarlo.
> Aceptar a alguien es más sutil que criticarlo.
> Promover la paz es más sutil que fomentar ira y violencia.
> Ver a alguien sin juzgarlo es más sutil que criticarlo.

Si te permites sentirlo, el aspecto sutil de cada experiencia tranquilizará tu mente y reducirá el estrés, el pensamiento errático y la presión en el nivel emocional. La experiencia sutil es pacífica y armoniosa. Te sientes en paz; no estás en conflicto con nadie; no hay dramas desproporcionados ni necesidad de ellos.

Cuando lo hayas identificado, comienza a favorecer el aspecto sutil de tu vida. Valora este nivel de conciencia; sólo si lo haces crecerá. Si favoreces los niveles mezquinos, el mundo te devolverá el reflejo de tu percepción y seguirá siendo divisivo, perturbador, estresante y amenazador. En el nivel de la conciencia, la elección es tuya: en la diversidad infinita de la creación, cada percepción da origen a un mundo que la refleja.

Ejercicio 2: *meditación*

Cualquier experiencia que te ponga en contacto con el nivel silencioso de la conciencia puede llamarse meditación. Tal vez hayas descubierto espontáneamente alguna rutina que te produzca una paz profunda. Si no, puedes adoptar algunas de las prácticas formales de meditación de las distintas tradiciones espirituales. La más sencilla es la que se desarrolla mediante la respiración:

Siéntate en silencio y con los ojos cerrados en una habitación iluminada con luz tenue y libre de distracciones (teléfono, llamadas a la puerta). Luego de permanecer así unos minutos, toma conciencia de tu respiración. Nota cómo el aire entra de manera suave y natural, y cómo sale de igual manera. No intentes modificar el ritmo de tu respiración ni hacerla más profunda o superficial.

Al concentrarte en tu respiración te sintonizas con la conexión mente-cuerpo, la fina coordinación de pensamiento y *prana* (energía sutil de la respiración). Algunas personas se concentran mejor en su respiración si repiten un sonido: una sílaba al exhalar y otra al inhalar. El sonido *ah-hum* se utiliza tradicionalmente para este propósito. (También puedes adoptar los mantras o sonidos rituales que encontrarás en cualquier libro sobre espiritualidad oriental.)

Practica esta meditación durante diez o veinte minutos dos veces al día. Notarás que tu cuerpo se relaja. Como solemos acumular enormes cantidades de cansancio y estrés, es posible quedarse dormido. No te preocupes si esto ocurre, o si al calmarse tu mente surge una sensación o pensamiento. Confía en la tendencia natural del cuerpo a liberar el estrés. Esta meditación no implica peligro ni produce efectos secundarios negativos en una persona saludable. (Un dolor o incomodidad continua podrían ser síntomas de un enfermedad no diagnosticada; si estas sensaciones persisten, consulta al médico.)

El efecto relajante perdurará y te sentirás más consciente de ti mismo. Tal vez comprendas algo de repente o surja súbitamente un momento de inspiración. Quizá te sientas más centrado; pueden presentarse chispazos imprevistos de energía o conciencia. Los efectos varían de persona a persona, por lo que debes mantenerte abierto a lo que venga. No obstante, el propósito general de la meditación es el mismo para todos: aprender a relacionarse con la conciencia, el nivel más puro de la experiencia.

Secreto 4

Ya eres lo que deseas ser

A los 21 años, cuando estudiaba medicina en Nueva Delhi, tuve que elegir entre dos tipos de amigos. Los del tipo materialista se levantaban al mediodía y asistían a fiestas en las que se bebía Coca-Cola y se bailaba al compás de los discos de los Beatles. Habían descubierto los cigarrillos y las mujeres, así como la manera de beber alcohol de contrabando. Los del tipo espiritual se levantaban al amanecer para ir al templo (aproximadamente a la hora en que los materialistas regresaban tambaleándose a sus casas y sufriendo la resaca), comían arroz en un plato y bebían agua o té, normalmente en el mismo tazón.

En ese momento no me parecía extraño que todos los materialistas fuéramos hindúes y que todos los del tipo espiritual fueran occidentales. Los hindúes ansiábamos salir de casa e ir a algún lugar en el que hubiera Coca-Cola, buen tabaco y whisky a bajo precio y en abundancia. Los occidentales no dejaban de preguntar dónde se hallaban los santos de India, aquellos que podían levitar y curar leprosos con sólo tocarlos. Yo me uní a los materialistas, de los que había muchos en mi clase. Ninguno de los nacidos en India se consideraba un buscador espiritual.

Hoy no elegiría entre dos tipos de personas; todos somos buscadores. Buscar significa ir en pos de algo. La búsqueda de mis condiscípulos hindúes era la más fácil, pues obtener dinero y objetos finos es fácil; por el contrario, los occidentales de tipo espiritual casi nunca encontraban al santo que buscaban. Yo pensaba que esto se debía a lo escasos que son los santos, pero ahora me doy cuenta de que lo que derrotaba su sed de una vida superior era la búsqueda en sí. Las tácticas que obtienen whisky y discos de los Beatles fracasan miserablemente cuando se va en pos de la santidad.

Aquí el secreto espiritual es éste: *tú eres lo que estás buscando.* Tu conciencia proviene de la unidad. En lugar de buscar fuera de ti mismo, encuentra la fuente de la unidad y comprende lo que eres.

"Búsqueda" es una palabra que se utiliza frecuentemente en relación con la espiritualidad, y muchos se enorgullecen de llamarse buscadores. Con frecuencia son los mismos que alguna vez persiguieron vehementemente dinero, sexo, alcohol o trabajo, y ahora esperan encontrar con la misma intensidad adictiva a Dios, el alma o el ser superior. El problema es que la búsqueda parte de una premisa errónea. No me refiero a la creencia de que el materialismo es corrupto y la espiritualidad pura. Es cierto que el materialismo puede volverse una obsesión, pero lo importante es que la búsqueda está condenada al fracaso porque te conduce fuera de ti. Da lo mismo que el objetivo sea Dios o el dinero. Una búsqueda productiva exige desechar la idea de ganar un trofeo. Esto significa actuar sin la esperanza de alcanzar un yo ideal, de llegar a un lugar mejor del que saliste. Partes de ti y en ti están todas las respuestas. Debes desechar la idea de ir desde A hasta B. No hay distancia que recorrer: la meta no está en otro sitio. También debes desechar conceptos establecidos como alto y bajo, bien y mal, sagrado y profano. La realidad única incluye todo en su maraña de experiencias, y lo que buscamos es a quien experimenta, a quien está presente independientemente de cuál sea la experiencia.

Pensando en las personas que se esfuerzan por erigirse en modelos de virtud, alguien acuñó la acertada expresión "materialismo espiritual", que alude al traslado de los valores que operan en el mundo material al mundo espiritual.

Materialismo espiritual

Errores del buscador

Definir una meta.
Luchar por alcanzarla.
Seguir el camino de otro.
Esforzarse por mejorar su persona.
Establecer límites temporales.
Esperar milagros.

La mejor manera de ser un buscador auténtico es evitar estos escollos.

- *No definas una meta*. El crecimiento espiritual es espontáneo. Los acontecimientos significativos se presentan de improviso, igual que los nimios . Una sola palabra puede abrir tu corazón; una sola mirada puede decirte quién eres en realidad. La conciencia no se alcanza mediante un plan; más bien es como armar un rompecabezas sin conocer la imagen que forma. Los budistas tienen un dicho: "Si en el camino encuentras a Buda, mátalo". Esto significa que si estás representando un guión espiritual escrito con anterioridad, más vale que lo entierres. Lo único que puedes concebir son imágenes, y las imágenes no son la meta.

- *No te esfuerces por alcanzar la meta.* Si hubiera una recompensa espiritual al final del camino —una olla llena de oro, las llaves del cielo— todos lucharíamos por obtenerla. Valdría la pena cualquier empeño. Pero, ¿sirve de algo que un niño de dos años se esfuerce por cumplir tres? No, porque el desarrollo surge del interior. No hay una remuneración económica sino una nueva persona. Lo mismo ocurre con el desarrollo espiritual: es tan natural como el crecimiento del niño, pero no en el plano fisiológico sino en el de la conciencia.

- *No sigas el camino de otro.* Hubo un tiempo en que creí que para alcanzar la iluminación debía meditar durante el resto de mi vida utilizando cierto mantra. Estaba siguiendo un mapa trazado miles de años atrás por los sabios de la mayor tradición espiritual hindú. Pero hay que tener cuidado: seguir el mapa de otro puede habituarte a los pensamientos rígidos, los cuales, aun cuando se refieren al espíritu, no favorecen la libertad. Recoge enseñanzas de todas partes. Sé fiel a las que te ayudan a progresar y mantente abierto a los cambios.

- *No intentes mejorar tu persona.* El progreso personal nos ayuda a superar situaciones negativas como depresión, soledad e inseguridad. Sin embargo, si buscas a Dios o la iluminación porque quieres liberarte de la depresión y la ansiedad, deseas más autoestima o menos soledad, tu búsqueda tal vez no tenga fin. En esta área del conocimiento no hay nada escrito. Algunas personas sienten un gran progreso conforme su conciencia se expande, pero hace falta un fuerte sentido del yo para confrontar los muchos obstáculos y retos del camino. Si te sientes débil o frágil, puedes sentirte aún más débil y frágil al confrontar las energías de las sombras en tu interior. La conciencia expandida tiene un costo —debes renunciar a tus limitaciones— y para quien se siente víctima, esa limitación es tan obstinada que el progreso espiritual es muy lento. Mientras haya un conflicto en tu interior habrá un gran obstáculo en tu camino. Lo más conveniente es buscar ayuda en el nivel donde está el problema.

- *No establezcas límites temporales.* He conocido a innumerables personas que renuncian a la espiritualidad porque no alcanzan sus metas con la suficiente rapidez. "Le dediqué diez años. ¿Qué puedo hacer? La vida es corta. A otra cosa." Lo más seguro es que estos guerreros de fin de semana hayan dedicado sólo un año o un mes a recorrer el camino, y que la ausencia de resultados los haya desanimado. La mejor manera de evitar decepciones es no establecer límites temporales, aunque a muchas personas esto les resta motivación. Pero la motivación no los iba a llevar a su meta. Por supuesto, se requiere disciplina para meditar regularmente, asistir a clases de yoga, leer textos inspiradores y mantener presente nuestra visión. Para adquirir el hábito de la espiritualidad hace falta dedicación. Pero si nuestra visión no se despliega cada día, inevitablemente nos distraeremos. En vez de establecer límites temporales, procúrate apoyo para el crecimiento espiritual mediante maestros personales, grupos de diálogo, compañeros que compartan el sendero contigo, retiros regulares, un diario. Serás menos susceptible a las decepciones.

- *No esperes milagros.* No importa cómo definas *milagro*: la aparición repentina del amor perfecto, la cura de una enfermedad mortal, ser ungido por un gran líder espiritual, el éxtasis perpetuo. Quien espera un milagro deja a Dios todo el trabajo: distingue entre nuestro mundo y el mundo sobrenatural, y espera que algún día éste repare en él. Como sólo hay una realidad, tu tarea es ir más allá de las fronteras de la división y la separación. La expectativa de milagros perpetúa las fronteras y te mantiene lejos de Dios, conectado a él sólo por ilusiones.

Si salvas los escollos del materialismo espiritual te sentirás menos tentado a perseguir metas imposibles. Esta clase de persecución comenzó cuando las personas se convencieron de que Dios reprueba lo que hacemos y espera de nosotros un comportamiento ideal. Resulta difícil imaginar un Dios, por amoroso que sea, que no se sienta decepcionado, enojado, deseoso de vengarse o indignado cuando no estamos a la altura de ese ideal. Las personalidades espirituales más importantes de la historia no sólo fueron cabalmente buenos, también cabalmente humanos. Aceptaban, perdonaban y evitaban juzgar. Creo que la forma más elevada del perdón se alcanza al aceptar que la creación está entretejida de manera inextricable y que toda cualidad imaginable tiene la oportunidad de manifestarse. Necesitamos aceptar de una vez por todas que sólo hay una vida y que cada quien es libre de moldearla mediante sus elecciones. La búsqueda no puede llevarnos de un lugar a otro porque *todo* está entrelazado. Lo único que siempre será puro y prístino es tu conciencia, una vez que la hayas desbrozado.

Es mucho mas fácil perpetuar la lucha entre el bien y el mal, lo sagrado y lo profano, nosotros y ellos. Pero cuando la conciencia se expande, la pugna de los opuestos se aplaca y surge algo nuevo: un mundo en el que nos sentimos cómodos. El ego te perjudicó al arrojarte a un mundo de contrarios. Éstos siempre están en conflicto —sólo eso saben hacer—, ¿y quién puede sentirse cómodo en medio de un combate? La conciencia ofrece una alternativa más allá de las contiendas.

Anoche mientras dormía tuve un sueño. Las imágenes eran las usuales de un sueño; no las recuerdo bien. De repente percibí la respiración de alguien. Al cabo de un segundo me di cuenta de que era mi esposa, quien se había movido mientras dormía. Yo sabía que se trataba de ella, y también que yo estaba soñando. Por un instante estuve en ambos mundos, y finalmente desperté.

Sentado en la cama, tuve la extraña sensación de que la irrealidad de los sueños carecía de sentido. La vigilia es más real que ellos sólo porque así lo hemos decidido. De hecho, el sonido de la respiración de mi esposa está en mi cabeza, esté soñando o despierto. ¿Cómo puedo distinguir un estado de otro? *Alguien más debe estar viendo:* un observador que no está despierto, dormido ni soñando. La mayor parte del tiempo estoy tan inmerso en esos estados que no tengo otra perspectiva. El observador silencioso es la versión más simple de mí, la que simplemente es.

Si eliminas todas las distracciones de la vida, lo que queda eres tú. Esta versión de ti no tiene que pensar ni soñar; no necesita dormir para sentirse descansado. Es muy gratificante encontrarla porque vive en un estado de paz, por encima del bullicio y ajena a la batalla de los contrarios. Cuando buscamos estamos respondiendo al llamado silente y sereno de este nivel de nosotros mismos. Buscar es en realidad una manera de recuperarnos.

Pero para recuperarnos es necesario acercarnos lo más posible a cero. La realidad es, en esencia, existencia pura. Reúnete contigo ahí y podrás crear lo que quieras. El "yo soy" contiene todo lo necesario para hacer un mundo, aunque en sí no es más que un testigo silencioso.

Ya has realizado el ejercicio de mirar una rosa y reducirla desde el estado físico hasta el de energía vibrando en el vacío. La segunda parte del ejercicio consistió en comprobar que tu cerebro puede descomponerse del mismo modo. Entonces, cuando vemos una rosa, ¿es la nada contemplando a la nada?

Así parece, pero el fenómeno real es más sorprendente: estás mirándote a ti mismo. Una parte de tu conciencia, la que llamas "yo", está mirándose en la forma de una rosa. Ni el objeto ni el observador tienen un núcleo físico. No hay una persona dentro de tu cabeza; sólo un remolino de agua, sal, azúcar y algunas otras sustancias químicas como potasio y sodio. Este remolino —el cerebro— está siempre fluyendo, por lo que cada experiencia viaja por corrientes y remolinos tan rápidos como un río de montaña. Entonces, si el observador silencioso no está en el cerebro, ¿dónde está? Los neurólogos han identificado pautas y ubicaciones para todos los estados de ánimo posibles; sin importar cuál esté experimentando la persona —depresión, euforia, creatividad, alucinación, amnesia, parálisis, deseo sexual o cualquier otro—, el cerebro presenta una pauta característica de actividad distribuida en varios sitios. Sin embargo, no hay ubicación ni pauta para quien tiene esas experiencias: podría no estar en ningún lugar, al menos en ninguno que la ciencia pueda identificar.

No podemos sino sentirnos enormemente emocionados. Que el tú real no esté en tu cabeza significa que estás en libertad, igual que la conciencia. Esta libertad es ilimitada: puedes crear lo que sea porque estás en cada átomo de la creación. Sea cual sea el deseo de tu conciencia, la materia obedecerá. En efecto, tú estás primero y el mundo después.

Puedo escuchar los gritos airados de quienes afirman que los creyentes de hoy se sienten más poderosos que Dios, quienes en vez de acatar sus leyes definen el mundo a su antojo. Esta crítica tiene algo de verdad, pero debe contextualizarse. Piensa en un bebé que ha gateado durante varios meses y descubre de repente un nuevo modo de desplazarse llamado caminar. Todos hemos visto a un niño que descubre sus piernas: su rostro refleja una combinación de inestabilidad y determinación, inseguridad y alegría. "¿Podré hacerlo? ¿Será mejor seguir gateando como hasta ahora?" Lo que vemos en la cara del niño son los mismos sentimientos encontrados de quien se encuentra en una encrucijada espiritual. En ambos casos, todo resulta desconocido. El cerebro motiva al cuerpo, el cuerpo transmite información inesperada al cerebro, acciones inéditas empiezan a surgir de la nada, y aunque toda la situación resulta amenazante, la excitación nos impulsa: "No sé a dónde voy, pero debo llegar".

Todas las experiencias ocurren en el caldero burbujeante de la creación. Cada momento de la vida lanza al cuerpo a una mezcla inestable de mente, emociones, percepciones, conductas y sucesos externos. Tu atención es atraída en todas direcciones. En un momento de despertar espiritual, el cerebro está tan confundido, feliz, inseguro, intranquilo y sorprendido como el bebé que descubre sus piernas. Pero en el nivel del testigo, esta confusa mezcla resulta totalmente diáfana: *todo es uno*. Piensa de nuevo en el bebé. Cuando avanza vacilante, el mundo se tambalea con él. No hay lugar firme donde plantarse ni oportunidad de decir: "Tengo el control. Esto saldrá tal como lo planeo". El bebé no tiene más remedio que sumergirse en un mundo pletórico de nuevas dimensiones.

¿Es posible vivir de esta manera, sumergiéndonos en nuevas dimensiones a cada momento? No; es necesario encontrar la estabilidad. Desde la infancia la hemos hallado en el ego, imaginando un "yo" invariable que tiene el control o al menos intenta poseerlo. Pero hay algo mucho más estable: el testigo.

Encuentra al testigo silencioso

Cómo buscar en tu interior

1. Sigue el flujo de la conciencia.
2. No resistas a lo que ocurre dentro.
3. Ábrete a lo desconocido.
4. No censures ni niegues lo que sientes.
5. Ve más allá de ti mismo.
6. Sé auténtico, expresa tu verdad.
7. Haz del centro tu hogar.

Sigue el flujo. La frase "sigue tu sueño" se ha convertido en una máxima para muchas personas. El principio que la sustenta es que la mejor guía para el futuro es aquello que produce mayor alegría a una persona. Una guía aún más confiable es seguir tu conciencia conforme se desarrolla. En ocasiones, ésta no se identifica con la alegría o con nuestro sueño. Tal vez descubras una necesidad oculta de sentir pesar o una sensación persistente de malestar o descontento con las limitaciones de tu vida actual. Pero la mayoría de las personas no siguen estas señales; buscan fuentes externas de felicidad y piensan que su sueño está en ellas. En cambio, si sigues tu conciencia descubrirás que abre un sendero a través del tiempo y el espacio. La conciencia no puede desarrollarse sin desarrollar también los sucesos externos que la reflejan. Así se vinculan deseo y propósito: si sigues tu deseo, el propósito se revela. Hay un flujo que vincula los sucesos desconectados, y *tú eres ese flujo*. Cuando eras niño, el flujo te llevó de una etapa de desarrollo a la siguiente; ahora puede hacer lo mismo. Nadie puede predecir tu siguiente etapa, ni siquiera tú. Pero si estás dispuesto a seguir el flujo, el camino te acercará al testigo silencioso, quien reside en la fuente de todos tus deseos.

No resistas a lo que ocurre. Es imposible ser nuevo y viejo al mismo tiempo, pero todos queremos ser los mismos a la vez que realizamos cambios. Ésta es la fórmula perfecta para atascarse. Con el fin de buscar tu verdadero yo debes abandonar imágenes antiguas de ti mismo. Es irrelevante si te agrada quién eres o no. Una persona con autoestima elevada y logros sobresalientes está atrapada por igual en la guerra de contrarios. De hecho, estos individuos suelen pensar que están ganando esa guerra para el lado "bueno". La parte de ti que se ha liberado de todas las batallas es el testigo. Si quieres encontrarlo, más vale que te prepares: los viejos hábitos centrados en ganar y perder, ser aceptado o rechazado, sentirse en control o disperso, empezarán a cambiar. No te resistas a este cambio; te estás despojando de los adornos del ego y adquiriendo un nuevo sentido del yo.

Ábrete a lo desconocido. Este libro, dedicado al misterio de la vida, vuelve continuamente a lo desconocido. Lo que crees que eres no es real sino una mezcla de sucesos pasados, deseos y recuerdos. Esta mezcolanza tiene vida propia: avanza por el tiempo y el espacio experimentando sólo lo que ya conoce. Una experiencia nueva no es nueva en realidad; cs un lcvc giro de sensaciones bien conocidas. Abrirte a lo desconocido significa arrancar de raíz tus reacciones acostumbradas y hábitos. Observa cuán frecuentemente las mismas palabras salen de tu boca, las mismas preferencias y aversiones dictan lo que haces con tu tiempo, las mismas personas hacen de tu vida una rutina. Toda esta familiaridad es como una concha. Lo desconocido está fuera de ella, y para encontrarlo debes estar dispuesto a recibirlo.

No censures ni niegues lo que sientes. En la superficie, la vida cotidiana es mucho más cómoda que nunca. No obstante, las personas aún llevan vidas de silenciosa desesperación. La fuente de ésta es la represión, la sensación de que no podemos ser lo que queremos ser, sentir lo que queremos sentir, hacer lo que queremos hacer. Un creador no debe estar limitado de esta manera. Ninguna autoridad ejerce esta represión sobre ti; es totalmente autoimpuesta. Cada parte de ti que no puedes enfrentar levanta una barrera entre tú y la realidad. Y sin embargo, las emociones son totalmente privadas. Sólo tú sabes cómo te sientes, y cuando dejas de censurar tus emociones, el efecto supera por mucho la simple sensación de bienestar. El objetivo no es experimentar sólo emociones positivas. La libertad no se alcanza sintiéndose bien; se alcanza siendo fiel a uno mismo. Todos tenemos deudas emocionales con el pasado, en la forma de sentimientos que no pudimos expresar. El pasado no quedará atrás mientras estas deudas no estén saldadas. No debes volver con la persona que te hizo enojar o asustó, con la intención de modificar el pasado. Para esa persona, el impacto no será el mismo que para ti. El propósito de cancelar las deudas emocionales es encontrar tu lugar en el presente.

El ego tiene un repertorio de racionalizaciones para coartar tu libertad emocional:

No soy el tipo de persona que tiene esos sentimientos.
Debería superarlo.
A nadie le interesa saber de estos sentimientos.

No tengo derecho a sentir dolor; no es justo para los demás.

Sólo abriré viejas heridas.

Lo pasado, pasado.

Si te sorprendes diciendo cosas así para evitar enfrentar sentimientos dolorosos, puede que logres mantenerlos reprimidos. Pero cada sentimiento oculto y bloqueado es como un pedazo de conciencia congelada. Mientras no se derrita, seguirás diciendo "Yo soy este dolor" aunque te rehúses a verlo: te tiene en sus garras. Éste es otro obstáculo que debe disolverse entre tú y el testigo silencioso. Debes dedicar tiempo y atención, sentarte con tus sentimientos y permitirles decir lo que deben decir.

Ve más allá de ti mismo. Si habitas un yo estable y fijo puedes creer que has logrado algo positivo. Las personas suelen decir: "Ahora me conozco a mí mismo". Lo que en realidad conocen es una imitación de un yo real, una colección totalmente histórica de hábitos, etiquetas y preferencias. Debes ir más allá de esta identidad creada por ti mismo, para hallar la fuente de energía nueva. El testigo silencioso no es un segundo yo. No es un como traje nuevo que cuelgues en el clóset y te pongas para remplazar el traje raído que has desgastado.

El testigo es una sensación del yo que está más allá de las fronteras. Hay un poema impresionante del gran poeta bengalí Rabindranath Tagore en el que imagina cómo será morir. Él tiene una profunda intuición de que será como una piedra derritiéndose en su corazón:

La piedra se derretirá en lágrimas
porque no puedo permanecer cerrado a ti por siempre
no puedo escapar sin ser conquistado.

Desde el cielo azul un ojo mirará hacia abajo
para convocarme en silencio.
A tus pies recibiré la muerte completa.

Para mí, es la descripción perfecta de ir más allá de uno mismo. Pese a haber vivido con una parte dura en el corazón, no puedes evitar tu yo real. Es el ojo silencioso que mira hacia abajo. (En vez de decir "recibiré la muerte", el poeta pudo decir "recibiré la libertad" o "recibiré la alegría".) Ir más allá de uno mismo significa tomar conciencia, con determinación auténtica, de que tu identidad fija es falsa. Entonces, cuando el ego te exija ver el mundo desde la perspectiva de "qué hay en él para mí", podrás liberarte respondiendo: "ese yo no está a cargo ya".

Sé auténtico. ¿Por qué se dice que la verdad nos hará libres? Las personas son excluidas y castigadas todo el tiempo por decir la verdad. Las mentiras triunfan frecuentemente. Un acuerdo cortés para dejar las cosas como están y no hacer olas ha proporcionado dinero y poder a muchas personas. Pero "la verdad os hará libres" no se pensó como consejo práctico. Detrás de las palabras hay una intención espiritual que dice, en esencia: "Tú no puedes liberarte, pero la verdad sí". En otras palabras, la verdad tiene el poder de hacer a un lado lo falso, y con ello, puede liberarnos. El propósito del ego es mantenerse en marcha. Sin embargo, en los momentos cruciales, la verdad nos habla; nos dice cómo son las cosas en realidad, no todo el tiempo ni para todas las personas, sino en este momento y sólo para nosotros. Debes honrar este impulso si quieres ser libre. Cuando pienso en cómo es un destello de verdad, se me ocurren algunos ejemplos:

Saber que no puedes ser lo que otro quiere que seas, sin importar cuánto lo ames.

Saber que amas aun cuando da miedo decirlo.

Saber que la lucha de otra persona no es tu lucha.

Saber que eres mejor de lo que pareces ser.

Saber que sobrevivirás.

Saber que tienes que seguir tu propio camino.

Cada oración comienza con la palabra *saber* porque el testigo silencioso es ese nivel en que te conoces, sin importar lo que otros crean que saben. Decir tu verdad no es lo mismo que vociferar todas las cosas desagradables que no has dicho por miedo o cortesía. Estos arrebatos tienen siempre presión y tensión detrás de ellos, están fundados en la frustración, cargan ira y dolor. El tipo de verdad que proviene de aquel que sabe es serena; no se refiere al comportamiento de alguien más; nos da claridad sobre quiénes somos. Valora estos destellos. No puedes hacer que aparezcan pero puedes fomentarlos siendo auténtico y no permitiéndote ser un personaje creado sólo para sentirte seguro y aceptado.

Haz del centro tu hogar. Estar centrado se considera deseable. Cuando las personas se sienten distraídas o dispersas, suelen decir: "Perdí mi centro". Pero si no hay una persona dentro de tu cabeza, si el sentido que el ego tiene del yo es ilusorio, ¿dónde está el centro?

Paradójicamente, el centro está en todas partes. Es el espacio abierto que no tiene fronteras. En vez de pensar en tu centro como un lugar definido (del modo en que las personas señalan su corazón como el asiento del alma) permanece en el centro de la experiencia. La experiencia no es un lugar; es un foco de atención. Puedes vivir ahí, en el punto fijo alrededor del cual todo gira. Estar descentrado es perder concentración, apartar la mirada de la experiencia o bloquearla. Estar centrado es como decir: "Quiero encontrar mi hogar en la creación". Te relajas y adoptas el ritmo de tu propia vida, lo cual prepara el escenario para encontrarte a ti mismo en el nivel más profundo. No puedes llamar al testigo silencioso pero puedes acercarte a él rehusándote a perderte en tu propia creación. Cuando me descubro eclipsado por algo, recurro a unos sencillos pasos:

- Me digo: "Aunque esta situación me perturba, yo soy más que cualquier situación".
- Respiro profundamente y centro mi atención en lo que mi cuerpo está sintiendo.
- Me veo como lo haría otra persona (de preferencia la persona a la que me estoy resistiendo o frente a la que estoy reaccionando).
- Tomo conciencia de que mis emociones no son guías confiables hacia lo permanente y lo real. Son reacciones momentáneas, y lo más probable es que hayan nacido del hábito.
- Si estoy al borde de un arranque de reacciones incontrolables, me alejo.

Como ves, no intento sentirme mejor, ser más positivo, acercarme desde el amor o cambiar mi estado. Todos estamos enmarcados por personalidades e impulsados por egos. Las personalidades del ego están entrenadas por el hábito y el pasado; avanzan como motores autopropulsados. Si puedes observar el mecanismo en marcha sin quedar atrapado en él, descubrirás que posees una segunda perspectiva siempre serena, alerta, objetiva, sintonizada pero no eclipsada. Ese segundo lugar es tu centro. No es un lugar sino un encuentro cercano con el testigo silencioso.

Cambia tu realidad para albergar
el cuarto secreto

Este cuarto secreto se refiere a encontrar tu auténtico yo. Las palabras pueden decir mucho sobre el yo real, pero es necesario un encuentro auténtico para comprender qué es. Tu yo real tiene cualidades que ya estás experimentando todos los días: inteligencia, atención, sincronización, conocimiento. Siempre que una de estas cualidades entra en juego, estás viviendo más cerca de tu yo real. Por otra parte, cuando te sientes distraído, perdido, confundido, temeroso, disperso o atrapado dentro de los límites del ego, no lo estás.

La experiencia oscila entre estos dos polos; por tanto, una manera de encontrar tu yo real es alejarte del polo opuesto cuando notes que estás ahí. Intenta descubrirte en esos momentos y aléjate de ahí. Elige una experiencia negativa e intensa como las siguientes (si es posible, elige una recurrente):

- Enojarte mientras conduces.
- Discutir con tu cónyuge.
- Molestarte con la autoridad en el trabajo.
- Perder el control con tus hijos.
- Sentirte burlado en un acuerdo o transacción.
- Sentirte traicionado por un amigo cercano.

Distánciate de la situación y revive lo que sentiste entonces. Puedes cerrar los ojos y visualizar el auto que se te atraviesa en el tránsito o al plomero que te pasa una cuenta desproporcionada. Haz lo necesario para que la situación sea vívida en tu mente.

Cuando sientas esa punzada de ira, dolor, recelo, desconfianza o traición, piensa: "Eso es lo que siente mi ego. Entiendo por qué. Estoy muy acostumbrado a ello. Le seguiré la corriente mientras dure". Ahora deja que el sentimiento corra. Enójate todo lo que tu ego quiera; visualiza fantasías de venganza o autocompasión, o lo que tu ego considere apropiado. Imagina que te hinchas con tu sentimiento; éste se extiende desde ti como la onda de choque de una explosión en cámara lenta.

Sigue esta onda tan lejos como quiera ir; mírala cómo se adelgaza más y más conforme se extiende al infinito, llenando el universo entero si así lo desea. Respira profundamente si lo necesitas, con el fin de que la onda del sentimiento salga de ti y vaya hacia fuera. No establezcas un tiempo determinado. El sentimiento puede ser tan fuerte que requiera algún tiempo antes de querer expandirse.

Ahora, conforme ves la onda desaparecer hacia el infinito, mírate y verifica si está presente alguno de los siguientes pensamientos:

- Una risita, el deseo de reírte de ello.
- Un encogimiento de hombros, como si no importara.
- Una sensación de calma o paz.
- Verte como si estuvieras viendo a otra persona.
- Un profundo suspiro de alivio o agotamiento.
- Un sentimiento de liberar o dejar ir.
- Una comprensión súbita de que la otra persona puede tener razón.

Estos sentimientos reveladores surgen en nosotros cuando estamos cruzando la frontera invisible entre el ego y el yo real. Si sigues cualquier emoción lo suficiente, ésta terminará en silencio. Pero es demasiado pedir llegar tan lejos siempre. El objetivo es llegar por lo menos a la frontera, la línea donde las necesidades del ego empiezan a perder su control sobre nosotros.

- Cuando ríes, pierdes la necesidad de tomarte tan en serio.
- Cuando encoges los hombros, pierdes la necesidad de inflar las cosas desproporcionadamente.
- Cuando te sientes calmado, pierdes la necesidad de sentirte perturbado o montar un drama.
- Cuando puedes verte como si fueras otra persona, pierdes la necesidad de ser el único que cuenta.
- Cuando sientes alivio o agotamiento, pierdes la necesidad de aferrarte al estrés. (Esto también indica una reconexión con tu cuerpo en vez de vivir en tu cabeza.)
- Cuando comprendes súbitamente que la otra persona puede tener razón, pierdes la necesidad de juzgar.

Hay otras señales reveladoras de que estás dejando el ego atrás. Si caes en el patrón de sentirte fácilmente ofendido, superior o inferior, querer lo que viene a ti y envidiar lo que otros obtienen, o imaginar que las personas hablan a tus espaldas, puedes manejar cada uno de estos sentimientos tal como lo hiciste en los ejemplos previos. Alivia el sentimiento, permite a tu ego llevarlo tan lejos como quiera, y mira cómo se expande hasta disolverse en la orilla del infinito.

Este ejercicio no disipa todos los sentimientos negativos. Su propósito es proporcionarte un encuentro cercano con tu yo real. Si lo practicas con esa intención, te sorprenderá cuán fácil será escapar de las emociones que te han controlado durante años.

La causa del sufrimiento es la irrealidad

La razón más común de que las personas se acerquen a la espiritualidad es hacer frente al sufrimiento. No por accidente, sino porque todas las religiones prometen aliviar el dolor: la fe trasciende las penalidades de la carne y el alma es un refugio para el corazón afligido. No obstante, cuando se acercan a Dios, la fe o el alma, muchas personas no encuentran alivio, o sólo el que podría resultar de hablar con un terapeuta. ¿Hay algún poder especial que únicamente se encuentre en la espiritualidad? Para quienes se acercan a ella, la terapia funciona, y las formas más comunes de sufrimiento, ansiedad y depresión responden en el corto plazo a los medicamentos. Cuando la depresión se disipa, ¿hay alguna razón para acercarse al espíritu?

Para responder a estas preguntas debemos comprender, en primer lugar, que dolor no es lo mismo que sufrimiento. En sí mismo, el cuerpo descarga el dolor espontáneamente, liberándolo cuando se alivia la causa subyacente. El sufrimiento es dolor al que nos aferramos. Proviene del misterioso instinto de la mente de creer que el dolor es bueno, no puede rehuirse o la persona lo merece. Sin todo esto, el sufrimiento no existiría. Hace falta un esfuerzo de la mente para crear sufrimiento, una mezcla de creencia y percepción que la persona supone no controla. Pero aunque el sufrimiento parezca inexorable, lo que nos libera no es atacar al sufrimiento mismo, sino determinar la irrealidad que nos hace aferrarnos al dolor.

La causa secreta del sufrimiento es la irrealidad misma. Hace poco vi una prueba dramática de esto en una situación ordinaria. Por casualidad vi uno de esos programas televisivos en que personas nacidas con deformidades físicas reciben un tratamiento gratuito en el que se utilizan todas las capacidades de la cirugía plástica, la odontología y el arte del esteticista. En ese episodio particular, quienes buscaban desesperadamente tratamientos eran gemelas idénticas. Sólo una de ellas quería cambiar su apariencia; la otra no. De adultas, las gemelas ya no eran exactamente iguales. La "fea" de cada pareja se había fracturado la nariz, lastimado los dientes o ganado peso. Lo que me pareció dramático fue cómo estos defectos menores eran comparados con la creencia, compartida por ambas gemelas, de que una era muy hermosa y la otra inquietantemente fea. Las "feas" admitían que no pasaba un día sin que se compararan con sus "hermosas" hermanas. En este programa de televisión podían contemplarse todos los pasos que conducen al sufrimiento:

Pasar por alto los hechos.
Adoptar una percepción negativa.
Reforzar esa percepción mediante el pensamiento obsesivo.
Perderse en el dolor sin buscar una salida.
Compararse con los demás.
Consolidar el sufrimiento mediante relaciones.

Una guía para sufrir incluiría todos estos pasos, que acumulan una sensación de irrealidad que parece totalmente real. Y en consecuencia, las instrucciones para poner fin al sufrimiento invertirían estos pasos y devolverían a la persona a la realidad.

Pasar por alto los hechos. El principio del sufrimiento es frecuentemente la negativa a ver la situación como es. Hace muchos años, algunos investigadores realizaron un estudio sobre la manera en que las personas hacen frente a las crisis inesperadas. El estudio fue patrocinado por terapeutas que deseaban saber dónde buscan ayuda las personas que están en problemas. Cuando ocurre lo peor (alguien pierde su empleo, es abandonado por su cónyuge, se le diagnostica cáncer) aproximadamente quince por ciento busca alguna clase de ayuda con un consejero, terapeuta o pastor. El resto ve la televisión. Se niegan incluso a mirar el problema o comentarlo con alguien que pudiera ayudar.

A los terapeutas que patrocinaban el estudio les horrorizaba esta negativa, pero no podían evitar preguntarse: "¿No es una reacción natural ver la televisión?" Las personas procuran instintivamente sofocar el dolor con el placer. Buda enfrentó la misma situación hace muchos siglos. En su época, las personas también trataban de suprimir el dolor porque los monzones no llegaban y todos sus cultivos se perdían, o la familia moría por una epidemia de cólera. Sin televisión debían encontrar otros medios de escape, pero la premisa era la misma: el placer es mejor que el dolor; por tanto, debe ser la respuesta al sufrimiento.

La sustitución del dolor con el placer es eficaz en el corto plazo. Ambos son sensaciones, y si una tiene la intensidad suficiente puede anular a la otra. Pero Buda no predicaba que la vida es dolorosa a causa del dolor; es dolorosa porque la causa del sufrimiento no ha sido analizada. Imagina a una persona que está sentada junto a una piscina en Miami Beach. Está mirando su serie favorita de televisión y comiendo chocolate, pero alguien le está haciendo cosquillas con una pluma. Tal vez la persona no sienta mucho dolor pero sí podría estar sufriendo profundamente. La única manera de evitarlo de manera duradera es confrontar la fuente del sufrimiento, siendo el primer paso la disposición de ver qué está ocurriendo realmente.

Percepciones negativas. La realidad es percepción, y la persona que sufre queda atrapada por percepciones negativas de su propia creación. La percepción mantiene el dolor bajo control no reduciéndolo sino produciendo *aún más dolor*. Este giro es el que la mayoría de las personas encuentra difícil de comprender. El cuerpo descarga el dolor automáticamente pero la mente puede hacer caso omiso de ese instinto y convertir al dolor en algo "bueno", con el argumento de que es mejor que otras posibilidades aún peores. La confusión y el conflicto internos son la razón por la cual a la mente se le dificulta tanto curarse pese a todo el poder que tiene. El poder se ha vuelto contra sí mismo y, en consecuencia, la percepción —que podría terminar con el sufrimiento al instante— cierra la puerta.

Reforzar una percepción. Las percepciones son fluidas, a menos que las fijemos en un lugar. El yo es como un sistema en cambio constante que incorpora lo nuevo en lo viejo a cada momento. Sin embargo, si te obsesionas constantemente con viejas percepciones, éstas se refuerzan con cada repetición. Analicemos un ejemplo. *Anorexia nervosa* es el término médico dado a un padecimiento en que la persona, por lo general una muchacha de menos de veinte años, adopta el hambre como forma de vida. Si entrevistáramos a una adolescente anoréxica que pesa menos de 40 kilogramos y le mostráramos fotografías de cuatro cuerpos, desde lo más delgado a lo más obeso, ella diría que su cuerpo se asemeja al obeso, pese a que en realidad su constitución es esquelética. Si llegáramos al extremo de superponer su rostro en las cuatro fotografías, una anoréxica seguiría considerando al cuerpo más obeso como el suyo. Esta imagen corporal distorsionada desconcierta totalmente a los demás. Resulta extraño mirar en el espejo un esqueleto y ver en su lugar una persona obesa (así como resulta extraño que gemelos idénticos crean que uno es extremadamente feo y el otro hermoso).

En estos casos, la percepción se ha distorsionado por razones ocultas relacionadas con la emoción y la personalidad. Si a una anoréxica se le muestran fotografías de cuatro gatos, puede distinguir fácilmente cuál es el más obeso. La distorsión viene de un nivel más profundo, donde el yo determina qué es real respecto de uno mismo. Es un círculo vicioso: una vez que el yo determina algo sobre sí mismo, todo en el mundo exterior debe ajustarse a esa decisión. En la mente de la anoréxica, la vergüenza es esencial para lo que ella es, y el mundo no tiene otra opción que devolverle su imagen vergonzosa. Matarse de hambre es la única manera que se le ocurre para hacer que esa chica obesa del espejo desaparezca. Lo que nos lleva a una regla general: *la realidad es aquello con lo que te identificas.*

Cuando la vida nos resulta dolorosa es porque nos hemos encerrado en algún tipo de identificación errónea, contándonos historias privadas e incuestionables sobre quiénes somos. La cura de la anorexia es marcar de alguna manera la diferencia entre "yo" y esta identificación poderosa y secreta. Lo mismo vale para todo tipo de sufrimiento, porque cada persona se identifica arbitrariamente con una cosa u otra, las cuales le cuentan una historia inexacta de quién es. Aunque fuéramos capaces de rodearnos de placer a cada minuto del día, la historia equivocada de quiénes somos terminaría trayendo un profundo sufrimiento.

Perderse en el dolor. Las personas tienen umbrales de dolor notablemente distintos. Los investigadores han sometido a sujetos a estímulos iguales, como choques eléctricos en el dorso de la mano, y les han pedido que califiquen la incomodidad sentida en una escala del uno al diez. Durante mucho tiempo se pensó que como el dolor se percibe mediante caminos neurales idénticos, las personas debían percibir las señales de dolor de manera más o menos similar (así como, por ejemplo, casi todos serían capaces de ver la diferencia entre la luz normal y la luz alta de unos faros). Sin embargo, el dolor que algunos pacientes percibieron como diez, a otros les pareció uno. Esto indica no sólo que el dolor tiene un componente subjetivo sino también que la manera en que evaluamos el dolor es completamente individual. No hay un camino universal entre estímulos y respuesta. Una persona puede sentirse profundamente traumatizada por una experiencia que apenas resulta significativa para otra.

Lo extraño acerca de este resultado es que ninguno de los sujetos pensaba que estaba creando una respuesta. Si ponemos accidentalmente la mano sobre una estufa caliente, nuestro cuerpo reacciona instantáneamente. Pero en ese instante el cerebro está evaluando el dolor y dándole la intensidad que percibimos como objetivamente real. Y al no renunciar a su control sobre él, las personas se pierden en el dolor. "¿Qué puedo hacer? Mi madre murió y estoy desolada. No puedo ni salir de la cama en las mañanas". En esta declaración parece haber un vínculo directo entre causa (la muerte de un ser querido) y efecto (depresión). De hecho, el sendero entre causa y efecto no es una línea recta; la totalidad de la persona entra en juego, con gran cantidad de factores del pasado. Es como si el dolor entrara en una caja negra antes de que lo sintiéramos, y en esa caja el dolor fuera emparejado con todo lo que somos: nuestra historia completa de emociones, recuerdos, creencias y expectativas. Si eres consciente de ti mismo, la caja negra no está sellada ni oculta. Tú sabes que puedes influir en lo que ocurre dentro de ella. Pero cuando sufrimos, nos maltratamos a nosotros mismos. ¿Por qué el dolor es diez en vez de uno? Simplemente porque es; por eso. El sufrimiento persiste sólo en la medida en que permanecemos extraviados en nuestra propia creación.

Compararse con los demás. El ego quiere ser el número uno. Por tanto, no tiene más opción que permanecer atrapado en el juego eterno de compararse con los demás. Como todos los hábitos arraigados, éste es difícil de romper. Un amigo mío supo hace poco que una mujer a la que conocía había muerto en un accidente automovilístico. Él no la conocía bien, pero sí a todos los amigos de ella. Unas horas después de su muerte, una nube de pesar se cernió sobre ellos. La mujer era muy querida y había realizado muchas buenas obras; era joven y estaba llena de optimismo. Por estas razones, las personas se apesadumbraban aún más, y mi amigo quedó atrapado en ello. "Me vi saliendo de mi auto y siendo arrollado por un conductor de los que atropellan y huyen, como le pasó a ella. Seguía pensando que debía hacer algo más que enviar flores y una tarjeta. Coincidió que la semana del funeral salí de vacaciones, y fui incapaz de divertirme sólo de pensar en la impresión y el dolor de morir así."

En medio de estas reacciones, mi amigo comprendió súbitamente algo: "Me sentía cada vez más triste hasta que de repente entendí: 'Ésa no es mi vida. Ella no es yo'. Ese pensamiento me pareció muy extraño. Quiero decir: ¿no es bueno ser compasivo? ¿No debería compartir la pena que sentían todos mis amigos?" En ese momento dejó de compararse con los demás, algo nada sencillo porque todos adquirimos identidad a partir de padres, amigos y cónyuges. Una comunidad entera ha adoptado una residencia fragmentaria en nosotros, compuesta de porciones de otras personalidades.

Nuestro estilo de sufrimiento lo hemos aprendido de los demás. En la medida en que te sientas estoico o débil, bajo control o víctima, desesperado o esperanzado, te estás adhiriendo a reacciones establecidas por alguien más. Desviarnos de sus pautas nos parece extraño, amenazador incluso. En el caso de mi amigo, rompió una pauta de sufrimiento cuando se dio cuenta de que era de segunda mano. Anteriormente, quería sentir lo que creía apropiado y lo que le parecía que esperaban de él. Quería adaptarse a la manera en que los demás veían la situación. Mientras te compares con los demás, tu sufrimiento persistirá como una manera de adaptarte.

Consolidar el sufrimiento mediante relaciones. El dolor es una experiencia universal; por tanto, está presente en todas las relaciones. Nadie sufre solo, y aunque hicieras todo lo posible por sufrir en silencio, tendrías un efecto en quienes te rodean. La razón por la cual a las personas les resulta tan difícil participar en una relación sanadora es que la vida en nuestra familia de origen requería frecuentemente una buena cantidad de inconsciencia. Pasamos por alto lo que no queremos ver; guardamos silencio sobre cosas de las que es demasiado difícil hablar; respetamos límites aun cuando éstos resultan limitantes. En resumen, la familia es donde aprendemos a negar el dolor. Y el dolor negado es otro nombre para el sufrimiento.

Si se les diera a escoger, la mayoría de las personas preferirían mantener sus relaciones a dejar de sufrir. Esto se comprueba en familias abusivas en que las víctimas no se defienden ni se van. (Algunos estados han aprobado leyes que obligan a la policía a arrestar a abusadores domésticos, pese a las protestas de los cónyuges a quienes golpean y torturan. Sin estas leyes, la víctima se pone del lado del abusador más de la mitad de las veces.) Una relación sanadora se basa en la conciencia; en ella, ambos compañeros trabajan para romper viejos hábitos que promueven el sufrimiento. Se trata de una situación delicada, como la de mi amigo, porque compasión significa que aprecias el sufrimiento que otro está experimentando, además del tuyo. Pero al mismo tiempo debe haber distanciamiento, asegurarse de que ese sufrimiento, sin importar cuán real sea, no es la realidad *dominante*. Las actitudes que contribuyen a una relación sanadora se vuelven parte de una visión que mantienes para ti y para la otra persona.

Una visión sin sufrimiento

Cómo relacionarse con una persona que sufre

Te acompaño en tu sentimiento. Sé por lo que estás pasando.

No tienes que sentirte de determinada manera sólo para hacerme feliz.

Te ayudaré a superar esto.

No debes temer que me estás alejando.

No espero que seas perfecto. No me estás decepcionando.

El dolor que sufres no es tu yo real.

Puedes tener el espacio que necesitas, pero no te dejaré solo.

Seré contigo tan auténtico como pueda.

No tendré miedo de ti, aunque tengas miedo de tu dolor.

Haré todo lo que pueda para mostrarte que la vida sigue siendo buena y la felicidad aún es posible.

No puedo hacerme responsable de tu dolor.

No te dejaré aferrarte a tu dolor; estamos aquí para superar esto.

Tomaré tu recuperación tan seriamente como mi propio bienestar.

Como puedes ver, estas actitudes presentan algunos escollos sutiles. Cuando te relaciones con alguien que está sufriendo debes ofrecerte y, al mismo tiempo, mantenerte dentro de ciertos límites. "Siento tu dolor, pero no es mío" es una postura difícil. Puede inclinarse hacia cualquier lado. Puedes involucrarte tanto en el dolor hasta el punto en que lo fomentes, o puedes ocultarte detrás de tus propios límites y dejar fuera a la persona que está sufriendo. Una relación sanadora mantiene un equilibrio adecuado. Ambos deben conservarse alerta y atentos; mantener la mirada en la visión espiritual que está delante; estar dispuestos a tener respuestas nuevas cada día. Sobre todo, comparten un camino que conduce, paso a paso, fuera de la irrealidad.

El objetivo último, si en verdad quieres ser real, es experimentar la existencia en sí. "Yo soy" es esa experiencia. Es al mismo tiempo común y rara, porque todo mundo sabe cómo ser, pero pocos extraen toda la promesa de su propio ser. El "yo soy" se pierde cuando empiezas a identificarte con el "yo hago esto, yo tengo aquello, me gusta A pero no B". Estas identificaciones se vuelven más importantes que la realidad de tu ser puro.

Profundicemos en el vínculo entre sufrimiento e irrealidad. La manera en que olvidamos la paz y claridad del "yo soy" puede dividirse en cinco aspectos. En sánscrito se les conoce como los *cinco kleshas*, causa fundamental de todas las formas de sufrimiento.

1. No saber qué es real.
2. Aferrarse a lo irreal.
3. Temer lo irreal y rehuirle.

4. Identificarse con un yo imaginario.
5. Temer la muerte.

En este instante, tú y yo estamos haciendo alguna de estas cinco cosas, aunque empezamos hace tanto tiempo que hemos asimilado el proceso por completo. Los cinco kleshas están ordenados en cascada. Una vez que olvidamos qué es real (primer klesha), los demás ocurren automáticamente. Esto significa que para la mayoría de las personas, sólo la última —temer la muerte— es una experiencia consciente; por tanto, debemos partir de ahí y avanzar hacia arriba.

El temor a la muerte es una fuente de ansiedad que se extiende a muchas áreas. La manera en que nuestra sociedad glorifica la juventud y teme el envejecimiento, nuestra necesidad desesperada de distracción, la venta de cosméticos y tratamientos de belleza, el auge de gimnasios tapizados con espejos de cuerpo entero y la manía por las celebridades, son síntomas del deseo de negar la muerte. La teología intenta convencernos de que hay vida después de la muerte, pero como esa idea debe sustentarse en la fe, la religión obtiene obediencia blandiendo sobre nuestras cabezas la vida después de la muerte. Si carecemos de fe, adoramos al dios equivocado o pecamos contra el correcto, nuestras posibilidades de ser recompensados después de morir se desvanecen. Los conflictos religiosos siguen suscitándose a causa de este asunto que provoca tanta ansiedad: los fanáticos preferirían morir por la fe que vivir aceptando que la fe de otro tiene derecho de existir. "Muero para que no puedas creer en tu Dios" es el legado más corrupto del quinto klesha.

Las personas no temen la muerte por ella misma sino por una razón más profunda: la necesidad de defender un yo imaginario. Identificarse con un yo imaginario es el cuarto klesha, y es algo que todos hacemos. Aun en un nivel superficial, las personas erigen una imagen fundamentada en el ingreso económico y el estatus. Cuando Francisco de Asís, el hijo de un acaudalado comerciante de seda, se despojó de sus ricas vestiduras y renunció al dinero de su padre, no sólo estaba privándose de sus posesiones terrenales sino de su identidad, aquello por lo cual la gente sabía quién era. Según su conciencia, era imposible acercarse a Dios por medio de una imagen falsa de sí.

La imagen propia está muy relacionada con la autoestima, y todos sabemos el alto costo que paga una persona cuando la pierde. Los niños que en la escuela primaria se sentaban en la última hilera y evitaban la mirada del profesor, rara vez llegan a discutir política externa o arte medieval porque muy temprano integraron en su imagen una impresión de ineptitud. Por el contrario, los estudios han demostrado que si a un maestro se le dice que un alumno es excepcionalmente brillante, ese alumno se desempeñará mejor en clase aun cuando su selección haya sido aleatoria. Los niños con bajo CI pueden alcanzar mejores resultados que aquellos con alto CI si tienen la suficiente aprobación por parte de sus maestros. La imagen establecida en la mente del maestro es suficiente para convertir a un alumno mediocre en uno destacado.

La identificación con una imagen falsa de nosotros también provoca sufrimiento de otras maneras. La vida nunca deja de exigir más y más; las exigencias a nuestro tiempo, paciencia, capacidad y emociones pueden ser tan abrumadoras que admitir nuestra incapacidad parece ser lo más honesto. En la imagen equivocada de una persona está enterrada la terrible historia de todo lo que le ha salido mal. Los "No lo haré", "No puedo hacerlo" y "Me doy por vencido" emanan del cuarto klesha.

El tercer klesha nos dice que aun con una imagen salu-dable de nosotros, rehuimos las cosas que amenazan nues-tros egos. Estas amenazas están en todas partes. Yo temo la pobreza, perder a mi esposa, infringir la ley; temo hacer el ridículo ante alguien cuyo respeto quiero conservar. Pa-ra algunas personas, la idea de que sus hijos sigan un mal camino es una grave amenaza para la imagen que tienen de sí mismos. La frase "En esta familia no hacemos eso", normalmente significa: "Tu comportamiento es una ame-naza para lo que soy". Sin embargo, no nos damos cuenta de que hablamos en clave. Una vez que nos identificamos con una imagen, por instinto tememos que se derrumbe. La necesidad de protegerme de lo que temo es parte de lo que soy.

El segundo klesha dice que las personas sufren porque se aferran, no importa a qué. Aferrarse a algo es una mane-ra de mostrar que tememos que nos lo quiten. Las personas se sienten violadas cuando un carterista huye con su bolsa, por ejemplo o si al volver a casa descubren que alguien ha irrumpido en ella. En estas intromisiones, lo importante no son los artículos robados; las bolsas y los enseres domésti-cos pueden reemplazarse. Sin embargo, la sensación de da-ño personal suele persistir durante meses y años. Si jala el gatillo preciso, el simple robo de una bolsa puede hacernos perder todo sentido de seguridad personal. Dejamos de sentirnos invencibles. Alguien nos ha despojado de la ilu-sión de que somos intocables. (El paroxismo producido en todo Estados Unidos por los ataques terroristas al World Trade Center mantiene vivo el drama de "nosotros" contra "ellos", a gran escala. La idea de la invulnerabilidad estado-unidense fue revelada como una ilusión. No obstante, no se trataba de un problema nacional; era un problema indivi-dual percibido a gran escala.)

El sufrimiento tiene muchos matices y recovecos. La pista nos lleva del miedo a la muerte a un falso sentido del yo y a la necesidad de aferrarse. No obstante, en última instancia, la irrealidad es la única causa de todo el sufrimiento. El problema nunca fue el dolor. De hecho, es todo lo contrario: el dolor existe para que esa ilusión no pueda sostenerse. Si la irrealidad no fuera dolorosa, parecería real siempre.

Los cinco kleshas pueden solucionarse de una vez por todas si abrazamos la realidad única. La diferencia entre "yo soy mi sufrimiento" y "yo soy" es pequeña pero crucial. Este malentendido ha generado mucho sufrimiento. Si pienso que nací, no puedo evitar la amenaza de morir; si pienso que existen fuerzas externas, debo aceptar que pueden hacerme daño; si pienso que soy una persona, veo otras personas por todas partes. Todas estas impresiones son elucubraciones, no hechos. Las impresiones que creamos cobran vida propia mientras no las cambiemos.

Sólo se necesita un parpadeo de la conciencia para perder contacto con la realidad. En verdad, no existe nada fuera del ser. Tan pronto como empezamos a aceptar este hecho, todo el propósito de la vida cambia. El único objetivo que vale la pena alcanzar es la libertad absoluta de ser uno mismo, sin ilusiones y creencias falsas.

CAMBIA TU REALIDAD PARA ALBERGAR EL QUINTO SECRETO

El quinto secreto trata de cómo detener el sufrimiento. Hay un estado de ausencia de sufrimiento dentro de ti; es conciencia simple y abierta. En contraste, el estado de sufrimiento es complicado porque en sus intentos de luchar contra el dolor, el ego se rehúsa a ver que la respuesta podría ser tan sencilla como simplemente aprender a ser. Cualquier paso que des para dejar de aferrarte a complicaciones, te acercará al estado simple de la sanación. Las complicaciones se presentan como pensamientos, sentimientos, creencias y energías sutiles, manifestaciones de deudas emocionales ocultas y de resistencia.

Para este ejercicio, utiliza cualquier cosa de tu vida que te produzca una profunda sensación de incomodidad, malestar o sufrimiento. Puedes elegir algo que haya persistido durante años o que sea muy importante en tu vida en este momento. No importa si hay algún elemento físico, aunque si eliges un padecimiento físico crónico, no consideres este ejercicio una cura; estamos tratando con las pautas de percepción que te orillan a aferrarte al sufrimiento.

Durante el siguiente mes, siéntate a solas durante al menos cinco minutos al día con la intención de despejar las siguientes complicaciones:

Desorden. El caos es complicado; el orden es simple. ¿Tu casa es un desastre? ¿Tu escritorio tiene pilas y pilas de trabajo? ¿Estás permitiendo que otros ensucien y desordenen porque saben que no los responsabilizarás de ello? ¿Has acumulado tanta basura que tu entorno es como un registro arqueológico de tu pasado?

Estrés. Todo mundo se siente estresado, pero si no puedes desechar completamente tu estrés por las noches y regresar a un estado interno tranquilo, centrado y agradable, estás sobre-estresado. Analiza cuidadosamente las cosas que te producen tensión. ¿El camino a tu trabajo es estresante? ¿Te levantas demasiado temprano sin haber dormido suficiente? ¿Ignoras las señales de agotamiento? ¿Tu cuerpo está estresado debido al sobrepeso o a una falta total de condición? Haz una lista de las cosas que te provocan más estrés y trabaja para reducirlas hasta que sepas sin lugar a dudas que no estas sobre-estresado.

Sufrimiento empático. Infectarse con los padecimientos de otros provoca sufrimiento. Habrás cruzado la línea de la empatía al sufrimiento si te sientes peor luego de ser compasivo con alguien. Si honestamente no puedes presenciar situaciones negativas sin asumir un dolor que no es tuyo, sal de ahí. Perder de vista tus límites no te convierte en una "buena persona".

Negatividad. El bienestar es un estado simple al que cuerpo y mente regresan de manera natural. La negatividad impide este regreso haciéndonos habitar en el malestar. ¿Chismorreas con placer sobre las desgracias de los demás? ¿Pasas tiempo con personas que se quejan y critican constantemente? ¿Ves todos los desastres y catástrofes que ofrecen los noticiarios de televisión? No tienes obligación de tomar parte en estas fuentes de negatividad; aléjate y presta atención a algo más positivo.

Inercia. Inercia significa dejarse llevar por viejos hábitos y condicionamientos. Sean cuales sean las causas de depresión, ansiedad, trauma, inseguridad o pesar, dichos estados perduran si adoptas una actitud pasiva. "Las cosas son así" es el lema de la inercia. Toma conciencia de que "no hacer nada" es, de hecho, la manera en que te has entrenado para dejar las cosas como están. ¿Te sientas y te abandonas al sufrimiento? ¿Rechazas consejos que podrían ayudarte, antes de considerarlos? ¿Sabes cuál es la diferencia entre aferrarse y airear genuinamente tus sentimientos con intención de sanarlos? Examina la rutina de tu sufrimiento y libérate de ella.

Relaciones tóxicas. Sólo hay tres clases de personas en tu vida: las que te dejan solo, las que te ayudan y las que te lastiman. Las personas que te dejan solo consideran tu sufrimiento una molestia o inconveniencia; prefieren mantener su distancia para sentirse mejor. Quienes te ayudan tienen la fuerza y la conciencia necesarias para hacer con tu sufrimiento más de lo que tú puedes hacer solo. Quienes te lastiman quieren que la situación siga igual porque no les interesa tu bienestar. Analiza honestamente cuántas personas de cada categoría hay en tu vida. Esto no es lo mismo que contar amigos y familiares cariñosos. Valora a los demás únicamente según se relacionan con tus dificultades.

Luego de realizar un conteo realista, toma la siguiente actitud:

- No volveré a contar mis problemas a quien prefiere dejarme solo. No es bueno para ellos ni para mí. No quieren ayudar, así que no les pediré que lo hagan.

- Compartiré mis problemas con quienes quieren ayudarme. No rechazaré ofertas sinceras de ayuda por orgullo, inseguridad o duda. Pediré a estas personas que se unan a mí en mi sanación y haré de ellas una parte mayor de mi vida.

- Pondré distancia entre mí y quienes buscan lastimarme. No tengo que confrontarlos, hacerlos sentir culpables ni convertirlos en causa de mi autocompasión. Pero no me permitiré absorber su efecto tóxico, y si eso implica mantener mi distancia, lo haré.

Creencias. Examina los motivos posibles por los que quieres sufrir. ¿Rechazas que hay algo mal? ¿Crees que no mostrar tu sufrimiento te hace una mejor persona? ¿Disfrutas la atención que recibes cuando estás enfermo o afligido? ¿Te sientes seguro estando solo y sin tomar decisiones difíciles? Los sistemas de creencias son complejos: mantienen el yo que queremos presentar al mundo. Es mucho más sencillo no tener creencias, lo que significa estar abierto a la vida tal como se cruce por tu camino, avanzando con tu inteligencia interna en vez de con juicios almacenados. Si estás bloqueado por tu sufrimiento y vuelves a los mismos viejos pensamientos una y otra vez, un sistema de creencias te ha atrapado. Sólo terminando con tu necesidad de aferrarte a estas creencias puedes escapar de la trampa.

Energía y sensaciones. Confiamos en nuestros cuerpos para que nos digan cuándo estamos sufriendo dolor; y el cuerpo, como la mente, sigue pautas familiares. Los hipocondriacos, por ejemplo, consideran la primera señal de malestar como un mensaje claro de que están gravemente enfermos. En tu caso, también estás considerando sensaciones familiares y utilizándolas para confirmar tu sufrimiento. Muchas personas deprimidas, por ejemplo, interpretan el agotamiento como depresión. Como no han dormido bien o han trabajado de más, interpretan la fatiga como síntoma de depresión. La manera de manejar estas sensaciones es despojarlas de la interpretación. En vez de estar triste, considera esto como la energía de la tristeza. Como el cansancio, la tristeza tiene un componente corporal que puede descargarse. En vez de ser una persona ansiosa, maneja la energía de la ansiedad. Todas las energías se descargan del mismo modo:

• Respira profundamente, permanece sentado en silencio, y percibe la sensación en tu cuerpo.

• Percibe la sensación sin juzgarla. Sólo reténla.

- Permite a los sentimientos, pensamientos o energías que quieran surgir, que lo hagan. Esto por lo general significa escuchar la voz de la ansiedad, la ira, el temor o el dolor de haber sido lastimados. Permite que las voces digan lo que quieran decir. Escucha y comprende qué está ocurriendo.

- Deja que la energía se disperse todo lo que pueda. No exijas una descarga completa. Piensa que tu cuerpo soltará la energía acumulada que pueda.

- Luego de unas horas, o al día siguiente, repite todo el procedimiento.

Éste parece un régimen muy estricto, pero lo único que se te pide es que dediques cinco minutos al día a cualquiera de estas áreas. Los pasos pequeños producen grandes resultados. La conciencia simple es la normal en la naturaleza; el sufrimiento y las complicaciones que lo mantienen en marcha no son naturales, y mantener toda esa complejidad es un gasto inútil de energía. Al esforzarte todos los días por alcanzar un estado más simple, estás haciendo lo mejor que alguien puede hacer para terminar con el sufrimiento: arrancar las raíces de la irrealidad.

Secreto 6

❖

La libertad doma la mente

¿Amas a tu mente? No he conocido a nadie que lo haga. Las personas con cuerpos o rostros hermosos suelen amar el don que recibieron de la naturaleza (aunque también puede ocurrir lo contrario: las personas más hermosas físicamente pueden aislarse por inseguridad o temor de ser considerados vanidosos). La mente es la parte de nosotros más difícil de amar porque nos sentimos atrapados en ella; no siempre, sino cuando tenemos problemas. El temor, de alguna manera, logra pasearse por la mente a voluntad. La depresión oscurece la mente; la ira la hace estallar en confusión incontrolable.

Las culturas antiguas tienden a repetir la noción de que la mente es inquieta y poco fiable. En India, la metáfora más común compara a la mente con un elefante salvaje y se dice que calmar la mente es como amarrar al elefante a una estaca. En el budismo, se la compara con un mono que se esfuerza por ver el mundo con los cinco sentidos. Los monos son célebres por ser impulsivos e inconstantes, capaces de hacer cualquier cosa sin previo aviso. La psicología budista no pretende domar al mono sino conocer sus costumbres, aceptarlas y entonces trascender a una conciencia más elevada, más allá de la inconstancia de la mente.

Las metáforas no te llevarán a donde puedas amar la mente; debes encontrar por ti mismo la experiencia real de paz y calma. El secreto para hacerlo es liberar la mente. Cuando es libre, la mente se tranquiliza. Renuncia a su inquietud y se convierte en un canal para la paz. Esta solución parece oponerse al sentido común, porque nadie afirmaría que un elefante salvaje o un mono pueden domarse liberándolos. Dirían que el animal libre sólo se haría más salvaje, pero este secreto se basa en la experiencia: la mente es "salvaje" porque tratamos de confinarla y controlarla. En un nivel más profundo hay un orden completo. Ahí, pensamientos e impulsos fluyen en armonía con lo que es correcto y mejor para cada persona.

Entonces, ¿como podemos liberar a la mente? Primero debemos comprender cómo quedó atrapada. La libertad no es una condición a la que podamos acceder abriendo simplemente una puerta o rompiendo unos grilletes. La mente es su propio grillete, como supo el poeta William Blake al contemplar a las personas en las calles de Londres:

En el sollozo de cada hombre
En el grito temeroso de cada infante
En cada voz, en cada prohibición
Escucho las esposas que forjan la mente.

En su intento por comprender cómo la mente se atrapa a sí misma, los antiguos sabios hindúes concibieron el concepto clave *samskara* (derivado de dos palabras sánscritas que significan "fluir juntos"). Un samskara es un surco en la mente que permite a los pensamientos fluir en la misma dirección. La psicología budista hace un uso sofisticado del concepto al describir los samskaras como huellas en la mente que tienen vida propia. Tus samskaras personales, desarrollados a partir de recuerdos, te fuerzan una y otra vez a reaccionar de la misma manera limitada, privándote de libre albedrío (esto es, de elegir como la primera vez).

La mayoría de las personas desarrollan una identidad con base en samskaras sin saber que lo están haciendo. Pero las pistas son inconfundibles. Piensa en las personas propensas a ataques de ira. Estos arranques constan de varias etapas: primero hay algún síntoma físico: compresión en el pecho, inicio de dolor de cabeza, taquicardia, respiración superficial. Entonces se produce un impulso. La persona siente que la ira se acumula como el agua tras un dique. La presión es tanto física como emocional; el cuerpo quiere deshacerse del malestar y la mente desea liberar los sentimientos reprimidos. En este momento la persona busca una excusa para lanzar un ataque a gran escala. La excusa puede fabricarse a partir de cualquier pequeña infracción: una actividad no realizada por los hijos, un mesero lento, un dependiente poco obsequioso.

Finalmente aparece la erupción de cólera, y sólo hasta que se calma, la persona se da cuenta del daño que ha hecho. El ciclo termina con remordimientos y el propósito de no estallar de nuevo. La vergüenza y la culpa entran en juego prometiendo aplacar el impulso en el futuro; por su lado, la mente reflexiona racionalmente sobre la insensatez de ventilar la ira con tal imprudencia.

A quienes sufren ataques de ira les resulta difícil reclamar el poder de elegir. Cuando el impulso comienza a producir humo, la presión debe hallar escape. Con frecuencia, sin embargo, hay connivencia, un acuerdo tácito de que la ira tome el control. En algún momento de su pasado, estas personas decidieron adoptar la ira como un mecanismo para enfrentar las dificultades. La vieron en acción en sus familias o en la escuela; relacionaron poder con intimidación, e identificaron a esta última como el único medio para acceder al poder. Estas personas suelen ser incapaces de expresarse verbalmente, y sus explosiones de enojo se convierten en sustituto de palabras y pensamientos. Una vez que adquirieron este hábito dejaron de buscar otras vías. La cólera que quisieran controlar está unida a ellas por la necesidad y el deseo; no saben cómo obtener lo que desean sin ella.

Ésta es la anatomía del samskara en toda su variedad. Podemos sustituir la palabra *ira* con muchas otras: *ansiedad, depresión, adicción sexual, abuso de estupefacientes, obsesión compulsiva*, y todas demostrarán cómo los samskaras privan a las personas de libre albedrío. Incapaces de eludir sus recuerdos tóxicos, se adaptan a ellos agregando más y más capas de impresiones. Las capas más bajas, colocadas en la infancia, continúan enviando sus mensajes, razón por la cual los supuestos adultos se sienten como niños impulsivos y asustados cuando se ven en el espejo. El pasado todavía no ha sido elaborado lo suficiente; los samskaras gobiernan la mente con base en un caos de experiencias viejas y caducas.

Los recuerdos almacenados son como microchips programados para enviar el mismo mensaje una y otra vez. Cuando te descubres mostrando una reacción fija, el mensaje ya fue enviado: no tiene caso tratar de cambiar el mensaje. No obstante, así es como la mayoría de las personas intenta domar a la mente. Reciben un mensaje que no les gusta y su reacción es una de estas tres:

Manipulación
Control
Negación

Si los analizas cuidadosamente, resulta claro que estos tres comportamientos se presentan después del hecho: consideran el desorden de la mente como causa de angustia, no como síntoma. Estas supuestas soluciones tienen terribles efectos negativos.

La *manipulación* consiste en obtener lo que quieres ignorando o dañando los deseos de los demás. Los manipuladores utilizan el encanto personal, la persuasión, la coacción, las artimañas y la falsa información. La idea subyacente es: "Debo engañar a las personas para obtener lo que quiero". Cuando están realmente inmersos en sus maniobras, los manipuladores incluso llegan a imaginar que están haciendo un favor a sus víctimas. Después de todo, ¿a quién no le gustaría ayudar a una persona tan divertida? Puedes descubrirte cayendo en este comportamiento cuando no escuchas a otras personas, ignoras lo que quieren y crees que tus deseos no tienen un costo para los demás. También hay señales externas. La presencia de un manipulador trae tensión, estrés, quejas y conflicto ante una situación. Algunas personas practican manipulaciones pasivas: montan escenarios del tipo "pobre de mí" para provocar lástima en los demás. O pueden buscar culpables haciéndoles pensar que lo que quieren está mal. La manipulación termina cuando dejas de asumir que tus deseos son lo más importante. Entonces puedes reconectarte con los demás y confiar en que sus deseos pueden coincidir con los tuyos. Cuando no hay manipulación, las personas sienten que lo que desean cuenta. Confían en que estás de su lado; no eres visto como actor o vendedor. Nadie se siente engañado.

El *control* consiste en imponer tu manera de hacer las cosas a situaciones y personas. El control es la gran máscara de la inseguridad. Quienes utilizan este comportamiento sienten un miedo mortal a dejar a los demás ser como son, así que el controlador constantemente hace exigencias que mantienen a los demás fuera de equilibrio. La idea subyacente es: "Si siguen prestándome atención, no se irán".

Cuando te descubres urdiendo excusas para tu comportamiento y culpando a los demás, o cuando sientes que nadie te agradece o reconoce lo suficiente, la culpa no es de ellos: estás exhibiendo una necesidad de controlar. Las señales externas de este comportamiento provienen de quienes tratas de controlar: se sienten tensos y recelosos, se quejan de no ser escuchados, te llaman perfeccionista o jefe intransigente. El control empieza a capitular cuando aceptas que tu punto de vista no es necesariamente el correcto. Puedes detectar tu necesidad de controlar si adviertes cuándo te quejas, culpas, insistes en que sólo tú tienes la razón y esgrimes una excusa tras otra para demostrar que estás libre de culpa. Una vez que dejas de controlarlas, las personas que te rodean empiezan a respirar con libertad, se relajan y ríen, se sienten libres de ser quienes son sin esperar tu aprobación.

La *negación* es rehuir el problema en lugar de enfrentarlo. Los psicólogos consideran a la negación el más infantil de los tres comportamientos, porque está íntimamente relacionado con la vulnerabilidad. La persona se siente incapaz de resolver problemas, como un niño. El temor está vinculado con la negación, al igual que una necesidad infantil de amor ante la inseguridad. La idea subyacente es: "No debo considerar lo que, por principio de cuentas, no puedo cambiar". Puedes descubrirte practicando la negación cuando experimentas falta de concentración, fallas de memoria, postergación, renuencia a confrontar a quienes te dañan, fantasía, falsas esperanzas y confusión. La principal señal externa es que los demás no confían en ti o no te buscan cuando se requiere una solución. Al desconcentrarte, la negación te defiende con la ceguera. ¿Cómo se te podría acusar de fallar en algo que ni siquiera ves? La negación se supera enfrentando las verdades dolorosas. El primer paso es expresar cómo te sientes. Para la persona que presenta una profunda negación, los sentimientos que la hagan pensar que está insegura son, en general, los que debe enfrentar. La negación comienza a ceder cuando te sientes concentrado, alerta y dispuesto a participar a pesar de tus temores.

Cada uno de estos comportamientos intenta demostrar un imposible: la manipulación que puedes forzar a cualquiera a hacer lo que quieres; el control que nadie puede rechazarte a menos que tú lo dispongas; la negación que las cosas malas desaparecerán si no las ves. Lo cierto es que las demás personas pueden negarse a hacer lo que quieres, abandonarte sin una buena razón, y provocar problemas, los veas o no. Es imposible predecir durante cuánto tiempo seguiremos intentando demostrar lo contrario, pero sólo cuando admitimos la verdad, el comportamiento termina por completo.

Lo siguiente que debemos saber sobre los samskaras es que no son silenciosos. Esas profundas impresiones en la mente tienen voz; escuchamos sus reiterados mensajes como palabras en nuestra cabeza. ¿Es posible distinguir cuáles voces son verdaderas y cuáles falsas? Ésta es una pregunta importante porque es imposible pensar sin escuchar algunas palabras en nuestra cabeza.

A principios del siglo XIX un oscuro pastor de Dinamarca conocido como Maestro Adler, fue expulsado de su iglesia. Se le condenó por desobedecer a las autoridades, pues afirmó que había recibido una revelación directamente de Dios. Muchos pensaron que Adler había perdido la razón. Desde el púlpito aseveró que si hablaba con voz aguda y chillona estaba transmitiendo una revelación, y que si lo hacía con su voz normal, grave, se trataba de él.

Este extraño comportamiento hizo dudar a la congregación de la cordura del pastor y no tuvieron más alternativa que echarlo. Las noticias del caso llegaron al gran filósofo danés Sören Kierkegaard, quien formuló la pregunta fundamental: ¿es posible demostrar que alguien escucha la voz de Dios? ¿Qué comportamiento o indicio externo permitiría distinguir entre una revelación auténtica y una falsa? El infortunado clérigo probablemente sería declarado esquizofrénico en nuestros días. Kierkegaard concluyó que Adler no hablaba con la voz de Dios; sin embargo, también opinó que nadie sabe de dónde provienen las voces interiores. Simplemente las aceptamos, así como al torrente de palabras que llena nuestras cabezas.

Una persona profundamente religiosa puede afirmar incluso que cada voz interna es la voz de Dios. Pero hay algo indudable: todos escuchamos las voces internas de un coro que clama. Fastidian, elogian, engatusan, juzgan, advierten, sospechan, descreen, confían, se quejan, expresan esperanza, amor y miedo, sin ningún orden particular. Es demasiado simplista afirmar que todos tenemos un lado bueno y uno malo; todos tenemos miles de aspectos configurados por nuestras experiencias pasadas. Es imposible calcular cuántas voces estoy escuchando. Siento que algunas se remontan a mi infancia; suenan como huérfanos de mis experiencias más remotas y me suplican que los recoja. Otras son voces adultas y ásperas, y en ellas escucho a personas que me juzgaron o castigaron. Cada voz cree que merece toda mi atención, sin importarle que las otras piensen lo mismo. No hay un yo central que se eleve por encima del alboroto y sofoque ese tumulto de opiniones, exigencias y necesidades. Aquella voz a la que en determinado momento presto más atención se convierte en *mi* voz, sólo para ser desalojada cuando desplazo mi atención. La anarquía de este incesante ir y venir prueba cuán fragmentado estoy.

¿Cómo puede domarse este coro que clama? ¿Cómo puedo recuperar un sentido del yo adecuado a una realidad? La respuesta, de nuevo, es la libertad, pero en un sentido muy peculiar. *Debes liberarte de las decisiones.* La voz que habla en tu cabeza desaparecerá una vez que dejes de elegir. Un samskara es una elección que recuerdas del pasado. Cada elección te cambió un poco. El proceso inició cuando naciste y continúa hasta hoy. En vez de combatirlo, todos creemos que debemos seguir haciendo elecciones; como resultado, seguimos agregando nuevos samskaras y reforzando los viejos. (En el budismo, a esto se le llama *rueda de samskara* porque las mismas reacciones regresan una y otra vez. En sentido cósmico, la rueda de samskara lleva a las almas de una vida a la siguiente, las viejas huellas nos impulsan a enfrentar los mismos problemas aun más allá de la muerte.) Kierkegaard escribió que la persona que ha encontrado a Dios se libera de las elecciones. ¿Pero qué se siente que Dios tome decisiones por uno? Creo que tendríamos que estar profundamente conectados con Dios para responder esa pregunta.

No obstante, en un estado de conciencia simple, las elecciones más evolutivas parecen llegar espontáneamente. Aunque el ego agoniza con cada detalle de una situación, una parte más profunda de tu conciencia sabe qué hacer, y sus elecciones surgen con elegancia y coordinación perfectas. ¿No es cierto que todos hemos experimentado destellos de claridad en los que súbitamente sabemos qué hacer? *Conciencia sin elecciones* es otra manera de nombrar la conciencia libre. Al liberar a tu elector interno, reclamas tu derecho a vivir sin fronteras, actuando según la voluntad de Dios con total confianza.

¿Quedamos atrapados por el simple hecho de elegir? Ésta es una idea sorprendente porque se opone a un comportamiento de toda la vida. Todos hemos vivido la vida con una elección a la vez. El mundo exterior es como un enorme bazar que ofrece una deslumbrante colección de posibilidades, y todos compramos de acuerdo con lo que consideramos mejor para nosotros. La mayoría de las personas se conocen a sí mismas por lo que trajeron en su bolsa de compras: casa, empleo, cónyuge, auto, hijos, dinero. Sin embargo, cada vez que elegimos A en lugar de B, nos forzamos a dejar atrás alguna parte de la realidad única. Nos definimos por preferencias selectivas y completamente arbitrarias.

La alternativa consiste en dejar de concentrarnos en los efectos y buscar las causas. ¿Quién es tu elector interno? Esta voz es una reliquia del pasado, suma de viejas decisiones que persisten más allá de su tiempo. En este momento vives con la carga de tu yo pasado, que ya no está vivo. Debes proteger los millares de elecciones que integran el yo muerto. No obstante, el elector podría tener una vida mucho más libre. Si las elecciones ocurrieran en el presente y fueran plenamente valoradas justo ahora, no habría nada a qué aferrarse y el pasado no se acumularía hasta convertirse en una carga aplastante.

La elección debería ser un flujo. De hecho, el cuerpo indica que es la manera más natural de existir. Como vimos antes, las células sólo conservan el alimento y el oxígeno necesarios para sobrevivir unos cuantos segundos. No acumulan energía porque nunca saben qué pasará a continuación. Las respuestas flexibles son mucho más importantes para la supervivencia que el aprovisionamiento. Desde cierto punto de vista, esto las hace completamente vulnerables; sin embargo, por más frágil que parezca una célula, no pueden ignorarse dos billones de años de evolución.

Todos sabemos elegir; pocos sabemos dejar ir. Pero sólo dejando ir cada experiencia podemos abrir espacio para la siguiente. La habilidad en dejar ir puede aprenderse; una vez aprendida, disfrutarás vivir mucho más espontáneamente.

Dejar ir

Cómo elegir sin quedar atrapado

Aprovecha al máximo cada experiencia.
No te obsesiones con decisiones correctas o incorrectas.
No defiendas una imagen propia.
Supera los riesgos.
No tomes decisiones si tienes dudas.
Ve las posibilidades en todo lo que pase.
Encuentra la corriente.

Aprovechar al máximo cada experiencia. Vivir plenamente se exalta por todas partes en la cultura popular. Basta encender la televisión para ser asaltados por mensajes como: "Es lo mejor que un hombre puede tener", "Es como tener un ángel a tu lado", "Cada movimiento es suave, cada palabra es la justa. No quiero perder ese sentimiento jamás", "Tú miras, ellos sonríen. Tú ganas, ellos se van a casa". ¿Qué se está vendiendo aquí? Una fantasía de placer sensual total, estatus social, atracción sexual, y la imagen de un triunfador. Por cierto, todas estas frases provienen del mismo comercial de rastrillos para afeitar, pero vivir plenamente es parte de casi todas las campañas publicitarias. Lo que no se menciona, sin embargo, es qué significa en realidad experimentar algo plenamente. En vez de buscar sobrecargas sensoriales que duren por siempre, descubrirás que las experiencias necesitan abordarse en el nivel del significado y la emoción.

El significado es esencial. Si este momento te importa en verdad, lo vivirás plenamente. La emoción incorpora la dimensión de sintonía y participación: una experiencia que toca tu corazón hace que el significado sea mucho más personal. La sensación física pura, el estatus social, la atracción sexual y el sentirse como un ganador son, en general, superficiales, razón por la cual las personas las ansían repetidamente. Si convives con atletas que han ganado cientos de juegos, o con solteros sexualmente activos que se han acostado con cientos de parejas, descubrirás rápidamente dos cosas: 1) La cantidad no cuenta mucho; en el fondo, el atleta no suele sentirse como un ganador; el conquistador sexual no suele sentirse profundamente atractivo o valioso. 2) Cada experiencia ofrece recompensas progresivamente menores; la emoción de ganar o seducir es cada vez menos excitante y dura menos.

Experimentar plenamente éste o cualquier momento significa participar de manera total. Por ejemplo, conocer a una persona puede ser una experiencia totalmente efímera y sin sentido a menos que accedas a su mundo, encuentres algo que sea significativo en su vida e intercambies al menos un sentimiento sincero. La sintonía con otros es un flujo circular: tú te proyectas hacia las personas y las recibes cuando responden. Observa cuán pocas veces sucede esto. Te mantienes apartado y te aíslas; envías sólo las señales más superficiales y recibes poco o nada.

El mismo círculo debe estar presente aun cuando no haya nadie más. Analiza la manera en que tres personas pueden contemplar la misma puesta de sol. La primera está obsesionada con un negocio y no repara siquiera en ella, aunque sus ojos están registrando los fotones que caen en su retina; la segunda piensa: "Bonita puesta de sol. No hemos tenido una así en mucho tiempo"; la tercera es un pintor que empieza inmediatamente un boceto del paisaje. Las diferencias entre las tres es que la primera persona no envió ni recibió nada; la segunda permitió que su conciencia recibiera la puesta de sol pero no pudo transmitir nada: su respuesta fue automática; la tercera fue la única que cerró el círculo: interiorizó la puesta de sol y la convirtió en una respuesta creativa que envió su conciencia hacia el mundo para dar algo.

Si en verdad quieres experimentar plenamente la vida, debes cerrar el círculo.

Decisiones correctas e incorrectas. Si te obsesionas por tomar la decisión correcta, estás asumiendo que el universo te recompensará por una cosa y te castigará por otra. Ésta es una asunción equivocada porque el universo es flexible: se adapta a todas tus decisiones. Correcto e incorrecto son sólo ideas. Inmediatamente escucho fuertes objeciones emocionales a esto. ¿Qué hay del marido perfecto? ¿Qué hay del empleo perfecto? ¿Qué hay del auto perfecto? Todos estamos habituados a actuar como clientes con las personas, los empleos y los autos: queremos el mejor rendimiento por nuestro dinero. Pero en realidad, las decisiones que calificamos correctas e incorrectas son arbitrarias. El marido perfecto es uno entre cientos o miles de hombres con quienes podrías compartir una vida satisfactoria. El mejor empleo es imposible de definir, pues resulta bueno o malo según decenas de factores que entran en juego después de elegirlo. (¿Quién sabe de antemano cómo son los colegas, cuál es el clima corporativo, si tendrás la idea correcta en el momento indicado?) Y el mejor auto puede verse involucrado en un accidente dos días después de comprarlo.

El universo no tiene un programa definido. Una vez que tomas cualquier decisión, él opera alrededor de esa decisión. No hay correcto o incorrecto, sólo una serie de posibilidades que pueden cambiar con cada pensamiento, sentimiento y acción que experimentes. Si esto suena demasiado místico, considera de nuevo tu cuerpo. Todos los signos vitales importantes —temperatura corporal, frecuencia cardiaca, consumo de oxígeno, nivel hormonal, actividad cerebral, etcétera— cambian en el momento en que decides hacer algo. El metabolismo de un corredor no puede ser tan lento como el de alguien que está leyendo, porque sin un consumo mayor de aire y una frecuencia cardiaca más alta, el corredor se sofocaría y sufriría un colapso o espasmos musculares.

Las decisiones son señales que indican a tu cuerpo, mente y entorno que se muevan en determinada dirección. Puede suceder que después te sientas insatisfecho con la dirección elegida, pero obsesionarse con las decisiones correctas o incorrectas es lo mismo que no seguir ninguna. No olvides que tú eres el elector: eres mucho más que cualquier decisión individual que hayas tomado o tomes en el futuro.

Defender una imagen propia. A lo largo de los años has construido una imagen idealizada que llamas "yo" y defiendes. Esta imagen incluye todas las cosas que deseas te conciernan. De ella están desterrados todos los aspectos vergonzosos, culpables y amenazantes que ponen en peligro tu confianza en ti. Pero esos mismo aspectos que intentas rechazar regresan como las voces más insistentes, más exigentes de tu cabeza. Ese destierro da lugar al caos de tu diálogo interno y, por tanto, tu ideal se erosiona aun cuando haces todo lo posible por verte bien y sentirte bien contigo mismo.

Para sentirte en verdad bien contigo mismo, renuncia a tu imagen propia. Inmediatamente te sentirás más abierto, permeable y relajado. Vale la pena recordar un comentario sorprendente del renombrado maestro espiritual hindú Nisargadatta Maharaj: "Si te observas, sólo tienes un yo cuando tienes problemas". Si esto te parece increíble, imagina que vas caminando por un vecindario en una zona peligrosa de la ciudad. A tu alrededor hay personas cuya mirada te pone nervioso. El sonido de acentos extraños te recuerda que eres diferente a ellas y sientes peligro. La percepción de amenaza provoca que te batas en retirada; te apartas y constriñes. Esta táctica abre una brecha aún mayor entre tú y lo que temes. Pero esa retirada al yo aislado y constreñido no te protege de nada. Es imaginaria. Y al aumentar la brecha impides que ocurra lo único que podría servirte: la expansión a una sensación mayor de tranquilidad. Maharaj sostiene que lo que llamamos "yo" es una contracción alrededor de un núcleo vacío, cuando en realidad fuimos hechos para ser libres y expansivos en nuestra conciencia.

Se dedica mucho tiempo en la autoayuda a convertir una mala imagen propia en buena. Aunque esto suena razonable, todas las imágenes propias tienen el mismo inconveniente: te recuerdan quién fuiste, no quién eres. La idea misma del yo está cimentada en recuerdos, y esos recuerdos no son tú. Si te liberas de tu imagen propia, serás libre de elegir *como si fuera la primera vez*.

La imagen propia mantiene la realidad a raya, particularmente en el nivel emocional. Muchas personas no admiten lo que en realidad sienten. Su imagen propia les dicta que, por ejemplo, estar enojados o mostrar ansiedad no es permisible. Estos sentimientos no se ajustan a "el tipo de persona que quiero ser". Ciertas emociones parecen demasiado peligrosas para conformar tu propia imagen ideal, por lo cual adoptas un disfraz que las excluye. La ira y el temor reprimidos pertenecen a esta categoría, pero también la alegría inmensa, el éxtasis y la espontaneidad despreocupada. Te liberas del control de la propia imagen cuando:

- Sientes lo que sientes.
- Las cosas dejan de ofenderte.
- Dejas de evaluar cómo te hace ver una situación.
- No excluyes personas a las que te sientes superior o inferior.
- Dejas de preocuparte de lo que piensen de ti los demás.
- Dejas de obsesionarte por el dinero, el estatus o las pertenencias.
- Dejas de sentir la necesidad de defender tus opiniones.

Superar los riesgos. Mientras el futuro siga siendo impredecible, toda decisión implica algún nivel de riesgo. Por lo menos, ésa es la historia aceptada universalmente. Se nos dice que ciertos alimentos nos ponen en riesgo de sufrir ataques al corazón y cáncer, por ejemplo, y lo más lógico es cuantificar el riesgo y mantenernos cerca de los números más bajos. Pero la vida no puede cuantificarse. Por cada estudio que demuestra un hecho cuantificable sobre las cardiopatías (por ejemplo, que las personas que beben un litro de leche al día son 50 por ciento menos propensos a sufrir ataques al corazón severos), hay otro estudio que demuestra que el estrés eleva el riesgo de sufrir cardiopatías sólo si la persona es susceptible a él (hay quienes lo disfrutan).

El riesgo es mecánico. Supone que no hay inteligencia detrás de las situaciones, sólo un cierto número de factores que producen cierto resultado. Tú puedes superar los riesgos si sabes que hay inteligencia infinita operando en la dimensión oculta de tu vida. En el nivel de esta inteligencia, tus elecciones siempre están respaldadas. El propósito de evaluar los riesgos sería ver si tu línea de acción es razonable; el análisis de los riesgos no debe desestimar los factores más importantes, evaluados en el nivel de la conciencia profunda:

- ¿Siento que esta elección es adecuada para mí?
- ¿Me interesa lo que conduce a esta elección?
- ¿Me agradan las personas implicadas?
- ¿Esta decisión es buena para mi familia en conjunto?
- ¿Esta decisión es apropiada en esta etapa de mi vida?
- ¿Me siento justificado moralmente para tomar esta decisión?
- ¿Esta decisión me ayudará a crecer?
- ¿Tendré oportunidad de ser más creativo y sentirme inspirado por lo que estoy a punto de hacer?

Cuando estas cosas salen mal las elecciones no resultan. Los riesgos pueden ser pertinentes pero no decisivos. Quienes pueden evaluar sus elecciones en el nivel profundo de la conciencia se alinean con la inteligencia infinita, y por tanto tienen más posibilidades de éxito que quienes hacen muchos cálculos.

En caso de duda. Es difícil dejar ir cuando no sabes si tomaste la decisión correcta. La duda persiste y nos ata al pasado. Muchas relaciones terminan en divorcio debido a la falta de compromiso, pero esa falta de compromiso no se desarrolló con el tiempo; estaba presente desde el principio y nunca se resolvió. Es importante no tomar decisiones fundamentales si tienes dudas. El universo favorece las acciones cuando han comenzado. Esto significa que al tomar una dirección, pones en marcha un mecanismo que es muy difícil revertir. ¿Puede una mujer casada sentirse soltera simplemente porque así lo desea? ¿Puedes sentir que no eres hijo de tus padres simplemente porque crees que sería mejor tener otros? En ambos casos, los lazos con una situación, una vez dada, son fuertes. Sin embargo, cuando tienes dudas, detienes momentáneamente al universo: no favorece ninguna dirección en particular.

Esta pausa tiene un aspecto bueno y otro malo. El bueno es que te das espacio para tomar conciencia de más cosas, y con más conciencia, el futuro puede ofrecerte nuevas razones para actuar de una u otra manera. El aspecto malo es que la inercia no es productiva: sin elecciones no puedes crecer ni evolucionar. Si las dudas persisten, debes liberarte del estancamiento. La mayoría de las personas lo alcanza zambulléndose en la siguiente elección, viviendo la vida al azar: "Esto no funcionó. Lo mejor será que haga otra cosa, no importa qué".

Por lo general, las personas que eligen de manera arbitraria (incursionando imprudentemente por la casa vecina, el próximo empleo, la siguiente relación que se presenta) resultan ser calculadoras en exceso. Pasan tanto tiempo evaluando los riesgos, analizando pros y contras, y valorando las peores situaciones posibles, que ninguna elección parece correcta y la frustración los impulsa a terminar en el punto muerto. Irónicamente, estos saltos irracionales a veces funcionan. El universo tiene más cosas guardadas para nosotros de las que podemos predecir, y las malas elecciones con frecuencia se resuelven favorablemente porque nuestras aspiraciones ocultas saben a dónde vamos.

Aun así, la duda resulta destructiva para esa cualidad que la conciencia intenta llevar a ti: el conocimiento. En un nivel profundo, tú eres el conocedor de la realidad. La duda es síntoma de que no te has vinculado con tu conocedor interno. Normalmente significa que te estás dejando fuera de ti mismo cuando debes hacer una elección. Tu decisión estará basada en factores externos. Para la mayoría de las personas, los factores externos más fuertes se reducen a lo que otras piensan, porque adaptarse es el camino de la menor resistencia. Pero adaptarse es como asumir la inercia. La aceptación social es el menor común denominador del yo: es tú como unidad social en vez de tú como persona única. Descubre quién eres en realidad; que adaptarte sea lo último que pienses. Ello ocurrirá o no ocurrirá, pero en cualquier caso ya no tendrás más dudas sobre ti.

No existe una fórmula para eliminar las dudas porque el encuentro con el conocedor interior es una tarea personal. Debes comprometerte a expandir tu conciencia. No dudes de esto. Si miras hacia dentro y sigues el camino que lleva a tu inteligencia interna, el conocedor estará ahí esperándote.

Ver las posibilidades. Sería mucho más fácil dejar ir los resultados si cada elección resultara bien. ¿Y por qué no debiera ser así? En la realidad única no hay oportunidades malgastadas, sólo nuevas oportunidades. Pero a la personalidad centrada en el ego le gusta que las cosas estén conectadas. Llegar en segundo lugar hoy es mejor que haber llegado en tercer lugar ayer, y mañana quiero llegar en primero. Esta clase de pensamiento lineal refleja una concepción burda del progreso. El crecimiento real ocurre en muchas dimensiones. Lo que te ocurre puede influir en tu manera de pensar, sentir, relacionarte con los demás, comportarte en una situación determinada, adaptarte al entorno, percibir el futuro o a ti mismo. Todas estas dimensiones deben evolucionar para que tú lo hagas.

Intenta ver las posibilidades en todo lo que ocurra. Si no consigues lo que esperabas o deseabas, pregúntate: "¿Hacia dónde debo ver?" Esta actitud resulta muy liberadora. En una dimensión u otra, todos los sucesos de la vida se resuelven en una de dos cosas: o son buenos para ti, o plantean lo que necesitas ver para crear el bien en ti. En la evolución ganas de todas maneras, aseveración que proviene no de un optimismo ciego sino de lo que, de nuevo, observamos en el cuerpo. Todo lo que ocurre dentro de una célula es parte de su operación saludable o una señal de que se debe rectificar. La energía no se gasta al azar ni caprichosamente sólo para ver qué ocurre.

La vida también se corrige a sí misma de este modo. Como elector puedes actuar por capricho; puedes seguir caminos arbitrarios o irracionales. Pero la maquinaria subyacente de la conciencia no se altera. Ella sigue obedeciendo los mismos principios:

- Adaptarse a tus deseos.
- Mantener todo en equilibrio.
- Armonizar tu vida individual con la vida del cosmos.
- Hacerte consciente de lo que haces.
- Mostrarte las consecuencias de tus actos.
- Hacer tu vida tan real como sea posible.

Como tienes libre albedrío, puedes ignorar estos principios por completo. Todos lo hacemos en un momento u otro. Pero no puedes alterarlos. La vida depende de ellos. Son la base de la existencia, aunque tus deseos vayan o vengan, y la base de la existencia es inmutable. Una vez que asimilas esta verdad, puedes alinearte con cualquier posibilidad que se cruce en tu camino, confiando en que la ganancia segura es la actitud que la vida ha mostrado durante millones de años.

Encontrar la corriente de la alegría. Mi imaginación quedó cautivada por un episodio de las aventuras de Carlos Castaneda, cuando su maestro Don Juan lo envía con una bruja que tiene la capacidad de adoptar la percepción de cualquier criatura. La bruja permite a Castaneda sentirse exactamente como una lombriz de tierra. ¿Qué percibe él? Enorme excitación y poder. En vez de ser la minúscula criatura ciega que la lombriz parece a ojos humanos, Castaneda se siente como una excavadora que aparta cada grano de tierra como si se tratara de una roca: es imponente y poderoso. En vez de parecerle un trabajo pesado, la excavación es motivo de euforia, la euforia de alguien que puede mover montañas con su cuerpo.

En tu vida hay una corriente de alegría igualmente elemental e inamovible. Una lombriz nada más se conoce a sí misma, por lo que no puede desviarse de la corriente de la alegría. Tú puedes dispersar tu conciencia en cualquier dirección, y con ello, distraerte de la corriente. No podrás dejar ir tu imagen ni tu mente inquieta hasta que sientas, sin lugar a dudas, una alegría palpable en ti mismo. El renombrado maestro espiritual J. Krishnamurti comentó de pasada algo que me resultó conmovedor. Las personas no se dan cuenta, dijo, de cuán importante es despertar cada mañana con una canción en el corazón. Cuando leí eso, hice una prueba. Pedí en mi interior escuchar la canción, y durante algunas semanas, sin otra participación de mi voluntad, percibí una canción; era lo primero que venía a mi mente cuando despertaba.

Pero también sé que Krishnamurti hablaba metafóricamente: la canción significa alegría en la existencia, una alegría independiente de buenas o malas elecciones. Pedirte esto a ti mismo es lo más fácil y lo más difícil. Pero no permitas que pase de largo, no importa cuán compleja se haga tu vida. Mantén ante ti la visión de liberar tu mente, y cuando lo logres, serás acogido por una corriente de felicidad.

CAMBIA TU REALIDAD PARA ALBERGAR
EL SEXTO SECRETO

El sexto secreto trata sobre la vida sin elecciones. Como todos tomamos nuestras decisiones muy en serio, adoptar esta actitud requiere un cambio importante. Puedes empezar hoy con un sencillo ejercicio. Siéntate unos minutos y evalúa algunas de las elecciones más importantes hechas a lo largo de los años. Toma una hoja de papel y traza dos columnas encabezadas así: "Buena elección" y "Mala elección".

En cada columna escribe al menos cinco elecciones relacionadas con los momentos que consideres más memorables y decisivos de tu vida hasta ahora. Probablemente empezarás con los momentos decisivos que compartimos casi todas las personas (la relación importante que se vino abajo, el empleo que rechazaste o que no obtuviste, la decisión de elegir una profesión), pero asegúrate de incluir elecciones privadas que sólo tú conoces (la pelea de la que huiste, la persona que no te atreviste a confrontar, el momento de valor cuando venciste un temor profundo).

Cuando tengas tu lista, piensa en una cosa buena que haya resultado de malas elecciones y una cosa mala que haya resultado de elecciones buenas. Este ejercicio permite desechar etiquetas y entrar en contacto con la flexibilidad real de la vida. Si prestas atención, comprobarás que no sólo una sino muchas cosas buenas resultaron de malas decisiones, mientras que muchas cosas malas están enmarañadas en decisiones buenas. Por ejemplo, puedes tener un empleo maravilloso pero estar involucrado en una relación terrible en el trabajo, o haber chocado tu auto mientras te dirigías a él. Puedes estar feliz de ser madre pero saber que ello restringe drásticamente tu libertad personal. Puedes ser soltero y estar muy satisfecho de todo lo obtenido por ti mismo, pero también te has perdido del crecimiento que resulta de estar casado con alguien a quien amas profundamente.

Ninguna de las decisiones que has tomado te lleva en línea recta adonde estás ahora. Echaste un vistazo a algunos caminos y avanzaste algunos pasos antes de dar marcha atrás. Seguiste algunos caminos sin salida y otros que se perdieron luego de muchas intersecciones. En última instancia, todos están conectados con los demás. Libérate de la idea de que tu vida consiste en elecciones buenas y malas que conducen tu destino en línea recta. Tu vida es producto de tu conciencia. Toda elección deriva de esto, así como todo paso hacia el crecimiento.

Secreto 7

Todas las vidas son espirituales

Una de las peculiaridades de la vida moderna es que las personas que discrepan violentamente en cuanto a creencias religiosas llevan vidas similares. El célebre comentario de Nietzsche acerca de que Dios ha muerto debería cambiarse por Dios es opcional. Si el gobierno vigilara 24 horas al día tanto a quienes consideran que acatan la ley divina como a quienes no piensan siquiera en el reglamento de Dios, imagino que la suma total de virtud y corrupción, amor y odio, paz y violencia, sería exactamente la misma. De hecho, la balanza de la intolerancia y la falta de amor probablemente se inclinaría hacia las personas que más alardean de ser religiosas en cualquier sociedad.

No digo esto con afán de polemizar. Pero es como si el universo tuviera sentido del humor, pues en un nivel profundo es imposible *no* tener una vida espiritual. Tú y yo estamos tan imbuidos en la creación de un mundo como lo está un santo. No puedes ser despedido del trabajo de crear un mundo, que es la esencia de la espiritualidad. Y no puedes renunciar a ese trabajo aun cuando rehúses presentarte. El universo vive a través de ti en este momento. Con o sin creencia en Dios, la cadena de sucesos que lleva de la conciencia silenciosa a la realidad física permanece intacta. El sistema operativo del universo funciona para todos por igual, y opera con base en principios que no requieren tu cooperación.

Sin embargo, si decides llevar una vida espiritual consciente, ocurre un cambio. Los principios del sistema operativo, las reglas de la creación, se vuelven personales. Ya hemos mencionado muchas de las reglas de la creación; analicemos ahora cómo podemos alinear lo universal con lo personal.

UNIVERSAL
1. El universo es un espejo de la conciencia.

PERSONAL
1. Los sucesos de tu vida reflejan quién eres.

Nada en estas afirmaciones remite a la religión; no hay vocabulario espiritual implicado. No obstante, este primer principio es la base para decir que la religión —cuya etimología latina significa "reunir"— une al Creador con su creación. El mundo físico refleja una mente; lleva intención e inteligencia en cada átomo.

UNIVERSAL
2. La conciencia es colectiva. Todos la extraemos de una fuente común.

PERSONAL
2. Las personas presentes en tu vida reflejan aspectos de ti mismo.

En este principio vemos el origen de todos los mitos y arquetipos, héroes y hazañas. La psique colectiva comparte un nivel de conciencia que va más allá de los individuos. Cuando ves a las demás personas como aspectos de ti mismo, en realidad estás viendo rostros de arquetipos míticos.

Somos un ser humano con innumerables máscaras; cuando las eliminamos queda la esencia, el alma, la chispa divina.

UNIVERSAL
3. La conciencia se expande en sí misma.

PERSONAL
3. Aquello a lo que prestes atención crecerá.

En la realidad única, la conciencia se crea a sí misma, o lo que es igual, Dios esta dentro de su creación. No hay ningún lugar fuera de la creación donde pueda estar la divinidad: *omnipresencia* significa que dondequiera que exista un lugar, ahí estará Dios. Pero mientras Dios presta atención a una infinidad de mundos, los seres humanos utilizan la atención selectivamente. La ponemos en un lugar y la retiramos de otro. Al prestar atención agregamos la chispa divina, y esa parte de nuestra experiencia, sea positiva o negativa, crecerá. La violencia engendra violencia, pero también el amor engendra amor.

UNIVERSAL
4. La conciencia crea con base en un plan.

PERSONAL
4. Nada es aleatorio; tu vida está llena de señales y símbolos.

La guerra entre religión y ciencia es antigua y casi se ha extinguido; pero en cierto punto, ninguna de las dos está dispuesta a ceder. La religión ve en el plan de la naturaleza la prueba de un creador. La ciencia ve en la aleatoriedad de la naturaleza la prueba de que no hay ningún plan. No obstante, nunca ha existido una cultura basada en el caos, incluida la subcultura de la ciencia. La conciencia mira al universo y encuentra un plan por todas partes, aun si los espacios que lo separan parecen desorganizados y aleatorios. Para el individuo es imposible no ver orden: cada aspecto de la vida, empezando con la familia, se basa en él. Tu cerebro está construido para percibir patrones (incluso una mancha de tinta parece la imagen de algo, no importa cuánto te esfuerces por tratar de no verla), porque fueron necesarios patrones de células para hacer un cerebro. La mente es, en última instancia, una máquina para elaborar significado, aun cuando coquetea con el sinsentido, como nuestro siglo ha hecho tan bien.

UNIVERSAL
5. Las leyes físicas operan eficientemente con el mínimo esfuerzo.

PERSONAL:
5. En todo momento, el universo te da los mejores resultados posibles.

La naturaleza ama la eficiencia, lo cual es muy extraño en algo que supuestamente opera al azar. Cuando dejas caer una pelota, ésta cae en línea recta al piso sin desviarse. Cuando dos moléculas con potencial para unirse se encuentran, siempre se unen: no hay lugar para la indecisión. Este gasto mínimo de energía, conocido como *ley del menor esfuerzo*, también se aplica a los seres humanos. Es seguro que nuestros cuerpos no pueden evitar la eficiencia de los procesos químicos que ocurren en cada célula, por lo que es probable que todo nuestro ser esté regido por el mismo principio. Causa y efecto no sólo están vinculados; lo están de la manera más eficiente posible. Este argumento también se aplica al crecimiento personal: la idea es que todos actúan lo mejor que pueden desde su nivel de conciencia.

6. Las formas simples se desarrollan en formas más complejas.

6. Tu conciencia interna siempre está evolucionando.

Este principio resulta desconcertante para religiosos y científicos por igual. Muchas personas religiosas piensan que Dios creó el mundo a su imagen, lo que implica que la creación no tenía a dónde ir después de ello (excepto quizá perder su perfección inicial). Los científicos aceptan que la entropía, tendencia de la energía a disiparse, es inexorable. Así, en ambos sistemas es un problema que el ADN sea un billón de veces más complejo que los primeros átomos primigenios; que la corteza humana haya crecido formidablemente durante los últimos 50 000 años; que la vida surgiera de sustancias químicas inertes, y que todos los días nuevos pensamientos salen de la nada. La entropía no deja de envejecernos, provocar que los autos se oxiden y que las estrellas se enfríen y mueran. Pero el impulso de la evolución es igualmente inexorable. La naturaleza decidió evolucionar, sea cual sea nuestra opinión al respecto.

7. El conocimiento asimila más y más del mundo.

7. La dirección de la vida es de la dualidad a la unidad.

Según una idea muy extendida, las culturas antiguas veían una creación unificada, mientras nosotros vemos un mundo fragmentado y dividido. Se ha culpado de ello al declive de la fe y a la ausencia de mitos, tradiciones y vínculos sociales. Pero yo creo que ocurre justo lo contrario: la antigua manera de entender apenas explicaba una mínima parte de todos los fenómenos de la naturaleza, mientras que la física actual está a punto de llegar a una "teoría de todo". El eminente físico John Wheeler destaca algo crucial cuando dice que, antes de Einstein, los seres humanos pensaban que veían a la naturaleza "allá fuera", como a través de una ventana, tratando de descubrir qué hacía la naturaleza. Gracias a Einstein, nos dimos cuenta de que estamos inmersos en la naturaleza; el observador cambia la realidad por el acto mismo de observar. Así, a pesar de un extendido sentimiento de alienación psicológica (resultado de que la tecnología haya sobrepasado nuestra capacidad de mantener vivo el significado), la dualidad de hombre y naturaleza está reduciéndose con cada generación.

UNIVERSAL
8. La evolución desarrolla cualidades de supervivencia que se ajustan perfectamente al entorno.

PERSONAL
8. Si te abres a la fuerza de la evolución, ella te llevará adonde quieres ir.

La adaptación es algo maravilloso porque avanza por saltos cuánticos. Cuando algunos dinosaurios ancestrales desarrollaron plumas, dieron con una adaptación que sería perfecta para el vuelo alado. Las células exteriores de sus cuerpos, que eran duras y escamosas, fueron útiles como armadura pero no ayudaban a remontar el vuelo. Es como si la evolución se planteara un problema nuevo y diera un salto creativo para solucionarlo. El uso de escamas fue abandonado por un nuevo mundo de vuelo alado (y esas mismas escamas darían un salto en otra dirección al convertirse en pelo, permitiendo el desarrollo de mamíferos peludos). Tanto la ciencia como la religión se preocupan por esto. A la ciencia no le gusta la idea de que la evolución sabe hacia dónde va; se supone que las mutaciones darwinianas deberían ser aleatorias. A la religión no le gusta la idea de que la creación perfecta de Dios cambia cuando se requiere algo nuevo. No obstante, éste es un caso donde las explicaciones han quedado al margen. Sin lugar a dudas, el mundo físico se adapta mediante saltos creativos que ocurren en un nivel más profundo. A este nivel puedes llamarle genético o consciente, como prefieras.

UNIVERSAL
9. El caos favorece la evolución

PERSONAL
9. La mente fragmentada no puede llevarte a la unidad, pero debes usarla para recorrer el camino.

El caos es una realidad, pero también lo es el orden y el crecimiento. ¿Cuál es el preponderante? La ciencia no ha llegado a una conclusión porque más de 90 por ciento del universo físico está compuesto de materia oscura y misteriosa: como no ha sido observada, sigue abierta la pregunta de cuál será el destino del cosmos. La religión se planta firmemente al lado del orden por la sencilla razón de que Dios creó el mundo a partir del caos. Según la ciencia, hay un delicado equilibrio entre creación y destrucción, el cual se ha mantenido durante millones de años. No obstante, como las fuerzas cósmicas en gran escala no han sido capaces de destruir el delicado tejido que urdió el origen de la vida, podría concluirse razonablemente que la evolución utiliza el caos, igual que un pintor utiliza los colores revueltos en su caja. En el nivel personal, es imposible que alcances la unidad mientras estés regido por el torbellino de pensamientos e impulsos de tu cabeza, pero puedes usar tu mente para que ella encuentre su propia fuente. La unidad es el propósito oculto al que se dirige la evolución, utilizando la mente fragmentada como herramienta para recorrer el camino. Al igual que el cosmos, la superficie de la mente parece caótica, pero hay una represa de progreso operando debajo.

UNIVERSAL
10. Muchos niveles invisibles están envueltos en el mundo físico.

PERSONAL
10. Vives en muchas dimensiones a la vez; la impresión de estar atrapado en el tiempo y el espacio es una ilusión.

Con todo su corazón, los pioneros de la física cuántica, incluido Einstein, no querían crear dimensiones nuevas más allá del tiempo y el espacio. Ellos querían explicar el universo como parecía ser. No obstante, las teorías actuales de las *superstrings** utilizan al menos once dimensiones para explicar el mundo visible. La religión siempre ha sostenido que Dios habita un mundo más allá de los cinco sentidos; la

---

* Éstas explican el mundo físico combinado con la teoría general de la relatividad y la mecánica cuántica, antes consideradas incompatibles.

ciencia necesita el mismo reino trascendente para explicar por qué unas partículas separadas por millones de años luz pueden actuar coordinadamente, por qué la luz puede comportarse como partícula y como onda, y por qué los hoyos negros pueden transferir materia más allá del control de la gravedad y el tiempo. En última instancia, la existencia de multidimensiones es irrefutable. En el nivel más simple, debe haber *algún lugar* de donde salieron el espacio y el tiempo durante el *Big Bang* y, por definición, ese *algún lugar* no puede estar en el tiempo y el espacio. Aceptar que tú, como ciudadano de un universo multidimensional, eres multidimensional, no tiene nada de místico. Es la mejor hipótesis que puede proponerse dados los hechos.

Podría decirse que estos diez principios representan las maneras de concebir el sistema operativo que mantiene en marcha la realidad única. En verdad, todo esto resulta inconcebible, y nuestros cerebros no están preparados para operar en lo inconcebible. No obstante, pueden adaptarse a vivir inconscientemente. Todas las criaturas de la Tierra están sujetas a las leyes de la naturaleza; sólo los humanos pensamos: "¿En qué me afecta todo esto?" Si prefieres desentenderte y decides vivir como si la dualidad fuera real, no verás la manera en que estos diez principios se relacionan contigo. La ironía cósmica es que estas mismas leyes seguirían rigiendo tu vida aunque no las reconozcas.

La alternativa de ser conscientes o no, nos lleva a la posibilidad de la transformación. Nadie discute que la vida es cambio. Pero, ¿es posible que, mediante la simple modificación de su conciencia, una persona provoque una transformación profunda y no sólo un cambio superficial? Transformación y cambio son dos cosas distintas, como puede verse en los cuentos de hadas. La pobre chica a quien su malvada madrastra obliga a permanecer en casa fregando el piso mientras sus hermanastras van al baile, no se supera asistiendo a la escuela nocturna. Es el toque de una varita mágica el que transporta a Cenicienta instantáneamente al palacio como una criatura completamente transformada.

Según la lógica del cuento de hadas, el cambio es demasiado lento, demasiado gradual, demasiado prosaico para satisfacer los anhelos simbolizados por la rana que sabe que es un príncipe o por el patito feo que se convierte en cisne. Hay más de un elemento fantástico en el toque de magia que ofrecerá instantáneamente una vida libre de problemas. Y más importante aún: esta fantasía encubre la manera en que ocurre la verdadera transformación.

La clave de la transformación auténtica es que la naturaleza no avanza paso a paso. Da saltos cuánticos todo el tiempo, y cuando lo hace, no realiza una simple combinación de viejos ingredientes. Algo aparece por primera vez en la creación, una *propiedad emergente*. Por ejemplo, si analizamos el hidrógeno y el oxígeno, son ligeros, gaseosos, invisibles y secos. Hizo falta una transformación para que esos dos elementos se combinaran y crearan agua y, cuando esto ocurrió, surgió un conjunto completamente nuevo de posibilidades, siendo la más importante, desde nuestro punto de vista, la vida misma.

La humedad del agua es un ejemplo perfecto de propiedad emergente. En un universo sin agua sería imposible obtener la humedad mezclando otras propiedades existentes. Las mezclas sólo producen cambios; no son suficientes para transformar. La humedad surgió en la creación como algo completamente nuevo. Cuando lo analizamos con atención, resulta evidente que cada enlace químico produce una propiedad emergente. (Ya he mencionado el ejemplo del sodio y el cloro, dos venenos que cuando se combinan producen sal, otro elemento básico de la vida.) Tu cuerpo —que enlaza millones de moléculas cada segundo— depende de la transformación. Los procesos de respiración y digestión, por nombrar sólo dos ejemplos, se valen de la transformación. A la comida y al aire no simplemente se les revuelve sino que se les somete exactamente a los enlaces químicos necesarios para mantenernos vivos. El azúcar extraída de una naranja viaja al cerebro y sirve de combustible a un pensamiento. La propiedad emergente en este caso es la novedad del pensamiento: jamás en la historia del universo se habían combinado moléculas con ese resultado. El aire que entra por tus pulmones se combina de mil maneras para producir células que nunca han existido tal como existen en ti; y cuando utilizas oxígeno para moverte, tus músculos realizan acciones que, por muy similares que sean a las de otras personas, son expresiones tuyas únicas.

Si la transformación es la norma, la transformación espiritual es una extensión de lo que la vida ha estado haciendo todo el tiempo. Aunque sigas siendo quien eres, puedes dar un salto cuántico en tu conciencia, y la señal de que ese salto ha sido real será alguna propiedad emergente nunca experimentada en el pasado.

Propiedades emergentes espirituales

Claridad de conciencia
Cognición
Veneración por la vida
Ausencia de violencia
Ausencia de miedo
Integridad

Éstas pueden considerarse transformaciones espirituales porque ninguna puede obtenerse simplemente recombinando viejos ingredientes del yo. Al igual que la humedad del agua, cada una aparece como por alquimia: la escoria de la vida diaria se convierte en oro.

Claridad significa estar consciente de ti mismo todo el tiempo: mientras estás despierto, duermes o sueñas. En vez de estar eclipsada por las circunstancias externas, tu conciencia siempre está abierta a sí misma. La claridad es atenta y despreocupada.

Cognición significa estar en contacto con el nivel de la mente donde se responden todas las preguntas. Está relacionada con el genio, aunque la cognición no se concentra en música, matemáticas ni otros temas específicos. Tu área de conocimiento es la vida misma y el movimiento de la conciencia en todos los niveles. La cognición es sabia, segura e inquebrantable pero humilde.

Veneración por la vida significa estar en contacto con la fuerza vital. Sientes que el mismo poder fluye por ti y por todos los seres vivos; incluso el polvo que flota en un rayo de luz baila al mismo ritmo. Por tanto, la vida no se limita a las plantas y los animales: todo posee una vitalidad radiante y animada. La veneración es cálida, conectada y excitante.

Ausencia de violencia significa estar en armonía con todas las acciones. No hay oposición entre lo que haces y lo que hacen los demás. Tus deseos no chocan con el bienestar de los otros. Cuando miras alrededor, ves conflictos en el mundo en general pero no en tu mundo. Irradias paz como un campo de fuerza que somete al conflicto en tu entorno. La no violencia es pacífica, quieta y ajena a la oposición.

Ausencia de miedo significa seguridad total. El miedo es un susto del pasado; nos recuerda el momento en que dejamos un lugar seguro y nos encontramos en otro vulnerable.

El Bhagavad Gita dice que el miedo nace de la separación, sugiriendo que la causa original del miedo fue la pérdida de la unidad. En última instancia, esa separación no es la expulsión del paraíso sino la pérdida de lo que somos. La ausencia de miedo es, por tanto, ser tú mismo.

Integridad significa incluir todo, no excluir nada. En este momento experimentamos la vida dividida en trozos de tiempo, de experiencia, de actividad. Nos aferramos a nuestro limitado sentido del yo para evitar que estos trozos se desmoronen. Pero es imposible hallar continuidad de este modo, por más que el ego se esfuerce en mantener a la vida de una pieza. La totalidad es un estado más allá de la personalidad. Surge cuando el "yo soy" que aplicas a ti es el mismo "yo soy" en todas partes. La totalidad es sólida, eterna, sin principio ni fin.

La transformación auténtica, a mi manera de ver, depende del surgimiento de estas propiedades como tu experiencia personal. Son cualidades primigenias inmersas en la conciencia; no fueron inventadas por los seres humanos ni proyectadas por carencia, necesidad o hambre. Es imposible experimentarlas obteniendo más de lo que ya tienes. Ser lo más generoso posible con los demás y evitar causarles daño no es lo mismo que no violencia en sentido espiritual. Mostrar valentía ante el peligro no es lo mismo que ausencia de miedo. Sentirse estable e íntegro no es lo mismo que totalidad.

Hay que remarcar que por más inalcanzables que parezcan estas cosas, son completamente naturales: son extensiones de un proceso de transformación que ha estado contigo toda tu vida. Cada uno somos ya una propiedad emergente del universo, una creación totalmente nueva a partir de los genes de nuestros padres. Pero hay una magia más profunda. En el nivel químico, los genes de tus padres sólo se recombinaron; tú obtuviste algunos de uno y algunos de otro. La supervivencia de cierto acervo genético se extendió para incluir una nueva generación, no se descompuso súbitamente en una sustancia nueva y desconocida.

De alguna manera, la naturaleza utilizó esos viejos elementos para realizar una hazaña alquímica: tú no eres una réplica genética reconfigurada. Tus genes son sólo la estructura que soporta una experiencia única. El ADN es la manera en que el universo toma conciencia de sí mismo. Hicieron falta ojos para que el universo viera su apariencia; oídos para escuchar sus sonidos, etcétera. Para asegurarse de no perder interés, el universo te creó para tomar conciencia de sí mismo de una manera que no había existido. Así, eres una expresión de eternidad y de este preciso instante, ambos a la vez.

Transformarse es como embarazarse. La mujer que decide tener un bebé toma una decisión personal y al mismo tiempo se somete a una poderosísima fuerza de la naturaleza. Por un lado, ejerce el libre albedrío; por el otro, queda atrapada en una serie inexorable de acontecimientos. Una vez que tiene una semilla fertilizada en su vientre, la naturaleza toma el control; engendrar un bebé es algo que haces y al mismo tiempo algo que te ocurre. Lo mismo puede decirse de cualquier otra transformación auténtica. Tú puedes hacer la decisión personal de ser espiritual, pero cuando el espíritu toma el control, quedas atrapado en fuerzas superiores a ti. Es como si un cirujano fuera llamado al quirófano para una cirugía y descubriera que el paciente en la mesa de operaciones es él mismo.

Hemos revisado los diez principios que integran el sistema operativo de la realidad única. Pero la mayoría de las personas están inmersas en otro sistema operativo: el de la dualidad. Viven asumiendo que son individuos separados, aislados, en un cosmos aleatorio donde lo que ocurre "aquí dentro" no se refleja "allá fuera". Entonces, ¿cómo puede una persona cambiar de un sistema operativo al otro? La unidad es totalmente distinta de la dualidad, pero no tienes que esperar el final de este viaje para vivir *como si* estuvieras en el siguiente. Justo ahora estás viviendo como si la limitación y la separación debieran ser verdad; por tanto, no estás dejando espacio para que *no* sean verdad. Aun así, una inteligencia oculta preserva el orden increíble de la vida al tiempo que permite que el cambio se arremoline en aparente caos. Si exponemos una célula viva a la luz del sol en un día fresco de primavera, se marchitaría y convertiría en polvo; su ADN se esparciría en el viento. No obstante, esa aparente fragilidad ha sobrevivido a dos billones de años de constantes ataques del ambiente. Para comprobar que nuestra existencia está protegida por la misma inteligencia, es necesario alinearnos con ella. Entonces se revelará una ley universal: *la totalidad permanece, no importa cuánto cambie.*

Tu tarea consiste en hacer que la totalidad sea más real en tu vida. Mientras permanezcas en el nivel donde prevalece el cambio, no tienes posibilidades de llegar a ser verdaderamente nuevo. La dualidad mantiene su sistema operativo en todo momento, y mientras estés conectado a él, parecerá real, factible, fidedigno y comprobable. El otro sistema operativo, que se basa en la totalidad, funciona mucho mejor que al que estás acostumbrado. La totalidad también es real, factible, fidedigna y comprobable. Con la finalidad de orientarnos, analicemos algunas situaciones familiares y veamos cómo las abordaría cada sistema.

Imagina que llegas un día al trabajo y escuchas un rumor acerca de que en tu empresa habrá un recorte de personal.

Nadie sabe si tu empleo está en riesgo, pero podría estarlo. En el sistema operativo de la dualidad entran en juego los siguientes supuestos:

Podría perder lo que necesito para sostenerme.
Alguien tiene el control de mi destino.
Enfrento algo impredecible y desconocido.
No merezco un revés como éste.
Podría resultar lastimado si la situación no me favorece.

Estos pensamientos son comunes cuando nos encontramos en un momento de crisis. Algunas personas toleran el peligro mejor que otras, y tú has enfrentado muchas situaciones similares con mayor o menor éxito. Pero estas preocupaciones sólo son parte de un sistema operativo. Están programadas en el *software* del ego y su fijación absoluta en mantener todo bajo control. Lo que está en juego aquí no es la pérdida del empleo sino la pérdida del control. La amenaza externa revela cuán frágil es la realidad del ego.

Planteemos ahora la misma situación en el sistema operativo programado desde la totalidad o realidad única. Llegas al trabajo y escuchas que en la empresa habrá recorte de personal. Entonces entran en juego los siguientes supuestos:

Mi ser más profundo ha creado esta situación.
Pase lo que pase, hay una razón.
Estoy sorprendido, pero este cambio no afecta lo que soy.
Mi vida se desenvuelve de acuerdo con lo que es mejor para mí y para mi desarrollo.
No puedo perder lo que es real. Los factores externos se asentarán a su tiempo.
Pase lo que pase, no puedo sufrir ningún daño.

Resulta claro que el segundo sistema operativo proporciona una sensación de mayor seguridad. La totalidad es segura; la dualidad no. El resguardo contra las amenazas externas es permanente cuando no existen factores externos, cuando sólo eres tú ocupando dos mundos —interno y externo— que se acoplan a la perfección.

Los escépticos dirán que este sistema operativo nuevo no es más que un asunto de percepción, que vernos como creadores de nuestra realidad no significa que lo seamos. Pero lo somos. La realidad cambia cuando nosotros lo hacemos, y cuando modificamos nuestra percepción de estar divididos, la realidad única cambia con nosotros. La razón por la que no todos lo notan es que el mundo centrado en el ego —con sus exigencias, presiones, dramas y excesos— es sumamente adictivo, y como cualquier adicción, necesita una dosis diaria y la negación de que hay una manera de escapar de ella. Al adherirte a la realidad única, la adicción no terminará inmediatamente, pero dejarás de alimentarla. Tu ego y personalidad, que te ofrecen una visión limitada de quién eres, recibirán el mensaje de que deben dejar de asirse y aferrarse. El condicionamiento que te decía cómo ganarle a "ellos" ya no te ayudará a sobrevivir. El apoyo que obtenías de fuentes externas, familia, amigos, estatus, posesiones y dinero, ya no te hará sentir seguro.

Por fortuna, la percepción es bastante flexible para liberarse de la adicción a la dualidad. Cualquier suceso puede considerarse un producto del centro creativo interno. En este preciso instante puedo pensar en cualquier faceta de mi vida y decir, "yo lo hice". Desde aquí sólo falta un paso para preguntar "¿Por qué lo hice" y "¿Qué quiero hacer en vez de eso?"

Analicemos otro ejemplo. Vas en tu auto de regreso a casa y te detienes en un semáforo; pero el vehículo de atrás

no para y golpea el tuyo. Saltas a confrontar al otro conductor, pero éste no se disculpa. De manera hosca te proporciona la información de su aseguradora. En un sistema operativo entran en juego las siguientes premisas:

> A esta persona no le importa qué es mejor para mí.
> Si está mintiendo, tendré que hacerme cargo de todos
> los gastos.
> Yo soy la parte afectada y él debe reconocerlo.
> Tal vez tenga que forzarlo a cooperar.

Cuando estas ideas entren en juego, considera la posibilidad
de que el accidente de tránsito no las haya causado. Ellas
estaban grabadas en tu mente, esperando el momento de ser
requeridas. No estás viendo la situación como es en realidad
sino a través de tu percepción programada. En un sistema
operativo diferente, las siguientes premisas son igualmente
válidas:

> Este accidente no fue un accidente; es un reflejo de mí.
> Esta persona es un mensajero.
> Cuando descubra por qué sucedió esto, revelaré algún
> aspecto de mí.
> Necesito prestar más atención a cierto tipo de energía
> oculta o atascada. Cuando me haya hecho cargo de
> ella, me alegraré de que este accidente haya ocurrido.

¿Te parece que este segundo punto de vista es imposible o
poco realista? No es más que la manera natural de percibir
la situación desde la perspectiva de la realidad única. La
primera perspectiva fue grabada en tu mente por las circunstancias de tu infancia; tuviste que ser entrenado para
considerar a los demás como extraños y asumir que los

accidentes son sucesos aleatorios. En vez de partir de una conciencia tan limitada, puedes abrirte a posibilidades más amplias. La segunda perspectiva es más generosa contigo y con el otro conductor. No son antagonistas sino actores en igualdad de condiciones en un escenario que intenta comunicarles algo. La perspectiva más amplia no implica culpa o violencia. Responsabiliza por igual a cada involucrado y les brinda idénticas oportunidades de crecimiento. Un accidente automovilístico no es bueno ni malo; es una oportunidad para reivindicar quién eres: un creador. Si el resultado final es un acercamiento a tu ser verdadero, habrás crecido y hasta tu deseo de ganar se verá satisfecho por la experiencia de la realidad única.

Aunque insistas en que lo único que está en juego en este caso es el dinero —y que la confrontación es la única manera de obtenerlo—, esa perspectiva no es la realidad sino el refuerzo de una percepción. ¿Acaso el dinero neutraliza consecuencias como la ira, la culpa o el sentirse víctima de los demás?

La totalidad presenta un mundo unificado, pero no sabrás qué se siente vivir en un mundo así hasta que te adhieras a un sistema operativo nuevo. El paso del sistema operativo viejo al nuevo constituye un proceso al cual debemos comprometernos todos los días. Nuestra adicción compartida a la dualidad es absoluta; no excluye nada. Lo bueno es que ningún aspecto de la vida es inmune a la transformación. Cada cambio que realices, por pequeño que sea, se extenderá a toda la existencia. Literalmente, el universo estará pendiente de lo que hagas y te brindará apoyo. Desde su punto de vista, la formación de una galaxia no es menos trascendental que la evolución de un individuo.

CAMBIA TU REALIDAD PARA ALBERGAR
EL SÉPTIMO SECRETO

La séptima lección trata de la alquimia. Desde cualquier perspectiva, la alquimia es mágica. Es imposible convertir hierro en oro calentándolo, golpeándolo, moldeándolo o combinándolo con cualquier sustancia conocida. Éstos son simples cambios físicos. Del mismo modo, nunca lograrás una transformación interna tomando tu viejo yo y martillándolo con críticas, caldeándolo con experiencias excitantes, transformando su aspecto o conectándolo con personas nuevas. Entonces, ¿cómo funciona la magia?

Funciona de acuerdo con los principios que integran el sistema operativo del universo. Cuando te conformas conscientemente a ellos, abres la puerta de la transformación. Escribe la manera en que los diez principios se aplican a ti en lo personal y empieza a vivirlos. Llévalos contigo; reléelos de vez en cuando. Es mejor concentrarse en un principio cada día que incluir demasiados a la vez. Éstos son ejemplos de cómo puedes aplicar estos principios universales en tu vida cotidiana:

Los sucesos que ocurren en mi vida reflejan quién soy. Hoy pondré en práctica un ejercicio. Todo lo que llame mi atención está tratando de decirme algo. Si me siento enojado con alguien, veré si lo que me desagrada de esa persona es algo que existe en mí. Si escucho una conversación al pasar, consideraré esas palabras como un mensaje personal. Quiero descubrir mi mundo interior.

Las personas que hay en mi vida reflejan aspectos de mí. Soy la combinación de todas las personas importantes para mí. Voy a considerar a mis amigos y familiares como una imagen grupal de mí. Cada uno representa una característica que deseo ver en mí o quiero rechazar, aunque en realidad soy la imagen completa. Obtendré todo el conocimiento posible de esas personas que amo intensamente o que me desagradan intensamente: unos reflejan mis mayores aspiraciones; los otros, mis mayores miedos de lo que hay en mí.

Aquello a lo que preste atención crecerá. Haré un inventario de cómo estoy utilizando mi atención. Tomaré nota de cuánto tiempo dedico a la televisión, los juegos de vídeo, la computadora, los pasatiempos, las habladurías, un trabajo que no me interesa, un trabajo que me apasiona, las actividades que me fascinan y las fantasías de evasión o de lo que quiero lograr. De esta manera sabré qué aspectos de mi vida crecerán. Entonces preguntaré: "¿Qué quiero que crezca en mi vida?" Esto me dirá a dónde debo dirigir mi atención.

Nada es aleatorio; mi vida está llena de señales y símbolos. Buscaré pautas en mi vida. Estas pautas pueden estar en cualquier parte: en lo que los demás me dicen, en cómo me tratan, en cómo respondo a las situaciones. Yo tejo el tapiz de mi mundo todos los días, y necesito saber qué diseño estoy haciendo. Buscaré señales que me muestren mis creencias ocultas. ¿Aprovecho las oportunidades de éxito o fracaso? Esto simboliza si tengo poder personal o no. Buscaré señales sobre si creo que soy amado y merezco amor o no.

En todo momento, el universo me da los mejores resultados posibles. Hoy me concentraré en los dones de que gozo. Me concentraré en lo que va bien. Apreciaré este mundo de luz y sombra. Recibiré con dignidad el don de la conciencia. Repararé en cómo mi nivel de conciencia me hace percibir el mundo que estoy cocreando.

Mi conciencia siempre está evolucionando. ¿En dónde estoy justo ahora? ¿Cuánto he avanzado en el camino que elegí? Aunque no vea resultados inmediatos fuera de mí, ¿siento que estoy creciendo por dentro? Hoy enfrentaré estos cuestionamientos y preguntaré honestamente en dónde estoy. Experimentaré mi conciencia no como una corriente de pensamientos sino como el potencial para llegar a ser lo que quiero ser. Contemplaré mis limitaciones y confines con la intención de expandirme más allá de ellas.

La dirección de la vida es de la dualidad a la unidad. Hoy quiero sentirme seguro y en casa. Quiero saber qué se siente simplemente ser, sin defensas ni deseos. Apreciaré el flujo de la vida por lo que es: mi yo verdadero. Repararé en esos momentos íntimos conmigo mismo, cuando siento que "yo soy" es suficiente para sostenerme por siempre. Me acostaré sobre el pasto mirando al cielo, sintiéndome uno con la naturaleza, expandiéndome hasta que mi ser desaparezca en el infinito.

Si me abro a la fuerza de la evolución, ella me llevará adonde quiero ir. Hoy lo dedicaré a pensar en mí a largo plazo. ¿Cuál es mi visión de la vida? ¿Cómo se relaciona conmigo? Quiero que mi visión se desarrolle sin obstáculos. ¿Está ocurriendo esto? Si no, ¿dónde estoy obstaculizándola? Analizaré las creencias que parecen detenerme más. ¿Dependo de otros en vez de responsabilizarme de mi evolución? ¿Me he permitido concentrarme en recompensas externas que sustituyen crecimiento interno? Hoy volveré a consagrarme a la conciencia interna, sabiendo que ése es el hogar, el impulso evolutivo que mantiene en marcha el universo.

La mente fragmentada no puede llevarme a la unidad, pero debo usarla para recorrer el camino. ¿Qué significa unidad para mí? ¿Qué experiencias de unidad puedo evocar? Hoy recordaré la diferencia entre ser uno conmigo y estar disperso. Encontraré mi centro, mi paz, mi capacidad para ir con el flujo. Los pensamientos y deseos que me impulsan no son la realidad última. Son sólo una manera de volver a la realidad. Recordaré que los pensamientos vienen y van como hojas en el viento, pero el centro de la conciencia es para siempre. Mi objetivo es vivir desde ese centro.

Vivo en muchas dimensiones a la vez; la impresión de estar atrapado en el tiempo y el espacio es una ilusión. Hoy me experimentaré más allá de las limitaciones. Apartaré tiempo para estar presente conmigo en silencio. Conforme respire, veré mi ser extenderse en todas direcciones. Cuando me asiente en mi silencio interior, pediré a las imágenes que vengan a mi mente y se unan con mi ser. Incluiré todo y a todos los que vengan a mi mente, diciendo: "Tú y yo somos uno en el nivel del ser. Ven, únete a mí más allá del drama del tiempo y el espacio". Del mismo modo, experimentaré el amor como una luz que parte de mi corazón y se extiende hasta donde alcance mi conciencia; cuando surjan imágenes en mi mente, enviaré amor y luz en su dirección.

El mal no es tu enemigo

El fracaso más grave de la espiritualidad está relacionado con el mal. Personas idealistas y cariñosas que jamás lastimarían a otra persona, se ven arrastradas a la vorágine de la guerra. Doctrinas que predican la existencia de un Dios organizan campañas para matar infieles. Religiones de amor degeneran en odio partisano contra los herejes y contra quienes amenazan la fe. Aun si piensas que tienes la verdad última en tus manos, no hay garantía de que escaparás al mal. Ha ocurrido más violencia en nombre de la religión que por cualquier otro motivo. De aquí el amargo aforismo: *Dios transmitió la verdad, y el Demonio dijo: "Yo la organizaré"*.

También está el fracaso más sutil de la pasividad: cruzar los brazos y dejar que el mal haga lo que quiera. Tal vez esto refleje una creencia secreta de que el mal es, en última instancia, más poderoso que el bien. A uno de los personajes más espirituales del siglo XX se le preguntó cómo debía enfrentar Inglaterra la amenaza del nazismo. Él contestó:

Quiero que combatan al nazismo sin armas. Me gustaría que dejaran sus armas por ser inútiles para salvarse o salvar a la humanidad. Invitarán a *Herr* Hitler y al *Signor* Mussolini a que tomen lo que quieran de los países que ustedes llaman propios. Déjenlos tomar posesión de su hermosa isla, con sus muchos edificios hermosos. Entregarán todo esto, pero no sus almas ni sus mentes.

El autor de este pasaje fue Mahatma Gandhi, y sobra decir que su "carta abierta" a los británicos fue recibida con sorpresa e indignación. No obstante, Gandhi estaba siendo fiel al principio de *ahimsa* o no violencia. Él había usado exitosamente la no violencia para convencer a los británicos de conceder la libertad a India, y al rehusarse a ir a la guerra contra Hitler —posición que mantuvo durante toda la Segunda Guerra Mundial—, era coherente con sus creencias espirituales. ¿Hubiera servido el ahimsa para disuadir a Hitler, un hombre que había declarado que "la guerra es la madre de todas las cosas?" Nunca lo sabremos. Sin duda, la pasividad tiene un lado oscuro. La Iglesia católica tuvo uno de sus periodos más oscuros durante los años que permitió que millones de judíos fueran asesinados bajo el nazismo, hasta el extremo de que ocurrieron redadas de judíos italianos ante las ventanas del Vaticano.

Así pues, reconozcamos que la espiritualidad no ha podido enfrentar al mal en innumerables ocasiones. Apartándose de doctrinas que sólo han propagado el mal, la realidad única abre un nuevo camino, pues si hay sólo una realidad, el mal no tiene un poder especial ni una existencia separada. No existe un Satanás cósmico que rivalice con Dios, e incluso la guerra entre el bien y el mal es una ilusión nacida de la dualidad. En última instancia, bien y mal son formas que la conciencia puede adoptar según elija. En ese sentido, el mal no es distinto del bien. La similitud se remonta a su origen. De dos bebés nacidos el mismo día, uno puede crecer para cometer el mal y otro para hacer el bien, pero no es verdad que uno haya sido creado malo. El potencial del bien y el mal existen en la conciencia de ambos y, conforme crezcan, sus conciencias serán moldeadas por muchas fuerzas.

Estas fuerzas son tan complejas que resulta absurdo decir que alguien es únicamente malo. Permíteme enumerar las fuerzas que moldean a todos los recién nacidos:

- Orientación de los padres, o falta de ella.
- Presencia o ausencia de amor.
- Dinámica familiar.
- Presión de los compañeros en la escuela y presión social durante toda la vida.
- Tendencias y reacciones personales.
- Creencias inculcadas y enseñanzas religiosas.
- Karma.
- La marea de la historia.
- Modelos de conducta.
- Conciencia colectiva.
- El atractivo de mitos, héroes e ideales.

Cada una de las fuerzas de esta lista influye en tus elecciones y te empuja de manera invisible a actuar. Como la realidad está entrelazada en todas estas influencias, también lo está el mal. Todas estas fuerzas influyen para que surja el bien o el mal. Si tu héroe de la niñez fue Stalin, no percibirás al mundo como si tu héroe hubiera sido Juana de Arco. Si eres protestante, tu vida no hubiera sido la misma bajo la persecución de los hugonotes que en un suburbio estadounidense de hoy. Imagina que una persona es como un edificio al que cientos de líneas eléctricas transmiten innumerables mensajes, los cuales permiten desarrollar una gran cantidad de proyectos. Cuando vemos un edificio lo consideramos una cosa, un solo objeto. Pero su vida interior depende de los cientos de señales que recibe.

Tu vida también.

En y por sí misma, ninguna de estas fuerzas es mala.

Pero cada persona elige bajo esta variedad de influencias. Creo que toda inclinación al mal se reduce a una elección hecha en la conciencia. *Y esas elecciones parecían buenas cuando se hicieron.* Ésta es la gran paradoja de los actos malignos, pues, con raras excepciones, las personas que actúan con maldad pueden encontrar sus motivos en decisiones que eran las mejores en determinada situación. Los niños víctimas de abuso, por ejemplo, frecuentemente terminan como adultos que abusan de sus propios hijos. Uno pensaría que serían los últimos en recurrir a la violencia familiar por haber sido sus víctimas. Pero en sus mentes no hay disponibles opciones no violentas. La dinámica del abuso, que actúa sobre ellos desde la primera infancia, es demasiado poderosa y eclipsa el libre albedrío.

Las personas con distintos estados de conciencia no compartirán la misma definición de bien y mal. Un claro ejemplo es la esclavización social de las mujeres en todo el mundo, la cual parece totalmente equivocada en el mundo moderno pero es alimentada en muchos países por tradición, venia religiosa, valor social y prácticas familiares que se remontan a siglos atrás. Hasta hace muy poco, incluso las víctimas de esas fuerzas consideraban el papel de la mujer indefensa, obediente e infantil como "bueno".

El mal depende del nivel de conciencia de cada uno.

Para asimilar este mensaje, considera estas siete definiciones del mal. ¿Con cuál estás de acuerdo instintivamente?

¿Cuál es el peor mal?

Siete perspectivas

1. El peor mal es lastimar físicamente a alguien, o poner en peligro su supervivencia.
2. El peor mal es esclavizar económicamente a las personas, privándolas de cualquier oportunidad de triunfar y prosperar.
3. El peor mal es destruir la paz y provocar desorden.
4. El peor mal es aprisionar la mente de las personas.
5. El peor mal es destruir la belleza, la creatividad y la libertad de explorar.
6. Con frecuencia, el peor mal es difícil de distinguir del bien, pues toda la creación es relativa.
7. El mal no existe, sólo hay pautas cambiantes de conciencia en una danza eterna.

La enorme mayoría de las personas probablemente elegiría las dos primeras definiciones, porque el daño físico y la privación resultan inquietantes. En este nivel de conciencia, el mal significa no ser capaz de sobrevivir o de ganarse la vida, y el bien significa seguridad física y económica. En los siguientes dos niveles, el mal no es físico sino mental. El temor más grande no es verse privado de alimento sino perder la libertad de pensamiento y ser forzado a vivir en el caos y el malestar. El bien significa paz interior y libre flujo del entendimiento y la intuición. Los siguientes dos niveles son aún más refinados; se relacionan con la creatividad y la visión. El temor más grande es no poder expresarse o ser forzado a considerar a otros como malos. Una persona profundamente espiritual no considera el bien y el mal como categorías rígidas sino que ha empezado a aceptar que Dios tenía un propósito al crear ambos. El bien es libre expresión, apertura a todas las cosas nuevas, veneración por aspectos oscuros y luminosos de la vida. Finalmente, el último nivel considera la dinámica completa del bien y el mal, la luz y la oscuridad, como una ilusión. Cada experiencia nos une con el creador; vivimos como cocreadores inmersos en la conciencia de Dios.

La realidad única acepta todas estas definiciones, como debe ser, porque todo lo que la conciencia percibe es real para quien percibe. El mal es parte de una jerarquía, una escalera de crecimiento en la que todo cambia según el peldaño en que estemos. Asimismo, el proceso de crecimiento nunca termina. Está operando en ti en este preciso instante.

Si despiertas un día y descubres súbitamente que odias a alguien, que una situación no tiene otra salida que la violencia, que el amor no es una opción, considera cuán sutilmente llegaste a esa postura. Hizo falta todo un mundo que te arrojara o arrojara a alguien más a los brazos de lo que se considera bien o mal. Una vez interiorizadas estas fuerzas, tú reflejas el mundo tal como él te refleja a ti. Esto es lo que significa, en términos prácticos, tener el mundo en ti.

Pero el mal no puede ser tu enemigo; sólo puede ser un aspecto más de ti. Cada aspecto del ser es digno de amor y compasión. Cada aspecto es necesario para la vida, y ninguno es excluido o desterrado a la oscuridad. En principio, esta postura puede parecer aun más ingenua que la pasividad de Gandhi, pues en apariencia se nos pide amar y comprender a un asesino como lo haríamos con un santo. Jesús enseñó justo esa doctrina. Pero trasladar el amor y la compasión a situaciones difíciles ha sido esencial en el gran fracaso de la espiritualidad: la violencia hace que el amor se venga abajo, convirtiéndose en temor y odio. *Pero quien hace esto no es el mal.* Son las fuerzas que operan en la conciencia. Aquí es donde el bien y el mal se hacen iguales. Puedo dar un ejemplo asombroso de lo que quiero decir.

En 1971 se pidió a algunos alumnos de la Universidad de Stanford que participaran como voluntarios en un inusitado experimento de desempeño de papeles. Un grupo de alumnos representaría a los guardias de una prisión y estaría a cargo de otro grupo que representaría a los prisioneros. Aunque se entendía que todo era ficción, se dispuso de una cárcel y los dos grupos vivieron juntos durante el experimento. Según el plan, todos desempeñarían sus papeles durante dos semanas, pero a los seis días el experimento de la prisión tuvo que darse por terminado. ¿El motivo? Los jóvenes elegidos por su salud mental y valores morales se convirtieron, por un lado, en guardias sádicos y fuera de control, y por otro, en víctimas deprimidas por un estrés intolerable.

Los profesores encargados del experimento estaban sorprendidos pero no podían negar lo ocurrido. El investigador en jefe, Philip Zimbardo, escribió: "Mis guardias repetidamente desnudaban, encapuchaban, encadenaban, privaban de comida o de implementos para dormir a sus prisioneros; los incomunicaban y los hacían lavar los excusados con las manos descubiertas". Aquellos que no cayeron en un comportamiento tan atroz no hicieron nada por detener a los que sí. (El paralelismo con los infames actos de los guardias estadounidenses en Irak, en 2004, indujo a Zimbardo a sacar de nuevo a la luz el experimento de Stanford, después de más de 30 años.) Los guardias cayeron en todos los extremos salvo la tortura física abierta. Zimbardo recuerda con tristeza: "Conforme el tedio por su trabajo aumentaba, empezaron a utilizar a los prisioneros como juguetes e idearon juegos cada vez más humillantes y degradantes para ellos. Con el tiempo, estas distracciones tomaron un giro sexual; por ejemplo, hacían que los prisioneros simularan actos de sodomía entre sí. Cuando me di cuenta de ese comportamiento anormal, clausuré la prisión de Stanford".

¿De dónde provino este comportamiento incontrolado? Por comodidad solemos decir que está presente en algunas "manzanas podridas", pero el experimento de Stanford sugiere algo más turbador: el mal existe en todos como una sombra, por la sencilla razón de que el mundo está en todos. Haber sido educados como buenas personas se opone a la sombra del mal, por supuesto, y si revisamos la lista de las fuerzas que moldean la conciencia, cada persona presentará un mapa distinto de influencias. Pero aun si tienes la fortuna de hacer buenas elecciones, debes reconocer que, en alguna parte de ti, la sombra existe.

La sombra fue formada por las mismas situaciones cotidianas que moldearon nuestra conciencia, y es liberada por situaciones nuevas semejantes. Si de niño sufriste abusos, la compañía de niños puede despertar esos recuerdos. Los investigadores de Stanford elaboraron una lista de situaciones que orillan a las personas a hacer cosas que llamaríamos malas o, al menos, ajenas a nuestro ser real. Yo la he desarrollado a la luz de lo que conocemos sobre el dualismo y la separación.

Incubación del mal

Situaciones que liberan las energías de la sombra

Eliminación del sentido de compromiso.
Anonimato.
Entornos deshumanizadores.

Ejemplo de mal comportamiento por parte de iguales.
Testigos pasivos.
Estratos rígidos de poder.
Caos y desorden imperantes.
Ausencia de significado.
Autorización implícita para hacer daño.
Mentalidad "nosotros contra ellos".
Aislamiento.
Falta de responsabilidad.

¿Son estas situaciones intrínsecamente malas? En comparación con la primera lista, ésta parece tener un elemento maligno. Dejando a un lado las prisiones, en las que uno espera que lo peor de la naturaleza humana se manifieste, como médico he presenciado abusos similares en los hospitales. Sin lugar a dudas, los hospitales no son malos; fueron establecidos para hacer el bien. Pero la sombra no se relaciona con quién es bueno o malo. Se relaciona con energías confinadas que buscan una salida, y en los hospitales abundan las situaciones antes mencionadas: los pacientes están indefensos ante la autoridad de doctores y enfermeras, son deshumanizados por la rutina fría y mecánica, están aislados de la sociedad, son "casos" anónimos entre otros miles, etcétera.

Si se presentan las circunstancias adecuadas, la energía de la sombra de cualquier persona saldrá a la superficie.

Concentrémonos entonces en la sombra, el área donde la conciencia se ha distorsionado hasta el grado en que podemos realizar elecciones malignas. (Ten en mente la palabra "podemos", pues aun en las condiciones más deshumanizadoras, hay personas buenas que siguen siendo buenas, esto es, que son capaces de resistir o controlar la liberación de su energía de las sombras.) El famoso psicólogo suizo C. G. Jung fue el primero que utilizó "la sombra" como término médico, pero yo quiero hablar en general de los lugares ocultos donde reprimimos aquello de lo que nos sentimos culpables o avergonzados. Llamaré a este lugar la sombra, y creo que pueden decirse algunas verdades sobre ella:

La sombra es personal y universal al mismo tiempo.
Cualquier cosa puede guardarse ahí.
Todo lo que se guarda en la oscuridad se distorsiona.
La intensidad de las energías de la sombra es una manera de hacerse notar.
Cuando dirigimos nuestra conciencia a cualquier energía, ésta se distiende.
La sombra en sí no es mala, y por tanto, no es tu enemigo.

Si analizamos cada concepto, podremos modificar la temerosa designación de lo demoniaco —casi siempre en otra persona— como encarnación del mal.

La sombra es personal y universal al mismo tiempo. Todos albergamos una patrón único de vergüenza y culpa. Cosas simples como la desnudez, el acto sexual, la ira y la ansiedad dan origen a sentimientos terriblemente complejos. En una sociedad, ver a la propia madre desnuda puede resultar trivial, mientras que en otra podría ser una experiencia tan traumática que sólo podría enfrentarse enterrándola en la sombra. No hay una diferencia clara entre sentimientos personales, familiares y sociales. Los tres se mezclan y entrelazan. Pero aun si sientes vergüenza por haber golpeado a un pendenciero en el patio de la escuela cuando tenías siete años, y otra persona piensa que haber hecho lo mismo fue un momento importante en el desarrollo de su valentía personal, tener una sombra es tanto universal como personal. La psique humana cuenta con un escondite; y para la mayoría de las personas ese lugar es absolutamente necesario, dada la enorme dificultad de enfrentar nuestros impulsos más oscuros y humillaciones más profundas.

Cualquier cosa puede guardarse ahí. La bóveda de seguridad del banco donde guardas tus pertenencias más preciadas es como la mazmorra de una prisión. Lo mismo puede decirse de la sombra. Aunque generalmente se utiliza el término para describir un escondite de energías negativas, tienes el poder de convertir lo positivo en negativo y viceversa. Cierta vez conocí a dos hermanas que habían sido muy cercanas de niñas pero que en su vida adulta se distanciaron. Una era exitosa maestra universitaria; la otra trabajaba en una agencia de empleados eventuales y se había divorciado dos veces. La hermana exitosa dice que su niñez fue maravillosa; la otra dice que la suya fue traumática. "¿Recuerdas cuando papá te encerraba en el baño durante seis horas luego de hacer algo malo?", escuché que la hermana desdichada decía a la otra. "Eso fue decisivo para mí. Sólo podía imaginar cuán enojada y desesperada te sentías."

La hermana feliz parecía muy sorprendida. "¿Por qué no me preguntaste acerca de ello? Me gustaba estar sola; me recogía y me contaba historias imaginarias. El incidente no significaba nada." De igual modo, nuestras historias siguen caminos separados e idiosincrásicos. El mismo incidente no tenía ninguna carga emocional para una hermana, mientras que para la otra era fuente de ira y vergüenza. Las escenas de violencia pueden dar origen al arte más elevado —piensa en *Guernica* de Picasso— y las virtudes sagradas pueden dan lugar a los peores horrores —piensa en la crucifixión de Jesús—. En el inconsciente hay una población entera de impulsos sin examinar. El mismo alumno de Stanford que se envilece como guardia sadista puede albergar también un talento artístico que no surgirá a menos que la situación adecuada permita a la mente inconsciente liberar lo que retiene.

Todo lo que se guarda en la oscuridad se distorsiona. La conciencia, como el agua dulce, está hecha para fluir, y donde no puede hacerlo, se estanca. En tu mundo interno hay innumerables recuerdos e impulsos reprimidos. Tú no les permites fluir, o lo que es lo mismo, liberarse, y por tanto no tienen otra opción que estancarse. Los impulsos buenos mueren por no llevarlos a la práctica. El amor se hace tímido y temeroso cuando no se expresa. El odio y la ansiedad crecen hasta el infinito. La característica fundamental de la conciencia es que puede organizarse en nuevos patrones y diseños. Si no permites que tu conciencia vaya adonde necesita ir, el resultado es energía desorganizada. Por ejemplo, si preguntas a las personas qué sienten por sus padres, un tema que la mayoría de los adultos rechazan como cosa del pasado, encontrarás que sus recuerdos de la infancia son una mezcla confusa. Los sucesos triviales sobresalen como traumas enormes, otros miembros de la familia son reducidos a caricaturas, los sentimientos auténticos son difíciles o imposibles de excavar. Así, cuando un paciente acude a un psiquiatra para curar una dolorosa herida de la infancia, con frecuencia son necesarios meses o años para separar los hechos de la fantasía.

La intensidad de las energías de la sombra es una manera de hacerse notar. Ocultar algo no es lo mismo que matarlo. Las energías de la sombra permanecen vivas. Aunque te rehúses a verlas, no se han extinguido. De hecho, su deseo de vivir se vuelve aún más desesperado. Para llamar la atención de sus padres, un niño ignorado mostrará un comportamiento cada vez más extremo: primero, una llamada de atención, luego un grito, luego un berrinche. Las energías de la sombra siguen la misma pauta. Resulta razonable, por ejemplo, pensar que un ataque de pánico es un temor oculto haciendo un berrinche. Ese mismo temor llamó primero la atención de manera normal, pero cuando la persona se rehusó a notarlo, el llamado se convirtió en un grito y finalmente terminó como un ataque frontal. El temor y la ira son expertos en incrementar el voltaje hasta el grado en que sentimos que son fuerzas externas, malignas y demoniacas, independientes de nuestra voluntad. En realidad son sólo aspectos de la conciencia que adquirieron una intensidad inhumana debido a la represión. Ésta dice: "Si no te veo, me dejarás en paz". A lo que la sombra responde: "Puedo hacer cosas que te obligarán a verme".

Cuando dirigimos nuestra conciencia a cualquier energía, ésta se distiende. Ello es consecuencia natural de la última afirmación. Si una energía exige tu atención, prestarle atención empezará a satisfacerla. Un niño ignorado no se conforma con una mirada. Toma tiempo cambiar cualquier conducta, para bien o para mal, y, al igual que los niños, nuestras energías de la sombra se atascan en pautas y hábitos. Pero esto no cambia la verdad general de que si llevas luz a la sombra, sus distorsiones empiezan a atenuarse y, con el tiempo, a sanar. ¿Hay tiempo y paciencia suficientes para realizar concienzudamente este trabajo? No hay una respuesta fija para esto. La depresión, por ejemplo, es una respuesta compleja que puede curarse mediante comprensión, compasión, paciencia, atención cariñosa de otras personas, voluntad y terapia profesional. O se puede tomar una pastilla y quitarse de problemas. La elección es personal y varía de persona a persona. Afecciones aparentemente incurables como el autismo infantil han sido sanadas por padres que dedican mucho tiempo y atención para sacar a un niño de la oscuridad. La oscuridad era una distorsión de la conciencia que necesitaba luz para curarse. La sombra en todas sus formas requiere conciencia en la forma de luz y amor, y el único límite para la curación es la medida en que estemos dispuestos a consagrarnos al proyecto.

La sombra en sí no es mala, y por tanto, no es tu enemigo. Si las afirmaciones anteriores son ciertas, ésta debe serlo también. Me doy cuenta de que para muchas personas hay una enorme barrera en la forma de "el otro", alguien fuera de ellos mismos cuya maldad es incuestionable. Hace cincuenta años, "el otro" vivía en Alemania y Japón; hace treinta años vivía en la Unión Soviética; hoy vive en Medio Oriente. A estas personas les resulta más fácil explicar el mal si no pierden de vista a "el otro". Sin un enemigo, tendrían que enfrentar la presencia del mal en ellas mismas. ¡Qué cómodo es saber de antemano que estamos del lado de los ángeles!

Ver la sombra en uno mismo desarma toda la idea de "el otro" y nos acerca a la afirmación del poeta romano Terencio: *Nada humano me es ajeno*. No obstante, ¿es posible eliminar tan rápidamente el mal absoluto? Las encuestas muestran que la mayoría de las personas cree en la existencia de Satanás, y muchas sectas religiosas creen firmemente que el demonio anda suelto en el mundo y modifica secretamente la historia mediante sus obras malignas. No parece que el bien tenga oportunidad de vencer al mal; tal vez su combate sea eterno y nunca se resuelva. De cualquier forma, tú puedes elegir en qué lado deseas estar. Este hecho elimina el absoluto del mal absoluto pues, por definición, el mal absoluto vencería siempre y no encontraría obstáculos en la fragilidad de las elecciones humanas. Sin embargo, la mayoría de las personas no acepta esta conclusión.

Contemplan el drama del bien y el mal como si él y no ellos tuvieran el poder, hipnotizados por imágenes de la última epidemia de crimen, guerra y catástrofe.

Ni tú ni yo podemos resolver como individuos el problema de la maldad en gran escala, y esta sensación de impotencia magnifica la creencia de que, al fin y al cabo, el bien no vencerá. Pero para lidiar con el mal hay que mirarlo, no con horror ni como si fuera un espectáculo, sino con la atención que prestarías a cualquier problema que te interesara seriamente. Para muchas personas es tabú mirar al mal; el tema de la mayoría de las películas de terror es que si te acercas demasiado, recibirás lo que mereces. Pero los hechos relacionados con la maldad personal son más triviales que terroríficos. En todos nosotros hay impulsos alimentados por un sentido de la injusticia. O sentimos que alguien nos ha hecho un daño imperdonable por el que albergamos rencores y resentimientos.

Cuando eres tratado injustamente o sufres un daño en lo personal, la emoción natural es la ira. Si esta ira no puede salir, se encona y crece en la sombra. Arremeter mientras la contienes resulta inútil. Esta ira conduce a un ciclo de violencia. La culpa puede hacerte sentir como una mala persona simplemente por tener un impulso o abrigar un pensamiento. Eso significa estar en un doble aprieto: si arremetes y regresas el daño que recibiste, habrás hecho algo malo, pero si mantienes la ira dentro de ti, puedes sentirte igualmente malo.

No obstante, la violencia puede domarse descomponiéndola en fragmentos manejables. Las emociones negativas se alimentan de ciertos aspectos de la sombra que son manejables:

La sombra es *oscura*. Todos tenemos una sombra debido al contraste natural entre oscuridad y luz.

La sombra es *secreta*. Almacenamos impulsos y sentimientos que queremos mantener en privado.

La sombra es *peligrosa*. Los sentimientos reprimidos tienen el poder de convencernos de que pueden matarnos o volvernos locos.

La sombra está *envuelta en el mito*. Durante generaciones, las personas la han considerado guarida de dragones y monstruos.

La sombra es *irracional*. Sus impulsos luchan contra la razón; son explosivos y obstinados.

La sombra es *primitiva*. Es indigno de una persona civilizada explorar este ámbito, apesta a osario, a prisión, a manicomio, a baño público.

La negatividad recibe su poder del hecho de que se alimenta de todas estas características a la vez: una maldad secreta, oscura, primitiva, irracional, poderosa y mítica es mucho menos convincente si la descompones en una característica a la vez. Pero este proceso de fragmentación del mal no resultará convincente mientras no lo apliques a ti mismo.

Hagámoslo entonces. Piensa en un tema candente en este momento: el terrorismo. Desde cualquier punto de vista, infligir terror en personas inocentes es un acto de cobardía y maldad infame. Ahora relaciónalo contigo. Imagínate tan encendido por la intolerancia y el odio religioso, que estás dispuesto a matar. (Si el terrorismo no tiene una carga suficientemente fuerte para ti en lo personal, examina algún sentimiento que puedas tener basado en el racismo, la venganza o el abuso doméstico, cualquier tema que provoque un impulso asesino en ti.)

No importa cuán maligno sea tu impulso, puede descomponerse en pasos para resolverlo:

Oscuridad. Pregúntate si en verdad eres tú quien tiene ese impulso, el tú que ves en el espejo cada mañana.

La oscuridad se combate permitiendo entrar la luz. Freud llamó a esto remplazar el Ello con el Ego, lo que significa que el "Ello" (lo indomable en nosotros) necesita ser acarreado de vuelta al reino del "Yo" (la persona que sabes eres). Dicho de manera más sencilla: la conciencia necesita ir al lugar donde no se le permitió entrar.

Reserva. Revela tu impulso maligno a alguien en quien confíes.

La reserva se combate enfrentando honestamente las cosas que parecen vergonzosas o culpables. Abordas todos tus sentimientos frontalmente, sin negación.

Peligro. Libera tu ira en voz alta y mantente con ella mientras disminuye. Propónte que esta liberación no sea simplemente dar rienda suelta a tu furia sino en verdad dejarla ir.

El peligro se combate desactivando la bomba; esto es: encuentras la ira explosiva que acecha en tu interior y la disipas. La ira es el instinto primario de los impulsos malignos. Como todos los impulsos, se presenta con distintas intensidades, e incluso una furia intensa puede desinflarse hasta convertirse progresivamente en furia controlada, ira justificada, indignación y, finalmente, en ofensa personal. La ofensa personal no es difícil de disipar una vez que logras liberar la intensidad acumulada que se convierte en furia incontrolable.

Mito. Piensa en un héroe que manejara tus sentimientos de manera diferente y siguiera siendo heroico. La violencia es parte del heroísmo, pero también lo son muchas otras características positivas.

El mito es imaginativo y creativo. Por tanto, puedes pensar en cualquier mito y darle un giro distinto: Satanás se convierte en un personaje cómico en los milagros medievales, un ardid que lleva directamente a los cómicos villanos de las películas de James Bond. El mito no es sino metamorfosis; por tanto, este nivel nos presenta una manera poderosa de convertir a los demonios en ayudantes de los dioses, o en enemigos vencidos de los ángeles.

Irracionalidad. Concibe el mejor argumento para no dejarte llevar por tu ira. No lo hagas emocionalmente: imagínate como un consejero adulto de un adolescente caprichoso que está a punto de arruinar su vida. ¿Qué le dirías para que entrara en razón?

La irracionalidad se combate con persuasión y lógica. Las emociones son mucho más apasionantes y poderosas que la razón, pero no serán capaces de escapar de su mundo, donde sólo los sentimientos prevalecen, mientras el proceso de pensamiento no les dé una razón para sentirse de otro modo. Por sí mismos, sin la mente, los sentimientos se mantienen iguales y crecen en intensidad con el tiempo. (Un ejemplo común: imagina que estás enojado porque un niño de gorra roja rayó tu auto. El niño corre y escapa. Al día siguiente lo ves y lo alcanzas, pero cuando se da vuelta, descubres que es otro niño. La ira se convierte en embarazo porque la mente pudo introducir una idea simple: persona equivocada.)

Primitivismo. Sin excusas ni racionalizaciones, expresa tu furia como una bestia desbocada: gruñe, aúlla, retuércete, suelta tu cuerpo. Permite que lo primitivo sea primitivo, dentro de límites seguros.

Los sentimientos primitivos se combaten en su propio nivel, como vestigios del cerebro primario. Te quitas el disfraz de persona civilizada. Este nivel de conciencia es aún más profundo que el de la emoción: el área más primitiva de todas, conocida como cerebro reptil, interpreta el estrés como una lucha de vida o muerte por la supervivencia. En este nivel experimentas tu sentido "razonable" de la injusticia como pánico ciego y ferocidad ciega.

Aunque tus impulsos no alcancen nunca la violencia, los impulsos ordinarios se intensifican en la sombra, donde no puedes verlos. Siempre que te sientas resentido o enojado sin motivo, al borde de las lágrimas sin razón, sin poder explicar por qué súbitamente tomaste una decisión precipitada, estás sintiendo los efectos de la energía que se acumula de manera encubierta en la sombra.

La sombra se ha acostumbrado a estar reprimida; por tanto, el acceso a esta región de la mente no es sencillo. El ataque frontal tampoco funciona. La sombra sabe cómo resistir; puede azotar la puerta y ocultar su energía oscura todavía más. Si recuerdas el concepto de catarsis de la tragedia griega, se pensaba que sólo al provocar un temor profundo en el público, éste podría abrirse y sentir piedad. La catarsis es una forma de purificación. En este caso se lograba de manera indirecta, haciendo ver al público acciones aterradoras de la vida de un personaje en el escenario. Pero este truco no siempre funciona. Tú puedes ver una película de terror y salir del cine completamente impasible, con el cerebro superior rezongando: "He visto esos efectos especiales antes". (Del mismo modo, las noticias televisivas, después de 50 años de transmitir imágenes horripilantes de guerra y violencia, han hecho poco menos que habituar a sus espectadores a ellas, o peor, las han convertido en entretenimiento.) Sin embargo, la descarga es natural para el cuerpo, y por el simple hecho de observar estas energías de la sombra les damos acceso al nivel consciente de la mente.

Las personas asumen que el lado oscuro de la naturaleza humana tiene un poder incontenible; Satanás ha sido enaltecido como el equivalente de un dios negativo. Pero cuando se le descompone, el mal resulta ser una respuesta distorsionada a situaciones cotidianas. Imagina que es de noche y estás en una casa a solas. En algún lugar de la casa se produce un ruido. Inmediatamente reconoces el crujido de una puerta que se abre. Cada uno de tus sentidos se pone en alerta máxima y tu cuerpo se congela. Con dificultad reprimes el impulso de gritar, pero eres presa de una terrible ansiedad. *¡Un ladrón! ¡Un asesino!* Todos hemos sufrido segundos agonizantes como éstos, sólo para descubrir que el crujido se debía a una tabla suelta o a la llegada inesperada de alguien. Pero, ¿qué ocurrió realmente en ese momento de pánico?

Tu mente tomó un insignificante trozo de información del entorno y le adjudicó un significado. El crujido de una puerta no tiene significado en sí mismo, pero si inconscientemente albergas temores de ser atacado en la oscuridad —y es imposible no albergar temores como ésos— el salto de un trozo de información sensorial a la ansiedad máxima parece automático. Pero en el intervalo entre el ruido y tu reacción se coló una interpretación, y fue la intensidad de ésta ("¡Alguien está entrando! ¡Me va a asesinar!") la que creó el peligro.

Mi planteamiento es que el mal nace de la separación entre cuerpo y mente. No existe un poderoso gobernante en el reino del mal. Satanás comenzó como un momento de estímulo sensorial que se salió totalmente de control. Piensa en el miedo a volar, una de las fobias más comunes. Las personas que la padecen suelen recordar vívidamente cuándo comenzó. Iban en un vuelo y de repente —tal como con el crujido de la puerta— un ruido o una sacudida del avión hipersensibilizó su percepción. Sensaciones insignificantes como la vibración de la cabina o el sonido irregular del motor, repentinamente se volvieron siniestras.

Entre estas sensaciones y la reacción del miedo, hubo un intervalo de una fracción de segundo. Aunque pequeño, dicho intervalo dio lugar a que una interpretación ("¡Vamos a estrellarnos! ¡Voy a morir!") se adhiriera violentamente a lo que el cuerpo estaba sintiendo. Un instante después, los síntomas típicos de la ansiedad —manos sudorosas, boca seca, pulso acelerado, mareos y náusea— contribuyeron a la persuasión de la amenaza.

Los fóbicos recuerdan ese primer momento de pánico incontrolable sin ser capaces de dividirlo en segmentos. Por tanto, no se dan cuenta de que ellos crearon esa reacción. El temor fue consecuencia de los siguientes ingredientes:

> *Situación.* A una situación normal se le matiza con algo inusual o ligeramente estresante.
> *Respuesta corporal.* Experimentamos una reacción física relacionada con el estrés.
> *Interpretación.* A estos síntomas físicos se les interpreta como señales de peligro, y de manera inconsciente, la mente salta a la conclusión de que el peligro debe ser real. (La mente inconsciente es precisa; ésta es la razón por la que las pesadillas parecen tan amenazadoras como los sucesos reales.)
> *Decisión.* La persona elige pensar: "Estoy asustado ahora".

Como estos ingredientes se fusionan rápidamente, parecen una sola respuesta cuando en realidad es una cadena de breves acontecimientos. Cada eslabón de la cadena es una elección. La razón por la que no damos a cada sensación una interpretación reside en que la mente humana fue construida para encontrar significados en todas partes. Las fobias pueden tratarse dirigiendo lentamente al individuo fóbico por esa primera cadena de sucesos y permitiéndole elaborar nuevas interpretaciones. Al retrasar la respuesta y darle tiempo a la persona para analizarla, el nudo del miedo puede desatarse. Gradualmente, los ruidos asociados con el vuelo regresan a su terreno neutral e inofensivo.

El fugaz intervalo entre sensación e interpretación es el lugar de nacimiento de la sombra. Cuando entras en el intervalo y ves cuán intangible es todo, los fantasmas empiezan a dispersarse.

Actualmente el terrorismo está muy presente en la mente de las personas, por lo que no podemos pasar por alto el asunto de la maldad colectiva. Las dos preguntas más perturbadoras son: ¿cómo fue que las personas comunes consintieron en participar en tal maldad? y ¿cómo fue que personas inocentes llegaron a ser víctimas de tales atrocidades?

El experimento de la prisión de Stanford y nuestro examen de la sombra se acercan a responder estas preguntas, aunque no puedo dar una respuesta que satisfaga a todos: siempre que surge el tema de la verdad, todos nos vemos confrontados por nuestras propias sombras. *¿Qué pude haber hecho por Auschwitz?*, dice una voz en nuestro interior, generalmente en tono culpable y acusatorio. Ninguna respuesta revertirá el pasado, pero es importante darse cuenta de que no debe esperarse eso de ninguna respuesta.

El mejor enfoque a propósito de la violencia colectiva no es seguir recordándola sino renunciar completamente a ella en tu interior, de manera que el pasado se purifique a través de ti. Mi mejor respuesta a "¿cómo fue que personas comunes consintieron en participar en tal maldad?", está en las páginas que acabas de leer. El mal nace en el intervalo. El intervalo no es propiedad privada de nadie, contiene respuestas y temas colectivos. Cuando una sociedad entera acepta el tema de "los intrusos" que causan todos los problemas, el mal tiene en cada individuo un padre y una madre.

No obstante, en todos los casos de maldad colectiva hubo individuos que no se identificaron con el impulso común; se resistieron, huyeron, se escondieron e intentaron salvar a los demás. Es la elección individual la que determina si nos sintonizamos con el tema y consentimos en llevarlo a cabo.

La segunda pregunta, "¿cómo fue que personas inocentes llegaron a ser víctimas de tales atrocidades?", es más difícil porque la mente de casi todos ya está cerrada. Quien pregunta no quiere una respuesta nueva. Hay demasiada ira justificable, demasiada certeza de que Dios volvió la espalda, de que nadie quiso arriesgar su vida para detener el terrible mal hecho a otros. ¿Estás seguro de estas cosas? Estar seguro es lo opuesto a estar abierto. Cuando me pregunto por qué murieron seis millones de judíos o por qué fallecieron multitudes igualmente inocentes en Ruanda, Camboya o en la Rusia estalinista, mi motivo es liberarme en primer lugar de mi ansiedad.

Mientras me invada la angustia, la ira justificada o el horror, mi capacidad de elegir estará totalmente inhabilitada. Lo que debería elegir con toda libertad es la purificación, una vuelta a la inocencia hecha posible por la impresión causada ante lo que ocurre cuando no se cultiva la inocencia. Tú y yo somos responsables por nuestra participación en los elementos del mal aun cuando no los llevemos a cabo en gran escala. Creer en ellos mantiene activa nuestra participación. Es nuestro deber no creer en la inocuidad de la ira, los celos y el enjuiciamiento de los demás.

¿Hay alguna razón mística por la que una persona inocente se convierte en blanco del mal? Por supuesto que no. Las personas que hablan del karma de las víctimas como si algún destino oculto hubiera provocado esa lluvia de destrucción, hablan desde la ignorancia. Cuando una sociedad entera participa en la maldad colectiva, el caos externo refleja el desorden interno. La sombra ha hecho erupción a gran escala. Cuando esto ocurre, las víctimas quedan atrapadas en la tormenta, no porque tengan algún karma oculto, sino porque aquélla es tan violenta que traga a todos.

No considero que la relación del bien y el mal sea una lucha de absolutos; el mecanismo descrito, en el que las energías de la sombra acumulan poder privando a la persona de libre albedrío, me resulta muy convincente. Puedo ver que esas energías oscuras operan en mí, y tomar conciencia es el primer paso para iluminar la oscuridad. La conciencia puede reelaborar cualquier impulso. Por tanto, no acepto que existan personas malas, sólo personas que no han enfrentado sus sombras. Siempre hay tiempo para hacerlo, y nuestras almas están abriendo caminos constantemente para dejar entrar la luz. Mientras esto ocurra, el mal nunca será esencial para la naturaleza humana.

CAMBIA TU REALIDAD PARA ALBERGAR
EL OCTAVO SECRETO

El octavo secreto trata sobre la "energía oscura" de la mente, para tomar una expresión utilizada en física. La sombra está fuera de la vista. Para encontrarla debes consagrarte a un viaje de descenso. Piensa que este viaje consiste en regresar para recuperar partes de tu vida que abandonaste porque te sentías muy avergonzado o culpable por ellas. La ira que surge de la sombra está vinculada con sucesos del pasado que nunca se resolvieron. Ahora, esos sucesos han quedado atrás, pero sus residuos emocionales no.

La vergüenza, la culpa y el temor no pueden abordarse mediante el pensamiento. La sombra no es una región de pensamientos y palabras. Aun cuando recuerdes repentinamente esas emociones, estás utilizando una parte del cerebro superior —la corteza— que no puede alcanzar la sombra. El viaje de descenso empieza sólo cuando encuentras la puerta al cerebro primario, donde la experiencia se organiza no con base en la razón sino en sentimientos intensos.

Hay un drama desarrollándose en tu cerebro primario (identificado con el sistema límbico, que procesa las emociones, y el cerebro reptil, que reacciona en función de amenaza y supervivencia puras). En este drama, muchos asuntos que serían interpretados razonablemente por el cerebro superior (quedar atrapado en el tránsito, perder en un negocio, ser ignorado para un ascenso en el trabajo o rechazado por una chica al invitarla a salir) desencadenan respuestas irracionales. Sin que te des cuenta, los acontecimientos cotidianos provocan que tu cerebro primario llegue a las siguientes conclusiones:

Estoy en peligro. Puedo morir.
Debo atacar.
Estoy muy lastimado, nunca me recuperaré.
Estas personas merecen morir.
Me están haciendo sufrir.
No merezco existir.
No hay esperanza; estoy perdido en la oscuridad para siempre.
Estoy maldito.
Nadie me ama.

Para comunicar estos sentimientos tuve que verbalizarlos, pero en realidad la manera más apropiada de verlos es como energía: fuerzas pujantes e impulsivas con ímpetu propio. No importa cuán ajeno te sientas a estas energías de la sombra, están en ti. Si no fuera así, estarías en un estado de libertad y alegría ilimitadas. Estarías en la unidad, el estado de inocencia que se recupera cuando la energía oculta de la sombra ha sido purificada.

Hoy puedes empezar a encontrar el camino hacia la sombra mediante tus sentimientos. Las energías de la sombra se manifiestan cuando:

No puedes hablar de tus sentimientos.
Te sientes fuera de control.
Sientes un ataque de pánico o terror.
Quieres sentir intensamente, pero tu mente se pone en blanco.
Rompes en llanto sin razón.
Sientes una aversión irracional contra alguien.
Una discusión razonable termina en riña.
Atacas a alguien sin provocación.

Hay muchas otras maneras en que la sombra se entrelaza con las situaciones cotidianas, pero éstas se cuentan entre las más comunes. Lo que tienen en común es que se rebasa un límite: una situación controlada provoca inesperadamente ansiedad, ira o temor. La siguiente vez que experimentes esto, verifica si te sientes culpable o avergonzado de ti mismo; si es así tocaste, aunque sea brevemente, la sombra.

Permitir una erupción de sentimientos irracionales no es lo mismo que liberarlos. Dar rienda suelta a tus emociones no es lo mismo que purificarlas. No confundas arrebato con catarsis. La energía de la sombra se purifica mediante los siguientes pasos:

- Surge el sentimiento negativo (ira, pesar, ansiedad, hostilidad, resentimiento, autocompasión, desesperanza).
- Tú pides liberarlo.
- Experimentas el sentimiento y lo sigues adonde quiera ir.
- El sentimiento se va a través de la respiración, el sonido o las sensaciones corporales.
- Sientes liberación y comprendes el significado del sentimiento.

El último paso es el decisivo: cuando una energía de la sombra se va, la resistencia desaparece y ves algo que no veías antes. La comprensión y la liberación van de la mano. El viaje de descenso consiste en hallar tu sombra muchas, muchas veces. Emociones tan intensas como vergüenza y culpa se revelan sólo un poco cada vez, y conviene que así sea. Sé paciente contigo y sin importar cuán poco creas haber liberado, di: "Ésa es toda la energía que estaba dispuesta a soltarse ahora".

No tienes que esperar erupciones violentas de la sombra. Dedica un tiempo a una "meditación de la sombra" en el que te permitas sentir lo que quiera surgir. Entonces puedes comenzar el proceso de pedir que se libere.

Ejercicio 2: la escritura como catalizador

Otro catalizador para llegar a las energías de la sombra es la escritura automática: toma una hoja de papel y empieza escribiendo la oración: "Me estoy sintiendo muy _____ ahora". Llena el espacio en blanco con cualquier sentimiento que surja —de preferencia uno negativo que hayas guardado ese día—, y sigue escribiendo. No te detengas, escribe lo más rápido que puedas y anota cualquier palabra que quiera fluir.

Otras oraciones para iniciar este ejercicio:

"Lo que debí decir fue _____."
"No puedo esperar decirle a alguien que yo _____."
"Nadie puede impedirme decir la verdad acerca de _____."
"Nadie quiere escucharme decir esto, pero _____."

Mediante estos catalizadores, te estás dando permiso de expresarte, pero lo más importante es tener un sentimiento prohibido. Por eso las palabras no importan. Una vez que accedas al sentimiento podrá empezar el trabajo real de liberación. Necesitas seguir adelante, sentirlo plenamente, pedir su liberación, y seguir adelante hasta que logres comprenderte un poco más. Tal vez sea necesario un poco de práctica antes de lograr una liberación profunda, pero los muros de la resistencia se vendrán abajo paso a paso. La sombra está sutilmente entrelazada en la vida cotidiana. Pero nunca tan oculta que no puedas sacarla a la luz.

Secreto 9

Vives en dimensiones múltiples

La semana pasada conocí a dos personas que podrían enfrascarse en una contienda espiritual si no fueran tan afables. La primera era una mujer interesada en la justicia social. Luego de amasar una fortuna en el negocio de la ropa, supo que muchas de las prendas lujosas que vestimos se fabrican en condiciones infrahumanas en el Tercer Mundo, donde los niños trabajan dieciséis horas al día por unos centavos. Tras constatar en persona estas condiciones, la mujer se convirtió en una activista de gran dedicación.

"Debemos eliminar la esclavitud laboral", me dijo con voz apasionada. "No comprendo por qué no están todos indignados por lo que ocurre." Me di cuenta de que en realidad quería saber por qué *yo* no estaba indignado. Sus ojos, de mirada intensa, ferviente, estaban clavados en mí. "Sobre todo tú", me decían. No hacía falta. Cuando se es una figura pública relacionada con la espiritualidad, las personas quieren saber por qué uno no sigue la rama de la espiritualidad elegida por ellas. En este caso, la mujer interesada en la justicia social pensaba que la forma más elevada de la espiritualidad era el humanitarismo. Según su manera de pensar, uno no es realmente espiritual mientras no ayude a los pobres y combata la injusticia y la desigualdad.

Unos días después conocí a su contrario, un hombre que se gana la vida realizando sanaciones a distancia. Nacido en Sudamérica, descubrió, mediante misteriosas experiencias en la infancia, que podía ver el mundo sutil de las auras y los campos de energía. Durante mucho tiempo, nada derivó de este don; se dedicó al negocio de importaciones y exportaciones hasta pasados los 40 años. Cierto día se sintió enfermo y acudió con un sanador que lo curó sin utilizar las manos, sólo moviendo su energía psíquica. A partir de ese momento, el hombre se dedicó apasionadamente a realizar la misma clase de trabajo. Y él, también, quiso saber por qué yo no seguía su camino espiritual.

"Ocurrirán cambios en el plano astral", me dijo en voz baja y reservada. "La ciencia ha dominado el plano material, pero habrá un cambio en 2012. Me lo han dicho mis guías espirituales. A partir de ese año, la ciencia entrará en decadencia, destruida por sus excesos. Entonces el espíritu volverá al planeta."

En vez de un humanitarismo apasionado, este hombre defendía el desprendimiento y la renuncia al mundo material. Al igual que la mujer, no entendía por qué yo no comprendía: le parecía obvio que tratar de cambiar al mundo mediante la confrontación era inútil.

Por extraño que parezca, yo estuve de acuerdo con ambos. Lo que representaban era un secreto: todos vivimos en dimensiones múltiples. Podemos elegir hacia dónde dirigir nuestra atención, y en donde esa atención se concentre, se abrirá una nueva realidad. Aunque estas dos personas no estaban de acuerdo, ambas intentaban resolver el mismo problema: cómo ser espiritual pese a las exigencias materiales. Y las respuestas que ambas habían encontrado eran viables; pero ninguna era *la* respuesta.

Cuando digo otras dimensiones hablo de ámbitos de conciencia. La conciencia hace la realidad —hemos hablado bastante al respecto— pero *hacer* significa en realidad *elegir*. La realidad única posee ya todas las dimensiones posibles; nadie necesita hacer otras nuevas, ni podría aun si quisiera. Pero mediante nuestra atención traemos estas dimensiones a la vida: las poblamos, les damos nuevo significado y pintamos paisajes únicos. Permíteme enumerar primero estos ámbitos.

Los ámbitos invisibles

Cómo se despliega la conciencia desde la fuente

Ser puro. El ámbito de lo absoluto, conciencia pura antes de que adquiera ninguna característica. El estadio anterior a la creación. No es en realidad un ámbito separado, pues impregna todo.

Dicha potencial. El ámbito de la conciencia cuando empieza a descubrir su propio potencial.

Amor. La fuerza motivadora de la creación.

Cognición. El ámbito de la inteligencia interna.

Mitos y arquetipos. Las pautas colectivas de la sociedad. Es el ámbito de dioses y diosas, héroes y heroínas, energías masculinas y femeninas.

Intuición. El ámbito donde la mente comprende el funcionamiento sutil de la vida.

Imaginación. El ámbito de la invención creativa.

Razón. El ámbito de la lógica, la ciencia y las matemáticas.

Emoción. El ámbito de los sentimientos.

Cuerpo físico. El ámbito de la sensación y los cinco sentidos.

¿Cuál de estos reinos es auténticamente espiritual? Todos están interconectados, pero vemos que frecuentemente las personas acampan en uno u otro, y una vez que encuentran el lugar que prefieren, también encuentran ahí al espíritu.

La mujer interesada en la justicia social halló su lugar en las emociones y el cuerpo físico; fue la lucha física de la pobreza cotidiana lo que conmovió su corazón. Pero, por supuesto, no puede excluirse el amor de su conjunto de motivos; quizá descubrió intuitivamente que este tipo de trabajo humanitario era el camino hacia un mayor crecimiento personal.

El hombre que sanaba a distancia encontró su lugar en el reino de la intuición. Aquí es donde operan las energías sutiles. Su rama de la espiritualidad implicaba manipular las fuerzas invisibles que sustentan el mundo físico. No podemos excluir al amor de su conjunto de motivos, y hay que considerar también el reino del mito y los arquetipos, pues apelaba a ángeles y guías espirituales para realizar su trabajo.

Un escéptico replicaría que estos reinos simplemente no existen. Éste es un argumento difícil de rebatir porque si algo no existe *para ti*, entonces puede no existir. Tal vez convenga poner un ejemplo.

Un auto se ha incrustado en un montículo de nieve. El conductor yace inconsciente sobre el volante. Los curiosos se detienen a ver qué pasa y se preguntan unos a otros: "¿Cómo pasó esto?" Uno de ellos señala las huellas de las llantas en la nieve. "El auto se desvió. Así fue como pasó." Otro observador señala el volante torcido hacia un lado. "La cadena de tracción estaba defectuosa. Así fue como pasó." Un tercer observador huele el aliento del conductor. "Estaba ebrio. Así fue como pasó." Finalmente, pasa por ahí un neurólogo con un escáner para exámenes de resonancia magnética y señala el resultado de la exploración. "Su corteza motriz muestra anormalidades. Así fue como pasó."

Cada respuesta depende por completo del tipo de evidencias utilizadas. La misma pregunta se formuló en niveles diferentes de la realidad, y de acuerdo con el nivel, sólo una clase de respuesta tenía sentido. No es que el neurólogo sea enemigo del mecánico; sólo cree que su propia respuesta es más profunda y, por tanto, más acertada.

Cuando se afirma que no hay prueba científica de que el universo es consciente, mi respuesta inmediata es: "Yo soy consciente, ¿y acaso no soy una actividad del universo?" El cerebro, que opera con impulsos electromagnéticos, es una actividad del universo tanto como lo es una tormenta electromagnética en la atmósfera o una estrella lejana. Por tanto, la ciencia es una forma de electromagnetismo que dedica su tiempo a estudiar otra forma. Una vez, un físico me hizo un comentario que me agradó: "La ciencia no debería ser considerada enemiga de la espiritualidad, pues es su más grande aliada. La ciencia es Dios explicando qué es Dios a Dios mediante un sistema nervioso humano. ¿No es la espiritualidad lo mismo?"

Un filósofo podría argumentar que la realidad no se conoce en verdad mientras no se incluyan todos los niveles de interpretación. En ese sentido, la teoría de la realidad única no se opone al materialismo: lo expande. El conductor que se estrelló en el banco de nieve pudo tener muchos niveles de motivación: quizá estaba deprimido y se salió del camino a propósito (emociones). Quizá estaba pensando en un poema que quería escribir y su atención se desvió (imaginación). Quizá vio con la mente que otro auto estaba a punto de invadir su carril (intuición).

Para alcanzar un nuevo nivel de explicación debes trascender el nivel en el que estás, ir más allá de él. Si puedes reconocer que ir más allá es algo que haces todos los días, no hay mucha razón para utilizar el materialismo como palo de golf para azotar a la espiritualidad en la cabeza. El mundo material puede ser tu nivel básico de experiencia o no. Los otros niveles están disponibles mediante la trascendencia —ir más allá de tu nivel básico— como lo estás haciendo en este instante en que tu cerebro convierte química en pensamientos.

Así, la pregunta correcta es en qué ámbito quieres vivir. Para mí, la vida ideal se vive en todos los niveles de conciencia. Tu atención no es limitada ni estrecha; te abres a la totalidad de la conciencia. Tienes la oportunidad de vivir así, pero al concentrarte en uno o dos niveles has provocado que los demás se atrofien. Han sido expulsados de tu conciencia, por lo que tu capacidad para trascender está muy limitada. (En el nivel más mundano, frecuentemente es una cuestión de tiempo. Pocas veces encuentro científicos que hayan reflexionado detenidamente acerca de la conciencia; no piensan más que en el trabajo de laboratorio. Como el resto de nosotros, tienen muchas ocupaciones, y si el mundo tuviera una base profundamente distinta de la que ellos han aprendido como estudiantes de medicina o física cuántica, el científico típico tendría que ocuparse de ella.)

Cada dimensión de tu existencia tiene un propósito y ofrece un nivel de realización que no está disponible en ningún otro lugar (éstos son los "sabores de la creación"). Con una conciencia totalmente expandida puedes acceder a todas las dimensiones.

Cuando las puertas están abiertas

Vivir en todas las dimensiones de la conciencia

Ser puro. Cuando esta puerta se abre, te conoces a ti mismo como el "yo soy", el estado simple de la existencia eterna.

Dicha potencial. Cuando esta puerta se abre, sientes animación y efervescencia en toda actividad. La dicha está más allá del placer y el dolor.

Amor. El ámbito de la dicha como experiencia personal. Cuando se abre esta puerta, experimentas amor en todos los aspectos de la vida. El amor es tu motivación primaria en todas las relaciones, empezando por la relación contigo mismo. En un nivel más profundo, el amor te vincula con el ritmo del universo.

Cognición. Es la fuente de la mente. Cuando se abre esta puerta, puedes acceder a la sabiduría y al conocimiento sobre todo lo que hay en la creación.

Mitos y arquetipos. Cuando se abre esta puerta, conduces tu vida como una búsqueda. Aspiras a los logros de los héroes y heroínas que admiras. También encarnas la dinámica eterna entre masculino y femenino.

Intuición. Cuando se abre esta puerta, puedes moldear estas fuerzas sutiles en la sanación, la clarividencia y la comprensión de la naturaleza humana. La intuición también te guía en tu propio camino, mostrándote cómo elegir el camino a recorrer cuando tu vida cambia de rumbo.

Imaginación. Cuando esta puerta se abre, las imágenes de tu mente tienen poder creativo. Infunden vida a posibilidades que jamás habían existido. En este nivel también desarrollas la pasión por explorar lo desconocido.

Razón. Cuando esta puerta se abre, puedes concebir sistemas y modelos de la realidad. El pensamiento racional hace frente a posibilidades infinitas utilizando la lógica, que corta rebanadas de la realidad para analizarlas separadas.

Emoción. Cuando esta puerta se abre, percibes las sensaciones corporales y las interpretas como placer o dolor, sentimientos que anhelas y sentimientos que quieres evitar. El ámbito emocional es tan poderoso que invalida la lógica y la razón.

Cuerpo físico. Cuando esta puerta se abre, te descubres como un ser aislado en el mundo físico.

¿Cómo surgieron todos estos niveles? Como un hecho de la existencia: el ser puro los concibió, los proyectó desde sí, y entró en ellos. Se trata del circuito principal del universo, y tu sistema nervioso está conectado a él. Al prestar atención a cualquier dimensión de la vida, le envías una corriente de conciencia. Si no prestas atención, el circuito está cerrado para esa dimensión. Aunque utilizamos palabras como *puertas, circuitos* y *niveles,* éstas no logran reflejar la realidad, que vibra con cada impulso. Tú produces un efecto en cada dimensión aun cuando no hayas dirigido tu atención a explorar y comprender lo que hay ahí.

Cuando una persona ha explorado a fondo una dimensión, se dice que ha alcanzado el *vidya,* palabra que en sánscrito significa literalmente "conocimiento" pero que implica mucho más: el dominio de un conjunto de leyes naturales. Imagina que entras en un taller del cual desconoces las herramientas y el oficio. En el momento de entrar captas todo de un vistazo, pero hace falta entrenamiento para dominar cada detalle. Al final eres una persona diferente, con percepciones totalmente distintas. Así, un músico graduado por la Julliard School of Music escucha las notas del radio con un sistema nervioso diferente al de alguien que se acaba de graduar del MIT [Massachusetts Institute of Technology] como ingeniero en electrónica. Ambos han adquirido vidya, el tipo de conocimiento en que uno se convierte y que no sólo se aprende pasivamente.

Personas con perspectivas totalmente distintas de la espiritualidad tienen en común la búsqueda del vidya. Quieren ser transformados por el conocimiento que fluye directamente de la fuente. El hecho de que la fuente de una persona sea Dios, y la de otra sea Brahma, Alá, Nirvana o Ser, es una diferencia insignificante. Lo que en realidad divide a las personas es mantener las puertas de la percepción cerradas. A este estado se le llama *avidya*, o falta de conciencia.

Avidya

Cómo nos apartamos de la conciencia

Ser puro. Cuando esta puerta se cierra, vivimos en la separación. Hay un temor subyacente a la muerte, pérdida de conexión y ausencia de cualquier presencia divina.

Dicha potencial. Cuando esta puerta se cierra, la vida carece de alegría. La felicidad es sólo un estado efímero. No hay apertura para las experiencias sublimes.

Amor. Cuando esta puerta se cierra, la vida es cruel. Nos sentimos aislados en un mundo gris donde las demás personas son figuras distantes, indiferentes. No se percibe la presencia de una mano amorosa en la creación.

Cognición. Cuando esta puerta se cierra, las leyes de la naturaleza resultan desconcertantes. El conocimiento se alcanza sólo mediante los hechos y la limitada experiencia personal, sin acceso al significado profundo.

Mitos y arquetipos. Cuando esta puerta se cierra, no existen modelos, héroes, dioses ni búsquedas apasionadas. No encontramos un significado mítico en nuestras vidas. No hay una dimensión más profunda en la relación entre hombres y mujeres.

Intuición. Cuando esta puerta se cierra, la vida pierde sutileza. La persona no alcanza a comprender a fondo las cosas, no tiene chispazos de genialidad ni esos momentos de júbilo en los que decimos: "¡Ajá!". La red de conexiones sutiles que sostiene al universo queda totalmente oculta.

Imaginación. Cuando esta puerta se cierra, la vida queda desprovista de fantasía. Vemos todo de manera literal; el arte y las metáforas importan poco. Las decisiones importantes se abordan mediante el análisis técnico, y no hay esperanza de un salto creativo súbito.

Razón. Cuando esta puerta se cierra, la vida no tiene sentido. Somos gobernados por impulsos aleatorios. Ninguna línea de acción se continúa hasta su conclusión, y las decisiones se toman irracionalmente.

Emoción. Cuando esta puerta se cierra, los sentimientos están congelados. Hay poco o ningún espacio para la compasión y la empatía. Los sucesos parecen desconectados, sin continuidad, y las demás personas no ofrecen oportunidad alguna de establecer lazos.

Cuerpo físico. Cuando esta puerta se cierra, la vida es completamente mental. La persona siente que su cuerpo está inerte, que es un peso muerto que debe arrastrar. El cuerpo existe como un sistema de apoyo necesario para la vida, nada más. No hay "combustible" para moverse y actuar en el mundo.

Como puedes ver, no hay un solo estado de avidya sino varios. Tradicionalmente, en India la distinción no era tan sutil y a las personas se les calificaba de ignorantes o iluminadas. Si no estabas en la unidad, se pensaba, estabas en la ignorancia absoluta. (Un equivalente aproximado en Occidente es que uno estaba perdido o estaba redimido.) Así, el número de personas en vidya era minúsculo, y el número de personas en avidya era enorme.

Pero la tradición pasaba por alto el funcionamiento de la conciencia. Somos criaturas multidimensionales, y por tanto una persona puede alcanzar vidya en un área pero no en otra. Picasso era un artista supremo (imaginación) pero un pésimo marido (amor); Mozart, un creador divino de música (imaginación y amor) pero débil físicamente; Lincoln, un maestro del mito y el arquetipo pero desecho emocionalmente. Estos desequilibrios también ocurren en tu vida. En la medida en que nos esforcemos en pasar del avidya al vidya, llevaremos una vida espiritual.

CAMBIA TU REALIDAD PARA ALBERGAR EL NOVENO SECRETO

La razón por la que Cristo, Buda, Sócrates o cualquier otro maestro espiritual nos habla personalmente es que la conciencia limitada permite atisbos súbitos y diáfanos de una realidad que está más allá. Tu mente *quiere* trascender. La atención ceñida es como una luz que sólo ilumina un objeto; excluye todo lo que está fuera de su haz; el equivalente mental es el rechazo. Pero, ¿qué pasaría si renunciaras a todo el proceso de rechazo? Si lo hicieras, te encontrarías prestando atención en la misma medida a todo. El rechazo es un hábito. Sin él, puedes participar en la vida tal como se te presenta.

Considera cada uno de los ámbitos de la conciencia y escribe cómo te impides entrar en ellos. Con esto advertirás qué haces para limitar tu conciencia, y al identificar cada uno de estos reflejos arraigados empezarás a cambiarlos. Por ejemplo:

Ser puro. No aminoro la marcha lo suficiente para tener una paz interior auténtica. No dedico tiempo a meditar.

No he experimentado la tranquilidad de la naturaleza recientemente. Ahora advertiré cuando rechace la paz interior y encontraré tiempo para ella.

Dicha potencial. No he sentido alegría por el simple hecho de estar vivo. No estoy buscando oportunidades para maravillarme. No paso suficiente tiempo con niños pequeños. No he contemplado el cielo nocturno. Ahora advertiré cuando rechace la apreciación gozosa y encontraré tiempo para ella.

Amor. No he valorado a mis seres queridos, por lo que no he expresado mucho mi amor. Me siento incómodo recibiendo amor. He dado al amor un lugar secundario en mi escala de valores. Ahora advertiré cuando rechace esas oportunidades para hacer del amor algo importante en mi vida y encontraré tiempo para él.

Cognición. Me dejo llevar demasiado por la duda. Automáticamente asumo una postura escéptica y sólo me conformo con hechos comprobables. No conozco a personas sabias y dedico poco tiempo a leer textos filosóficos y espirituales. Ahora advertiré cuando rechace la sabiduría tradicional y encontraré tiempo para ella.

Mitos y arquetipos. Ya no tengo héroes. No recuerdo haber encontrado un ejemplo valioso en nada ni en nadie desde hace mucho tiempo. Sigo mi propio camino, que es tan válido como el de cualquier otro. Ahora advertiré cuando rechace la idea de que es necesaria una inspiración más elevada y encontraré tiempo para ella.

Intuición. Utilizo mi cabeza, no creo en algo tan ridículo como la intuición. Busco pruebas antes de creer en algo. Me parece que todos los poderes extrasensoriales son fantasía. Analizo una situación y tomo mi decisión en consecuencia. Ahora advertiré cuando rechace mis corazonadas y empezaré a confiar en ellas.

Imaginación. El arte no es lo mío. No voy a museos ni a conciertos. Mi pasatiempo es la televisión y los deportes. Para mí, los individuos más creativos no tienen los pies sobre la tierra. Ahora advertiré cuando rechace mi imaginación y encontraré maneras de expresarla.

Razón. Yo sé lo que sé y me mantengo fiel a ello. Con frecuencia no escucho a la otra parte en una discusión; sólo quiero demostrar que tengo razón. Tiendo a presentar las mismas reacciones en situaciones similares. No siempre sigo los planes que hago, aun cuando sean buenos. Ahora advertiré cuando sea poco razonable y me detendré a considerar todos los puntos de vista.

Emoción. No hago escenas y me molesta cuando alguien las hace. No me impresionan las personas que dan rienda suelta a sus emociones. Mi lema es: guárdalo para ti. Nadie me ve llorar jamás. No recuerdo que alguien me haya enseñado en mi infancia que las emociones son positivas. Ahora advertiré cuando rechace mis sentimientos auténticos y encontraré una manera sana de expresarlos.

Cuerpo físico. Debería cuidarme. Mi condición física es considerablemente peor de lo que era hace cinco o diez años. No estoy satisfecho con mi cuerpo y no me interesa mucho la actividad física. He escuchado sobre terapias corporales, pero creo que recibirlas sería indulgente de mi parte y un poco excéntrico. Ahora advertiré cuando rechace el aspecto físico de mi vida y le daré tiempo.

Por cuestión de espacio, he puesto como ejemplo notas muy generales, pero tú debes ser lo más específico posible. En el apartado "Amor" escribe el nombre de alguien a quien no hayas demostrado tu amor o un incidente en el que recuerdes haberte sentido incómodo de recibir amor. En el de "Imaginación" anota el museo de tu ciudad que no visitas o el nombre de la persona con inclinaciones artísticas cuya compañía has evitado. Asimismo, sé lo más específico que puedas respecto de cómo cambiarás estos hábitos de rechazo.

Ejercicio 2: mi perfil de conciencia

Ahora que has tomado nota de dónde están tus limitaciones, traza un perfil de tu conciencia tal como es hoy. Guárdalo en un lugar seguro y revísalo dentro de 60 días para ver cuánto has cambiado. Cada categoría se califica en una escala del uno al diez. Cuando vuelvas a él después de 60 días, califícate de nuevo sin ver la primera evaluación.

0 puntos: no presto atención a esta parte de mi vida.
1-3 puntos: he tenido un poco de experiencia en esta área pero no recientemente ni muy seguido.
4-6 puntos: estoy familiarizado con esta área de mi vida y la experimento con bastante frecuencia.
7-9 puntos: ésta es un área importante de mi vida, una en la que me concentro mucho.
10 puntos: esta área es mi hogar. La conozco bien y le dedico casi toda mi atención adicional.

(0 a 10 puntos)

_____ *Ser puro*   _____ *Intuición*
_____ *Dicha potencial*   _____ *Imaginación*
_____ *Amor*   _____ *Razón*
_____ *Cognición*   _____ *Emoción*
_____ *Mitos y arquetipos*   _____ *Cuerpo físico*

La muerte hace posible la vida

Imagino que si la espiritualidad buscara en la Avenida Madison asesoría para su comercialización, la propuesta sería: "Atemoriza a las personas con la muerte". Esta táctica ha funcionado durante miles de años, porque todo lo que podemos ver de la muerte es que una vez que morimos, dejamos de estar aquí, y esto provoca un profundo temor. No ha habido época en que las personas no quisieran saber desesperadamente qué hay "al otro lado de la vida".

Pero, ¿qué pasaría si no hubiera "otro lado"? Quizá la muerte es relativa, no un cambio total. Después de todo, cada uno de nosotros está muriendo todos los días, y el momento que llamamos muerte es en realidad una extensión de este proceso. San Pablo hablaba de morir para la muerte, refiriéndose a tener una fe tan firme en la vida después de la muerte, y en la salvación prometida por Cristo, que la muerte perdiera su poder de provocar temor. Pero morir para la muerte es también un proceso natural que ha estado en marcha en las células durante millones de años. La vida está íntimamente entrelazada con la muerte, como podemos ver cada vez que una célula cutánea es desechada. Este proceso de exfoliación es el mismo mediante el cual un árbol deja caer sus hojas —el término latino para "hojas" es *folia*—, y los biólogos tienden a considerar a la muerte como un mecanismo para la regeneración de la vida.

No obstante, esta perspectiva ofrece poco consuelo cuando la hoja que debe caer del árbol para dar lugar al siguiente retoño es uno mismo. En vez de examinar la muerte desde un punto de vista impersonal, quisiera que nos concentráramos en *tu* muerte, en el supuesto fin del tú que está vivo en este momento y que quiere seguir estándolo. El prospecto de la muerte personal es un tema que nadie quiere enfrentar; no obstante, si puedo mostrarte cuál es la realidad de tu muerte, podrás vencer toda esa aversión y miedo y prestar más atención tanto a la vida como a la muerte.

Sólo al enfrentar la muerte puedes desarrollar una pasión verdadera por estar vivo. La pasión no es desesperación; no está impulsada por el miedo. Sin embargo, justo en este momento, muchas personas creen que están arrebatando la vida a las mandíbulas de la muerte, desesperados por el conocimiento de que su tiempo en el planeta es muy breve. Pero cuando nos consideramos parte de la eternidad, se termina este arrebatar las migajas de la mesa y en su lugar recibimos la abundancia de la vida, de la que oímos hablar tanto y que pocas personas poseen.

He aquí una pregunta simple: cuando seas abuelo, ya no serás bebé, adolescente ni adulto joven. Cuando llegue el momento de ir al cielo, ¿cuál de estas personas se presentará? Casi todos se sienten totalmente desconcertados cuando se les plantea esta pregunta, pero no es vana. La persona que eres hoy no es la misma que cuando tenías diez años. Sin duda, tu cuerpo es completamente distinto al del niño de diez años. Ninguna de las moléculas de tu cuerpo es la misma, ni tampoco tu mente. Sin lugar a dudas, no piensas como un niño.

En esencia, el niño que fuiste está muerto. Desde la perspectiva del niño de diez años, el bebé de dos años que alguna vez fuiste también está muerto. La razón por la cual la vida parece continua es que tienes recuerdos y deseos que te unen al pasado, pero éstos asimismo están cambiando siempre. Así como tu cuerpo viene y va, tu mente lo hace con sus pensamientos y emociones fugaces.

Sólo la conciencia contempladora puede ser considerada como ese observador: sigue siendo la misma mientras todo lo demás cambia. El espectador u observador de la experiencia es el yo a quien ocurren todas las experiencias. Sería inútil aferrarte a quien eres en este momento en función del cuerpo y la mente. (Las personas se sienten desconcertadas cuando piensan cuál yo llevarán al cielo porque imaginan a un yo ideal que irá ahí o un ser que han prendado a su imaginación. Sin embargo, en cierto nivel todos sabemos que nunca hubo una edad que pareciera ideal.) La vida necesita refrescarse. Necesita renovarse. Si pudieras vencer la muerte y seguir siendo quien eres —o quien eras en el que consideras el mejor momento de tu vida— lo único que lograrías sería momificarte.

A cada momento estás muriendo para poder seguir creándote.

Ya hemos visto que no estás en el mundo; el mundo está en ti. Éste, el principio fundamental de la realidad única, también significa que no estás en tu cuerpo; tu cuerpo está en ti. No estás en tu mente; tu mente está en ti. No hay lugar en el cerebro donde pueda encontrarse una persona. Tu cerebro no consume ni una molécula de glucosa para mantener tu sentido del yo, pese a los millones de estallidos sinápticos que sustentan todas las cosas que el yo está haciendo en el mundo.

Así, aunque decimos que el alma deja el cuerpo de una persona en el momento de la muerte, sería más correcto decir que el cuerpo deja al alma. El cuerpo ya está yendo y viniendo; ahora se va sin regresar. El alma no puede irse porque no tiene dónde ir. Esta proposición tan radical necesita explicación, pues si no vas a ningún lado cuando mueres, ya debes estar ahí. Es una de las paradojas de la física cuántica cuya comprensión depende de saber de dónde provienen las cosas por principio de cuentas.

A veces planteo a las personas preguntas como: "¿Qué comiste ayer?" Cuando responden: "Ensalada de pollo" o "Bistec", yo les pregunto: "¿Dónde estaba ese recuerdo antes de que te preguntara?" Como ya vimos, no hay una imagen de ensalada de pollo o de bistec impresa en tu cerebro, ni sabores u olores de comida. Cuando traes un recuerdo a la mente, concretas un acontecimiento. Las explosiones sinápticas producen el recuerdo, repleto de imágenes, sabores y aromas si así lo deseas. Antes de concretarlos, los recuerdos no están circunscritos, lo que significa que no tienen un lugar; son parte de un campo potencial de energía o inteligencia. Esto es, tú tienes el potencial de la memoria, que es infinitamente más vasto que un recuerdo individual, pero imperceptible. Dicho campo se extiende de manera invisible en todas direcciones; las dimensiones ocultas de las que hemos hablado pueden entenderse como distintos campos inmersos en un campo infinito, que es el ser.

Tú eres el campo.

Todos cometemos un error al identificarnos con los acontecimientos que vienen y van en el campo: son momentos, accidentes aislados en que el campo se concreta momentáneamente. La realidad subyacente es potencial puro, que también recibe el nombre de alma. Sé que esto suena muy abstracto, y los antiguos sabios de India lo sabían también. Contemplando la creación, que está llena de objetos de los sentidos, forjaron un término especial, *akasha*, para referirse al alma. La palabra akasha significa literalmente "espacio", pero en un sentido amplio se refiere al espacio del alma, el campo de la conciencia. Cuando mueres no vas a ninguna parte porque ya estás en la dimensión del akasha, que está en todas partes. (En la física cuántica, la partícula subatómica más diminuta está en todas partes en el espacio-tiempo antes de ser localizada como partícula. Su existencia no circunscrita es igualmente real, pero invisible.)

Imagina una casa con cuatro paredes y un techo. Si la casa se incendia, las paredes y el techo se vienen abajo. Pero el espacio interior no se modifica. Puedes contratar a un arquitecto para que diseñe una casa nueva, y luego de que la construyas, el espacio interior seguirá sin modificarse. Al construir una casa sólo estás dividiendo el espacio ilimitado en dentro y fuera. Esta división es una ilusión. Los antiguos sabios decían que tu cuerpo es como esa casa. Se construye cuando naces y se incendia cuando mueres, pero el akasha, o espacio del alma, sigue inmutable; sigue siendo ilimitado.

Según estos antiguos sabios, la causa de todo sufrimiento, de acuerdo con el primer klesha, es no saber quiénes somos. Si estamos en el campo ilimitado, la muerte no es en absoluto eso que hemos temido.

El propósito de la muerte es que te imagines con una nueva forma y una nueva ubicación en el tiempo y el espacio.

En otras palabras, tú te imaginas en esta vida específica, y al morir te sumerges de nuevo en lo desconocido para imaginar tu siguiente forma. No considero que ésta sea una conclusión mística (en parte porque he conversado con físicos que apoyan esta posibilidad con base en su conocimiento de la no circunscripción de la energía y las partículas), pero no es mi intención convertirte a la creencia en la reencarnación. Sólo estamos siguiendo a una realidad hasta su fuente oculta. Justo ahora estás creando pensamientos nuevos al concretar tu potencial; así, parece razonable que el mismo proceso haya producido a quien eres ahora.

Tengo una televisión con control remoto, y cuando oprimo un botón puedo cambiar de CNN, a MTV o a PBS. Mientras no accione el control remoto, esos programas no existen en la pantalla; es como si no existieran en absoluto. No obstante, sé que cada programa, entero e intacto, está en el aire como vibraciones electromagnéticas que esperan ser seleccionadas. Del mismo modo, tú existes en akasha antes de que tu cuerpo y mente sintonicen la señal y la manifiesten en el mundo tridimensional. Tu alma es como los múltiples canales disponibles en la televisión; tu karma —o acciones— sintoniza el programa. Aunque no creas en una o en el otro, puedes advertir la asombrosa transición de un potencial que flota en el espacio —como los programas de televisión— a un acontecimiento categórico en el mundo tridimensional.

Entonces, ¿cómo será la muerte? Tal vez sea como cambiar de canal. La imaginación seguirá haciendo lo que siempre ha hecho: proyectar imágenes nuevas en la pantalla. Algunas tradiciones creen que cuando una persona muere, ocurre un proceso mediante el cual revive su karma para entender cuál fue el meollo de esta vida y prepararse para establecer un nuevo acuerdo espiritual para la siguiente. Se dice que en el momento de la muerte, la persona ve pasar toda su vida, no a la velocidad del rayo —como experimentan quienes se están ahogando— sino lentamente y con plena comprensión de cada una de las elecciones hechas desde su nacimiento.

Si estás condicionado a pensar en términos de cielo e infierno, tu experiencia será ir a uno u otro. (Recuerda que la concepción cristiana de esos lugares no es igual en la versión islámica, ni a los miles de *lokas* del budismo tibetano, que contempla una multitud de mundos después de la muerte.) El mecanismo creativo de la conciencia producirá la experiencia de ese otro lugar, mientras que para una persona que hubiera llevado la misma vida con un sistema de creencias distinto, esas imágenes podrían parecer un sueño extático, la representación de fantasías colectivas —como un cuento de hadas— o el desarrollo de temas de la infancia.

Pero si fueras a otro mundo después de la muerte, ese mundo estará en ti tanto como éste. ¿Eso significa que cielo e infierno no son reales? Asómate por la ventana y mira un árbol. No tiene otra realidad excepto como un acontecimiento en el espacio-tiempo concretado a partir del potencial infinito del campo. En consecuencia, podemos decir que cielo e infierno son tan reales como ese árbol, e igualmente irreales.

La ruptura absoluta entre la vida y la muerte es una ilusión.

Lo que preocupa a las personas ante la pérdida del cuerpo es que parece una ruptura o interrupción terrible. Esta interrupción se concibe como desaparecer en el vacío; es la extinción total de la persona. Pero esta perspectiva, que suscita un miedo terrible, está limitada al ego. El ego ansía la continuidad; quiere sentirse hoy como una extensión de ayer. Sin esa cuerda para asirse, el viaje de un día al siguiente parecería inconexo, o al menos eso es lo que teme el ego. Pero, ¿qué tanto te traumatiza concebir una imagen o un deseo nuevos? Te sumerges en el campo de las posibilidades infinitas en búsqueda de cualquier pensamiento nuevo, y vuelves con una imagen de los millones de ellas que podrían existir. En ese momento ya no eres la persona que eras un segundo atrás. Por lo tanto, estás aferrándote a una ilusión de continuidad. Renuncia a ella en este momento y cumplirás la sentencia de San Pablo: morir para la muerte. Comprenderás que has sido discontinuo todo el tiempo: has cambiado constantemente, y constantemente te has sumergido en el océano de posibilidades para engendrar algo nuevo.

La muerte puede considerarse una ilusión completa porque ya estás muerto. Cuando piensas en quién eres en términos del yo, te remites a tu pasado, un tiempo que ya no existe. Los recuerdos son reliquias de un tiempo ido. El ego se mantiene intacto mediante la repetición de lo que ya sabe. Pero la vida es, de hecho, desconocida, como debe ser si queremos concebir nuevos pensamientos, deseos y experiencias. Si eliges repetir el pasado, impides que la vida se renueve.

¿Recuerdas la primera vez que probaste un helado? Si no, observa a un niño pequeño en su primer encuentro con un cono de helado. Su mirada te dirá que está perdido en el éxtasis puro. Pero el segundo cono de helado, aunque el niño ruegue y patalee por él, es un poco menos maravilloso que el primero. Cada repetición palidece gradualmente porque cuando se vuelve a lo conocido, es imposible experimentarlo por vez primera. Hoy, por más que te guste el helado, la experiencia de comerlo se ha convertido en un hábito. La sensación del gusto no ha cambiado, pero tú sí. El acuerdo que estableciste con tu ego —mantener al yo recorriendo los senderos de siempre— fue un mal acuerdo. Has elegido lo opuesto a la vida, que es la muerte.

Técnicamente, hasta el árbol que ves por tu ventana es una imagen del pasado. En el momento en que lo ves y lo procesas en tu cerebro, el árbol ya avanzó en el nivel cuántico, fluyendo con el tejido vibrante del universo. Para estar plenamente vivo debes sumergirte en el ámbito no circunscrito, donde nacen las experiencias nuevas. Si desechas la idea de estar en el mundo te darás cuenta de que siempre has vivido desde ese lugar discontinuo, no circunscrito, llamado alma. Cuando mueras entrarás al mismo lugar desconocido, y entonces tendrás una buena oportunidad de sentir que nunca estuviste más vivo.

¿Por qué esperar? Tú puedes estar tan vivo como quieras mediante un proceso conocido como rendición. Es el siguiente paso para vencer a la muerte. En lo que va de este capítulo, la línea entre la vida y la muerte se ha desdibujado tanto que casi desaparece. La rendición es el acto de borrar la línea por completo. Cuando te veas como el ciclo total de muerte en la vida y vida en la muerte, entonces te habrás rendido, la herramienta mística más poderosa contra el materialismo. En el umbral de la realidad única, el místico renuncia a toda necesidad de límites y se sumerge directamente en la existencia. El círculo se cierra, y el místico se experimenta a sí mismo como la realidad única.

Rendirse es...

Atención plena.
Apreciación de la riqueza de la vida.
Abrirte a lo que está frente a ti.
No juzgar.
Ausencia de ego.
Humildad.
Ser receptivo a todas las posibilidades.
Permitir el amor.

La mayoría de las personas cree que la rendición es un acto difícil, si no imposible. Connota rendirse a Dios, algo que pocos, salvo los más santos, pueden enfrentar. ¿Cómo podemos identificar si el acto de la rendición ha ocurrido? "Estoy haciendo esto por Dios" suena ejemplar, pero una cámara de vídeo colocada en el ángulo superior de alguna habitación no podría distinguir entre un acto realizado por Dios y el mismo acto realizado sin pensar en Dios.

Es mucho más fácil realizar la rendición por ti mismo y dejar que Dios se manifieste si así lo desea. Ábrete a una pintura de Rembrandt o de Monet, que es, al fin y al cabo, una creación tan gloriosa como cualquiera. Préstale toda tu atención. Aprecia la profundidad de la imagen y el cuidado en su ejecución. Ábrete a lo que está frente a ti y no permitas distracciones. No juzgues de antemano que la pintura debe gustarte porque te han dicho que es maravillosa. No te fuerces a responder para parecer inteligente o sensible. Permite que la pintura sea el centro de tu atención, que es la esencia de la humildad. Sé receptivo a cualquier reacción que puedas tener. Si todos estos pasos de la rendición están presentes, un gran Rembrandt o Monet despertará amor porque el artista simplemente está *ahí*, en toda su humanidad.

La rendición no es difícil en presencia de esta humanidad. Las personas son más difíciles, pero la rendición a alguien sigue los mismos pasos que hemos enumerado. Quizá la próxima vez que te sientes a cenar con tu familia decidas concentrarte en un solo paso de la rendición, como prestar plena atención o no juzgar.

Elige el paso que te parezca más sencillo o, mejor aún, el que sepas que has excluido. La mayoría negamos la humildad cuando nos relacionamos con nuestras familias. ¿Qué significa ser humilde con un niño, por ejemplo? Significa considerar su opinión igual a la tuya. En el nivel de la conciencia, *es* igual; tu ventaja de años como padre de familia sentado a la mesa no refuta este hecho. Todos fuimos niños, y lo que entonces pensamos tuvo todo el peso y la importancia que tiene la vida a cualquier edad, y quizá más.

El secreto de la rendición es que la realices en tu interior, sin tratar se satisfacer a nadie más.

Tarde o temprano, todos llegamos a la inquietante presencia de una persona longeva, débil o moribunda. En esta situación son posibles los mismos pasos de la rendición. Si los sigues, la belleza de una persona agonizante es tan evidente como la de un Rembrandt. La muerte inspira una clase de asombro que puedes alcanzar cuando vas más allá de la reacción automática del miedo. Hace poco percibí esta sensación de asombro cuando supe de un fenómeno biológico que respalda la noción de que la muerte está completamente entrelazada con la vida. Resulta que nuestros cuerpos han encontrado ya la clave de la rendición.

El fenómeno se llama *apoptosis*. Esta extraña palabra, completamente nueva para mí, nos lleva a un profundo viaje místico. Al volver de él, encontré que mis percepciones sobre la vida y la muerte cambiaron. Al consultar apoptosis en una fuente de internet, obtuve 357 000 entradas, y la primera de ellas definía la palabra en tono bíblico: "Para cada célula hay un tiempo para vivir y un tiempo para morir".

La apoptosis es la muerte programada de las células, y aunque no nos damos cuenta, todos morimos diariamente, de manera puntual, para mantenernos vivos. Las células mueren porque quieren hacerlo. Una célula invierte minuciosamente el proceso de nacimiento: se encoge, destruye sus proteínas básicas y desmonta su propio ADN. En su superficie aparecen burbujas cuando abre sus puertas al mundo exterior y expele todas las sustancias químicas vitales, que serán devoradas por glóbulos blancos cual si fueran microbios invasores. Cuando el proceso está terminado, la célula se ha disuelto sin dejar rastro.

Es imposible no sentirse conmovido por este detallado relato del sacrificio tan cuidadoso y metódico de una célula. No obstante, la parte mística está todavía por venir. La apoptosis no es, como podría suponerse, un método para deshacerse de células enfermas o viejas. El proceso nos dio la vida. En el vientre materno todos atravesamos etapas primitivas de desarrollo en las que tuvimos colas de renacuajo, branquias de pez, membranas entre los dedos y, por increíble que parezca, demasiadas neuronas. La apoptosis se hizo cargo de estos vestigios indeseables. En el caso del cerebro, el bebé recién nacido establece las conexiones neurales necesarias eliminando el tejido cerebral excesivo con el que todos nacemos. (Los neurólogos se sorprendieron al descubrir que el momento en que nuestro cerebro cuenta con un mayor número de células es al nacer, y que éstas deben reducirse por millones para que la inteligencia más elevada pueda tejer su delicada red de conexiones. Durante mucho tiempo se pensó que la muerte neuronal constituía un proceso patológico relacionado con el envejecimiento, pero ahora todo el asunto debe reconsiderarse.)

No obstante, la apoptosis no termina en el vientre materno. Nuestros cuerpos siguen prosperando gracias a la muerte. Las células inmunes que tragan y consumen a las bacterias invasoras se volverían contra los tejidos del cuerpo si no provocaran la muerte entre sí y se volvieran contra ellas mismas con los mismos venenos utilizados con los invasores. Cuando una célula detecta que su ADN está dañado o es defectuoso, sabe que el cuerpo padecería si ese defecto se transmitiera. Por fortuna, cada célula porta un gen tóxico conocido como p53 que puede activar para provocarse la muerte.

Estos casos apenas son una mínima muestra. Los anatomistas saben desde hace mucho que las células de la piel mueren en unos pocos días, que las células de la retina, de la sangre y el estómago también tienen programadas vidas cortas para que sus tejidos puedan reponerse rápidamente. Cada una muere por una razón específica. Las células de la piel deben mudarse para que ésta se mantenga flexible y no se convierta en una rígida armadura; las células del estómago mueren en la potente combustión química que digiere los alimentos.

La muerte no puede ser nuestra enemiga si hemos dependido de ella desde que estábamos en el vientre materno. Considera esta paradoja: el cuerpo es capaz de repudiar la muerte y producir células que vivan por siempre. Éstas no secretan p53 cuando detectan defectos en su ADN. Por el contrario; renuentes a dictar su propia sentencia de muerte, estas células rebeldes se dividen de manera incesante e invasora. El cáncer, la más temida de las enfermedades, resulta del repudio del cuerpo hacia la muerte, mientras que el suicidio programado es su boleto a la vida. Ésta es la paradoja de la vida y la muerte encaradas frente a frente. La idea mística de morir cada día resulta el hecho más concreto del cuerpo.

Esto significa que somos sumamente sensibles al equilibrio de las fuerzas positivas y negativas, y cuando este equilibrio se pierde, la respuesta natural es la muerte. Nietzsche señaló que los seres humanos son las únicas criaturas que deben ser exhortadas a permanecer con vida. Él no podía saber que esto es literalmente cierto. Las células reciben señales positivas que les dan la instrucción de permanecer vivas, sustancias químicas llamadas factores de crecimiento e interleukin-2. Si estas señales positivas dejan de enviarse, la célula pierde su voluntad de vivir. Como el beso de la muerte en la mafia, la célula puede recibir mensajeros que se adhieren a sus receptores externos para anunciarle que la muerte ha llegado. De hecho, a estos mensajeros químicos se les conoce como "activadores de la muerte".

Meses después de escribir este párrafo, conocí a un profesor de medicina en Harvard, quien descubrió un hecho sorprendente. Hay una sustancia en las células cancerígenas que activa nuevos vasos sanguíneos para proveerse de alimento. La investigación médica se ha concentrado en descubrir cómo bloquear esta sustancia desconocida de manera que los tumores carezcan de alimento y mueran. El profesor descubrió que la sustancia exactamente *opuesta* provoca toxemia en las mujeres embarazadas, la cual puede ser letal. "¿Se da cuenta de lo que esto significa?", dijo profundamente admirado. "El cuerpo puede liberar sustancias químicas haciendo malabarismos con la vida y la muerte, pero la ciencia ha ignorado totalmente a quien realiza los malabarismos. ¿No es cierto que el secreto de la salud reside en esa parte de nosotros, y no en las sustancias químicas utilizadas?" El hecho de que la conciencia pudiera ser el ingrediente faltante, el factor X tras bambalinas, vino a él como una revelación.

Los místicos también aquí se adelantaron a la ciencia, pues en muchas tradiciones místicas leemos que todas las personas mueren en el momento justo y que saben de antemano qué momento será ése. Pero me gustaría examinar con más profundidad el concepto de muerte diaria, una elección que todos pasamos por alto. Yo quiero verme como la misma persona día tras día para preservar mi sentido de identidad; quiero habitar el mismo cuerpo todos los días porque es demasiado extraño pensar que me está abandonando constantemente.

Sin embargo, debe hacerlo para que yo no sea una momia viviente. Al seguir el complejo programa de la apoptosis, recibo un cuerpo nuevo por el mecanismo de la muerte. Este proceso es tan sutil que pasa inadvertido. Los niños de dos años no cambian su cuerpo por uno nuevo cuando cumplen tres. Todos los días tienen el mismo cuerpo, y a la vez otro. Sólo el proceso constante de renovación —un don que nos da la muerte— le permite mantener el paso de cada etapa de desarrollo. Lo maravilloso es que uno se siente la misma persona durante este cambio incesante.

A diferencia de lo que ocurre con la muerte celular, soy consciente de cuándo nacen y mueren mis ideas. Para respaldar el paso del pensamiento infantil al pensamiento adulto, la mente debe morir todos los días. Mis ideas más preciadas mueren y nunca reaparecen; mis experiencias más intensas se consumen en sus propias pasiones; mi respuesta a la pregunta "¿Quién soy?" cambió completamente de los dos a los tres años, de los tres a los cuatro, y así durante el transcurso de la vida.

Comprendemos la muerte cuando desechamos la ilusión de que la vida debe ser continua. Toda la naturaleza tiene un ritmo; el universo muere a la velocidad de la luz, pero se las arregla para crear este planeta y las formas de vida que lo habitan. Nuestros cuerpos mueren a muchas velocidades distintas a la vez, empezando con los fotones y siguiendo con la disolución química, la muerte celular, la regeneración de tejidos y, finalmente, la muerte de todo el organismo. ¿Qué es lo que nos produce tanto miedo?

Creo que la apoptosis nos rescata del miedo. La muerte de una sola célula no afecta al cuerpo. Lo que cuenta no es el acto sino el plan: un proyecto global controla el equilibrio de señales positivas y negativas a las que todas las células responden. El plan está más allá del tiempo porque se remonta a la construcción misma del tiempo. El plan va más allá del espacio porque está en cada lugar del cuerpo y en ninguno a la vez. Cada célula se lleva consigo el plan cuando muere, pero aun así, el plan sobrevive.

En la realidad única, las discusiones no se resuelven optando por una de las partes; ambos argumentos son igualmente verdaderos. Así pues, no me cuesta admitir que lo que ocurre después de la muerte es invisible para los ojos y no puede demostrarse como un suceso material. Reconozco sin dudarlo que normalmente no recordamos las vidas pasadas y podemos vivir muy bien sin conocerlas. Sin embargo, no comprendo cómo alguien puede seguir siendo materialista después de ver la apoptosis en acción. El argumento en contra de la vida después de la muerte sólo parece convincente si ignoramos todo lo que hemos descubierto sobre células, fotones, moléculas, pensamientos y el cuerpo entero. Cada nivel de existencia nace y muere según su propio programa, que va de menos de una millonésima de segundo al probable renacimiento de un nuevo universo dentro de millones de años. La esperanza que yace más allá de la muerte proviene de la promesa de la renovación. Si te identificas apasionadamente con la vida, y no con el desfile efímero de formas y fenómenos, la muerte adopta su posición legítima como agente de la renovación. En uno de sus poemas, Tagore se pregunta: "¿Qué ofrecerás / cuando la muerte toque a tu puerta?" Su respuesta refleja la alegría serena de quien se ha elevado sobre el miedo que rodea a la muerte:

La plenitud de mi vida:
el vino dulce de los días de otoño y las noches de verano,
mi modesto tesoro recogido a lo largo de los años,
y horas colmadas de vida.

Ése será mi regalo
Cuando la muerte toque a mi puerta.

CAMBIA TU REALIDAD PARA ALBERGAR
EL DÉCIMO SECRETO

El décimo secreto dice que la vida y la muerte son naturalmente compatibles. Tú puedes hacer tuyo este secreto despojándote de una imagen de ti mismo perteneciente al pasado: una especie de exfoliación de tu propia imagen. El ejercicio es muy sencillo: siéntate con los ojos cerrados e imagínate como un niño. Utiliza la mejor imagen que recuerdes de un bebé, y si no recuerdas una, invéntala.

Asegúrate de que el bebé está despierto y alerta. Llama su atención y pídele que te vea a los ojos. Cuando hayan hecho contacto, sólo mírense un momento hasta que ambos se sientan tranquilos y conectados entre sí. Ahora invita al bebé a unirse a ti y mira la imagen desvanecerse lentamente en el centro de tu pecho. Si quieres, puedes visualizar un campo de luz que absorbe la imagen, o simplemente un sentimiento cálido en tu corazón.

Ahora imagínate como un niño pequeño. De nuevo, establece contacto, y una vez que lo hayas hecho, pide a esa versión que se una a ti. Repite el procedimiento con cualquier tú anterior que desees evocar. Si tienes recuerdos especialmente vívidos de cierta edad, permanece ahí más tiempo, pero el objetivo último es que veas a todas las imágenes desvanecerse y desaparecer.

Continúa hasta tu edad actual, y entonces imagínate en etapas de mayor edad. Termina con dos imágenes finales: tú como una persona muy longeva y tú en el lecho de muerte. En cada caso establece contacto y absorbe esas imágenes.

Cuando tu imagen de moribundo haya desaparecido, permanece sentado tranquilamente y siente lo que resta. Nadie puede imaginar realmente su propia muerte porque, aun si llegaras al extremo —demasiado horripilante para muchos— de verte como un cadáver colocado en la tumba que se descompone en sus elementos, el testigo permanecerá. La visualización de uno mismo como cadáver es un antiguo ejercicio tántrico de India, y lo he puesto en práctica con los grupos que dirijo. Casi todos entienden el meollo, que no tiene nada que ver con lo horripilante: al ver que cada vestigio terrenal tuyo se desvanece, comprendes que nunca lograrás extinguirte. La presencia del testigo, superviviente supremo, señala el camino más allá de la danza de la vida y la muerte.

Ejercicio 2: morir conscientemente

Como todas las experiencias, la muerte es algo que creas y algo que te ocurre. En muchas culturas orientales hay una práctica llamada "muerte consciente", en que la persona participa activamente en la configuración del proceso de muerte. Mediante la oración, rituales, medicación y asistencia de los vivos, el moribundo inclina la balanza de "Experiencia que me está ocurriendo" a "Yo estoy creando esta experiencia".

En Occidente no contamos con una tradición de muerte consciente. De hecho, dejamos solos a los moribundos en hospitales impersonales donde la rutina es fría, terrorífica y deshumanizadora. Hay mucho por cambiar en este aspecto. Lo que puedes hacer personalmente en este momento es dirigir tu conciencia al proceso de muerte, liberándolo de la ansiedad y el temor excesivos.

Piensa en alguien cercano a ti, mayor de edad y cercano a la muerte. Mírate en la habitación con esa persona (puedes imaginar la habitación si no sabes exactamente dónde está). Colócate dentro de su mente y su cuerpo. Obsérvate en detalle: siente la cama, mira la luz que entra por la ventana, rodéate con los rostros de familiares, médicos y enfermeras, si los hay.

Ahora ayuda a la persona en el cambio de enfrentar pasivamente la muerte a crear activamente la experiencia. Escúchate hablando con voz normal; no hay necesidad de ser solemne. Reconforta y tranquiliza, pero concéntrate principalmente en cambiar la conciencia de la persona de "Esto me está ocurriendo" a "Yo estoy haciendo esto". Hay muchos temas de los que se puede hablar (los he escrito en segunda persona, como si se tratara de un amigo cercano):

Creo que has tenido una vida maravillosa. Cuéntame las mejores cosas que recuerdes.

Puedes estar orgulloso de haberte convertido en una buena persona.

Has despertado mucho amor y respeto.

¿A dónde te gustaría ir ahora?

Dime qué sientes sobre lo que está ocurriendo. ¿Cómo lo cambiarías si pudieras?

Si estás arrepentido de algo, háblame de ello. Te ayudaré a liberarte de ese sentimiento.

No tienes necesidad de sentir pesar. Te ayudaré a liberarte del que aún sientas.

Mereces estar tranquilo. Has realizado bien tu trayecto, y ahora que lo has concluido, te ayudaré a volver a casa.

No creerás esto, pero te envidio. Estas a punto de ver qué hay detrás de la cortina.

¿Hay algo que quieras para tu viaje?

Es posible, por supuesto, abordar estos temas en el lecho de alguien que en verdad está muriendo. Pero una conversación imaginaria es una buena manera de explorar en ti. El proceso no debe ser superficial ni apresurado: cada tema podría extenderse durante una hora. Para estar realmente comprometido, necesitarás sentir que estás prestándote mucha atención. Este ejercicio suscitará sentimientos encontrados, pues todos experimentamos miedo y pesar ante la muerte. Si alguien en tu vida murió antes de que pudieras despedirte como hubieras querido, imagínate hablando con esa persona sobre los temas que acabo de enumerar. El ámbito donde la vida y la muerte se funden está siempre con nosotros, y al prestarle atención te conectas con un aspecto inestimable de la conciencia. Morir con plena conciencia resulta totalmente natural si has vivido con plena conciencia.

❁

El universo piensa a través de ti

Hace poco tuve un breve encuentro con el destino; tan breve que pude haberlo pasado por alto completamente. Un hombre que había dedicado su vida entera a la espiritualidad vino a visitarme. Me habló de sus muchas visitas a India y de la devoción por sus costumbres. Traía puestos amuletos que se venden en templos y lugares sagrados; se sabía muchos cantos sagrados, o *bhajans*; había sido bendecido por muchos santos en sus viajes. Algunos le habían regalado mantras. Un mantra puede ser tan corto como una sílaba o tan largo como una oración, pero es básicamente un sonido. ¿De qué manera puede ser un regalo? Para alguien que conoce la tradición hindú, el regalo no es el mantra sino el efecto que debe provocar, como riqueza o un buen matrimonio. Hay miles de mantras y miles de resultados posibles.

Cuando le pregunté cómo se ganaba la vida, el hombre hizo un ademán desdeñoso y dijo: "Oh, un poco de sanación, un poco de psiquismo. Ya sabes, lectura de la mente. No le presto mucha atención".

Su actitud negligente me intrigó, y le pedí que me diera un ejemplo. Se encogió de hombros. "Piensa en alguien y escribe una pregunta que quieras hacerle." La única persona que ocupaba mi mente ese día era mi esposa, quien llevaba un tiempo visitando a la familia en Nueva Delhi. Recordé que debía llamarla para preguntarle cuándo planeaba regresar. No habíamos determinado una fecha porque algunos de los familiares eran mayores, y la estancia de mi esposa dependía de su estado.

Escribí esto y miré a mi visitante. Él cerró los ojos y empezó a cantar un extenso mantra. Luego de un minuto, dijo: "Martes. Estás pensando en tu esposa y quieres saber cuándo volverá a casa".

Tenía razón, y cuando se fue y pude hablar por teléfono con mi esposa, comprobé que había acertado también en la fecha de su regreso. Lo felicité, pero él sonrió e hizo el mismo ademán que significaba: "No es nada. Casi no le presto atención". Una hora después, estando solo, empecé a pensar sobre estos sucesos psíquicos, que han dejado de ser una novedad debido a la gran atención que los medios de comunicación prestan a los fenómenos paranormales. En concreto, reflexioné sobre el libre albedrío y el determinismo. Este hombre dijo que podía leer la mente, pero el regreso de mi esposa el martes no estaba en mi mente. Era un acontecimiento que podía ocurrir cualquier día de la semana; incluso yo había supuesto que podría permanecer allá indefinidamente si las circunstancias lo exigían.

El asunto del libre albedrío y el determinismo es, por supuesto, muy complejo. En la realidad única, cada par de opuestos es, en última instancia, una ilusión. Ya hemos desdibujado la división entre *bien* y *mal* y entre vida y muerte. ¿Resultará que el libre albedrío es lo mismo que determinismo? Hay mucho que depende de la respuesta.

LIBRE ALBEDRÍO =

Independencia.
Autodeterminación.
Capacidad de elegir.

Control de los acontecimientos.
El futuro está abierto.

DETERMINISMO =

Dependencia de una voluntad externa.
El yo determinado por el destino.
Alguien más elige por ti.
Ausencia de control de los acontecimientos.
El futuro está cerrado.

Estas frases esbozan lo que comúnmente se considera que está en juego. Todo en la columna de libre albedrío suena atractivo. Todos queremos ser independientes; tomar nuestras propias decisiones; despertar con la esperanza de que el futuro está abierto y lleno de posibilidades infinitas. Por otra parte, nada suena atractivo en la columna determinismo. Si alguien más ha elegido por ti, si permaneces atado a un plan escrito antes de que nacieras, el futuro no puede estar abierto. Al menos emocionalmente, el prospecto del libre albedrío ha ganado ya la discusión.

Y en cierto nivel ya nadie necesita ahondar más. Si tú y yo somos marionetas manejadas por un titiritero invisible —llámese Dios, destino o karma—, entonces los hilos que tira también son invisibles. No tenemos pruebas de no estar realizando elecciones libres, excepto por esos momentos espeluznantes como el descrito al principio, y quienes leen la mente no van a cambiar la manera en que actuamos fundamentalmente.

Sin embargo, hay una razón para ahondar más, y se condensa en la palabra *vasana*. En sánscrito, vasana es una causa inconsciente. Es el *software* de la psique, la fuerza impulsora que te hace realizar algo cuando crees hacerlo espontáneamente. Como tal, vasana es muy perturbadora. Imagina a un robot cuyas acciones están impulsadas en su totalidad por un programa interno. Desde el punto de vista del robot, no importa que el programa exista, hasta que algo sale mal. La ilusión de no ser un robot se derrumba si el *software* falla, pues si el robot quiere hacer algo y no puede, ya conocemos la razón.

Vasana es determinismo que parece libre albedrío. Recuerdo a mi amigo Jean, a quien conozco desde hace casi veinte años. Jean se considera muy espiritual, y a principios de los noventa llegó al extremo de renunciar a su empleo en un periódico de Denver para vivir en un *ashram* al oeste de Massachusetts. Pero la atmósfera le pareció sofocante. "Son hinduistas clandestinos", se quejó. "No hacen más que rezar, cantar y meditar." Jean decidió seguir con su vida. Se ha enamorado de un par de mujeres sin casarse. No le gusta la idea de sentar cabeza, y tiende a mudarse a un estado distinto cada cuatro años aproximadamente. (Una vez me dijo que luego de hacer cuentas descubrió que ha vivido en cuarenta casas diferentes desde que nació.)

Un día, Jean me llamó para contarme una historia. Durante la cita con una mujer que había desarrollado un interés repentino en el sufismo, y mientras se dirigían a casa, ella le dijo a Jean que según su maestro sufí, todas las personas tienen una característica preponderante.

—¿Te refieres a lo más evidente de cada quien, como ser extrovertido o introvertido? —preguntó Jean.

—No, no evidente —dijo ella—. Nuestra característica preponderante está oculta. Actuamos con base en ella sin darnos cuenta de que lo estamos haciendo.

Tan pronto escuchó esto, Jean se sintió emocionado. "Me asomé por la ventana del auto, y de repente entendí", me dijo. "Soy indeciso. Sólo me siento cómodo cuando puedo tener ambos lados de una situación sin comprometerme con ninguna." De un momento a otro, muchas cosas cobraron sentido. Jean pudo entender por qué entró en un ashram pero no se sintió parte del grupo. Entendió por qué se enamoraba de las mujeres, pero siempre se concentraba en sus defectos. Muchas más cosas salieron a la luz. Jean se queja de su familia pero siempre pasa la Navidad con ellos. Se considera un experto en cada una de las materias que ha estudiado —han sido muchas— pero no se gana la vida ejerciendo ninguna de ellas. Es, sin lugar a dudas, un indeciso empedernido. Y como sugirió la mujer con la que había salido, Jean no tenía idea de que su vasana, que es de lo que estamos hablando, lo hacía pasar de una situación a otra sin decidirse por ninguna.

—Sólo piensa en ello —dijo con evidente sorpresa—. Aquello que mejor me define es justo lo que nunca había notado.

Si las tendencias inconscientes continuaran obrando en la oscuridad, no serían un problema. El *software* genético de los pingüinos o los ñúes los impulsa a actuar sin conocimiento de que actúan de manera muy similar a los demás pingüinos y ñúes. Pero los seres humanos, únicos entre todas las criaturas vivientes, queremos echar abajo el vasana. No es suficiente ser un peón que se cree rey. Ansiamos la seguridad de la libertad absoluta y su resultado: un futuro completamente abierto. ¿Es esto razonable? ¿Es posible siquiera?

En su texto clásico, *Sutras del yoga*, el sabio Patanjali nos informa que hay tres clases de vasana. A la clase que induce un comportamiento agradable la llama vasana blanco; a la que motiva un comportamiento desagradable la llama vasana oscuro; a la que mezcla estas dos la llama vasana mixto. Yo diría que Jean tenía vasana mixto: le gustaba la

indecisión pero se perdía la recompensa del amor durade-
ro hacia otra persona, una aspiración que lo estimulara o
una visión compartida que lo vincularía con una comunidad. Mostraba las ventajas y desventajas de quienes necesitan mantener abiertas todas las opciones. La meta del as-
pirante espiritual es menoscabar el vasana de manera que
pueda alcanzarse la claridad. En la claridad tú sabes que
no eres una marioneta; te has liberado de los impulsos inconscientes que alguna vez te hicieron creer que actuabas
espontáneamente.

El secreto es que el estado de liberación no es el libre
albedrío. El libre albedrío es lo opuesto al determinismo,
y en la realidad única, los opuestos deben fundirse en uno.
En el caso de la vida y la muerte, vimos que se funden porque ambas son necesarias para renovar el flujo de la experiencia. El libre albedrío y el determinismo se funden sólo
cuando una discusión cósmica se resuelve de una vez por
todas. He aquí la discusión en su forma más simple.

Hay dos demandas relacionadas con la realidad última. Una demanda proviene del mundo físico, donde los
sucesos tienen causas y efectos evidentes. La otra proviene
del Ser absoluto, que no tiene causa. Sólo uno de los de-
mandantes tiene razón porque no pueden existir dos reali-
dades últimas. Entonces, ¿cuál es?

Si el mundo físico es la realidad última, nuestra única
opción es jugar el juego de vasana. Toda tendencia tiene su
causa en otra, y tan pronto menoscabes una, estarás creando otra para remplazarla. No podemos ser un producto terminado. Siempre hay algo que espera ser arreglado, atendido, ajustado, pulido, limpiado o listo para desmoronarse.
(Las personas que no pueden enfrentar este hecho se vuelven perfeccionistas: persiguen constantemente la quimera
de una existencia perfecta; aunque no se den cuenta, tratan

de vencer la ley de vasana, la cual dicta que ninguna causa puede desaparecer, sólo transformarse en otra.) El mundo físico también se conoce como el ámbito del karma, que tiene su propio aspecto cósmico. *Karma*, como sabemos, significa "acción", y la pregunta que debe plantearse respecto de la acción es ésta: ¿Tuvo un comienzo? ¿Tiene un final? Toda persona que nace se ve arrojado a un mundo de acción que ya estaba en pleno funcionamiento. No hay pistas de que una primera acción haya iniciado las cosas, ni podemos saber si una última acción detendrá todo. El universo está dado, y pese a las teorías sobre el *Big Bang*, la posibilidad de otros universos, o incluso de universos infinitos, significa que la cadena de primeros sucesos podría extenderse para siempre.

Los antiguos sabios no ocupaban telescopios porque veían, en un destello de comprensión, que la mente está gobernada por causas y efectos; por tanto, no puede ver más allá del karma. El pensamiento que tengo en este preciso instante surgió del que tuve hace un segundo; el que tuve hace un segundo, del que tuve el segundo anterior y así sucesivamente. Con *Big Bang* o sin él, mi mente es prisionera del karma porque pensar es todo lo que puede hacer.

Hay otra alternativa, afirmaban los sabios. Tu mente puede ser. Así es como el segundo demandante entró en el tribunal. La realidad última podría ser el Ser mismo. El Ser no actúa, y por tanto, el karma jamás lo toca. Si el Ser es la realidad última, el juego de vasana ha concluido. En vez de preocuparnos por causas y efectos, origen de todas las tendencias, simplemente podemos decir *no hay causa ni efecto*.

Dije que vasana nos da una razón para profundizar en el libre albedrío. Ahora vemos por qué. La persona contenta con seguir siendo una marioneta, no es distinta al rebelde que grita que debe seguir siendo libre a toda costa.

Ambos están sujetos al karma; sus opiniones no suponen ninguna diferencia. Pero si podemos identificarnos con un estado que no tiene vasanas, el libre albedrío y el determinismo se funden; se convierten en simples instrucciones en el manual del *software* kármico. En otras palabras, ambos son herramientas del Ser y no un fin en sí mismos. Así, el karma pierde la discusión sobre ser la realidad última.

¿Cómo puedo decir que la discusión está resuelta? Puedo afirmar que fue resuelta por la autoridad ya que el acta espiritual registra a innumerables sabios y santos, quienes testifican que el Ser es el fundamento último de la existencia. Pero como aquí no nos servimos de la autoridad, la prueba debe provenir de la experiencia. Yo experimento que estoy vivo, lo que parece apoyar el caso del karma, pues estar vivo consiste en una acción tras otra. Pero no puedo estar vivo si el universo entero no lo está. La conclusión parecería absurda sin un argumento previo. Pero hemos llegado bastante lejos para darnos cuenta de que lo verdaderamente absurdo es estar vivos en un universo muerto. Nadie antes de la era moderna se había sentido varado en una porción de roca y agua sin más paisaje que un vacío negro. Me parece que esa imagen, la cual sustenta la superstición de la ciencia, es horripilante y falsa. Mi cuerpo y el universo están compuestos de las mismas moléculas, y por más que me esfuerce, no puedo creer que un átomo de hidrógeno esté vivo dentro de mí y muerto tan pronto sale de mis pulmones.

Mi cuerpo y el universo provienen de la misma fuente, obedecen a los mismos ritmos, brillan con las mismas tormentas de actividad electromagnética. Mi cuerpo no puede darse el lujo de debatir sobre quién creó el universo; cada célula desaparecería en el instante en que dejara de crearse. Por tanto, el universo debe estar viviendo y respirando a través de mí. Soy una expresión de todo lo que existe.

En todo momento, la burbujeante actividad subatómica que mantiene en marcha el universo está en cambio permanente; cada partícula aparece y desaparece de la existencia miles de veces por segundo. En ese intervalo, yo también aparezco y desaparezco, viajando de la existencia a la aniquilación y vuelta a empezar, millones de veces al día. El universo se vale de este ritmo ágil para detenerse y crear a continuación. Lo mismo ocurre conmigo. Aunque mi mente es demasiado lenta para notar la diferencia, no soy la misma persona cuando vuelvo de mis millones de viajes al vacío. Cada uno de mis procesos celulares es repensado, reexaminado y reorganizado. La creación ocurre en niveles infinitesimales, y el resultado final es el génesis perpetuo.

En un universo viviente no debemos responder preguntas sobre el creador. En distintos momentos, las religiones han mencionado un dios único, dioses o diosas múltiples, una fuerza vital invisible, una mente cósmica y —en la religión actual de la física— un juego ciego del azar. Puedes elegir cualquiera o todos porque lo más importante acerca del génesis eres tú. ¿Eres capaz de verte como el punto alrededor del cual todo está girando?

Mira alrededor e intenta reconocer tu situación de manera integral. Desde la perspectiva de un yo limitado resulta imposible ser el centro del cosmos. Tu atención salta de un fragmento de situación a otro: una relación, los incidentes del trabajo, tu economía, y quizá hasta alguna preocupación vaga relacionada con una crisis política o la situación del mercado de valores. No importa cuántos elementos intentes comprender; de esta manera no podrás ver tu situación total. Desde la perspectiva de la totalidad, el universo está pensando *en ti*. Sus pensamientos son invisibles, pero en última instancia se manifiestan como tendencias —las ya conocidas vasanas— y en ocasiones tu atención percibe el plan mayor porque en cada vida inevitablemente hay sucesos cruciales, momentos decisivos, oportunidades, epifanías y grandes adelantos.

Para ti, un pensamiento es una imagen o una idea que flota en tu mente. Para el universo (y con esa palabra me refiero a la inteligencia universal que impregna la cantidad inconmensurable de galaxias, hoyos negros y polvo interestelar) un pensamiento es un paso evolutivo. Es un acto creativo. Para vivir verdaderamente en el centro de la realidad única, la evolución debe adquirir un interés primordial para ti. Los acontecimientos secundarios de tu vida se manejan solos. Piensa en tu cuerpo, que opera con dos clases distintas de sistema nervioso. El sistema nervioso involuntario es automático; regula las funciones cotidianas del cuerpo sin que tú intervengas. Cuando una persona cae en coma, este sistema nervioso continúa trabajando más o menos normalmente, manteniendo pulso, presión sanguínea, hormonas, electrolitos y cientos de otras funciones en coordinación perfecta.

El otro sistema nervioso recibe el nombre de voluntario porque está asociado a la voluntad o volición. El sistema nervioso voluntario lleva a cabo los deseos; es su único propósito. Sin él, la vida sería exactamente como lo es para una persona en estado de coma: sin avance alguno, congelada en una muerte en vida.

El universo refleja la misma distinción. En el nivel material las fuerzas no necesitan nuestra ayuda para mantener todo regulado de manera que la vida pueda sostenerse. La ecología se estabiliza sola; las plantas y los animales viven en armonía sin darse cuenta. Podríamos imaginar un mundo en el que nada se expandiera más allá de la existencia elemental, donde las criaturas se contentaran con comer, respirar y dormir. Pero tal mundo no existe. Hasta organismos unicelulares como las amibas nadan en una dirección específica, buscan alimento, avanzan hacia la luz y prefieren determinadas temperaturas. El deseo está integrado al plan de la vida.

Por esto, no resulta descabellado buscar la segunda mitad del sistema nervioso del universo, la mitad que gira alrededor del deseo. Cuando nuestro cerebro lleva a cabo un deseo, el universo lo realiza al mismo tiempo. No hay diferencia entre "quiero tener un hijo" y "el universo quiere tener un hijo". El embrión que empieza a crecer en el vientre materno se apoya en millones de años de inteligencia, memoria, creatividad y evolución. Aquello que llamamos feto es un individuo que se ha integrado al cosmos con perfecta naturalidad. Pero, ¿por qué habría de terminar ahí la fusión? El hecho de que experimentemos los deseos como individuos no significa que el universo no esté actuando a través de nosotros, así como considerar a nuestros hijos como propios no significa que no sean también hijos de un enorme acervo genético. Ese acervo genético no tiene otro padre que el universo.

En este momento flotas en perfecta unión con el cosmos. No hay diferencia entre tu respiración y la de la selva tropical; entre tu flujo sanguíneo y el de los ríos del mundo, entre tus huesos y los acantilados de tierra caliza de Dover. Cada cambio del ecosistema ha influido en ti en el nivel genético. El universo recuerda su evolución mediante el registro que escribe en el ADN. Esto significa que tus genes son el punto focal de todo lo que ocurre en el mundo. Son tu línea de comunicación con la naturaleza como un todo, no sólo con tu madre y tu padre.

Deja de lado todo lo que has leído acerca de que el ADN es una serie de azúcares y aminoácidos base ensartados en una doble hélice. Ese modelo describe la apariencia del ADN, pero no dice nada sobre la dinámica de la vida, del mismo modo que el sistema de cables de una televisión no dice qué aparece en la pantalla. Lo que se proyecta a través de tu ADN en este momento es la evolución del universo. Tu siguiente deseo quedará registrado en su memoria, y el universo puede avanzar hacia él o no hacerlo. Solemos pensar que la evolución es una línea recta desde los organismos primitivos hasta los más complejos. Una imagen más precisa sería la de una burbuja que se expande para abarcar más y más del potencial de la vida.

- Cuando accedes a *más inteligencia* estás evolucionando. Si restringes tu mente a lo que ya sabes o puedes predecir, tu evolución será más lenta.

- Cuando accedes a *más creatividad* estás evolucionando. Si intentas utilizar soluciones viejas para resolver problemas nuevos, tu evolución será más lenta.

- Cuando accedes a *más conciencia* estás evolucionando. Si continúas utilizando una mínima parte de tu conciencia, tu evolución será más lenta.

El universo está pendiente de tus elecciones, pues las evidencias muestran de manera contundente que prefiere la evolución a la inmovilidad. En sánscrito, la fuerza evolutiva recibe el nombre de Dharma, palabra cuya raíz significa "conservar". Sin ti, el Dharma estaría confinado a tres dimensiones. Aunque casi no dedicamos tiempo a pensar en nuestra relación con una cebra, una palmera o un alga, guardamos relación estrecha con cada una de ellas en la cadena de la vida. Los seres humanos extendimos esa cadena cuando la vida alcanzó cierto límite en el aspecto físico. Después de todo, desde el punto de vista físico, el planeta depende más de las algas y el plancton que de los humanos. El universo quería una nueva perspectiva, y por ello debía *crear creadores* como él mismo.

En cierta ocasión pregunté a un físico si a estas alturas ya todos sus colegas consideraban que la realidad no está circunscrita. Él reconoció que sí.

—¿No es lo mismo no circunscripción que omnisciencia? —le pregunté—. No hay distancia en el tiempo ni distancia en el espacio. La comunicación es instantánea, y todas las partículas están conectadas con todas las demás.

—Podría ser —me dijo sin convenir del todo, pero permitiéndome continuar.

—Entonces, ¿por qué el universo se molesta en circunscribirse? Ya sabe todo. Ya incluye todo, y en el nivel más profundo, ya encierra todos los sucesos que podrían ocurrir.

—No lo sé —dijo el físico—. Quizá sólo quería tomarse unas vacaciones.

Ésta no es una mala respuesta. El universo juega a través de nosotros. ¿Juega a qué? A ceder a alguien más el control para ver qué se le ocurre. Lo único que el universo no puede experimentar es apartarse de sí. Por ello, en cierto sentido, somos sus vacaciones.

El problema con dilemas como el libre albedrío y el determinismo es que no dejan mucho tiempo para jugar. Éste es un universo recreativo. Nos proporciona alimento, aire, agua y una enorme cantidad de paisajes para explorar. Todo esto proviene de la parte automática de la inteligencia cósmica. Avanza por sí misma, pero la parte que quiere jugar está conectada a la evolución, y Dharma es su manera de decirnos cómo funciona el juego. Si analizas cuidadosamente los momentos decisivos de tu vida comprobarás que estabas prestando mucha atención al juego evolutivo.

Estar en el Dharma

- Estabas *listo para avanzar*. La experiencia de una realidad antigua estaba agotada y lista para ser sustituida.
- Estabas *listo para prestar atención*. Cuando la oportunidad llegó, tú lo notaste y diste el salto necesario.
- *El entorno te respaldó*. Cuando avanzaste, los acontecimientos sucedieron de forma tal que un retroceso hubiera sido imposible.
- *Te sentiste más pleno y libre* en tu nuevo lugar.
- Te viste como una *nueva persona*.

Este conjunto de circunstancias internas y externas es lo que el Dharma proporciona. Esto significa que cuando te sientes listo para avanzar, la realidad cambia para mostrarte cómo. ¿Y si no estás listo para avanzar? Entonces está el sistema de respaldo de vasana, que te hace avanzar mediante la repetición de las tendencias incrustadas en ti desde el pasado. Cuando te sientes atascado e incapaz de avanzar, normalmente es por las siguientes circunstancias:

1. *No estás listo para avanzar*. La experiencia de una realidad antigua sigue fascinándote. Sigues disfrutando tu estilo de vida habitual o, si hay más dolor que felicidad, te has vuelto adicto al dolor por alguna razón que permanece en el misterio.

2. *No estás prestando atención*. Tu mente permanece absorta en distracciones. Esto suele ocurrir cuando hay un exceso de estímulos externos. Mientras no estés alerta en tu interior, no podrás identificar las señales que transmite la realidad única.

3. *El entorno no te respalda.* Cuando intentas avanzar, las circunstancias te echan atrás. Esto significa que debes aprender más o que todavía no es el momento. También puede suceder que en un nivel profundo no estés convencido de avanzar; tu deseo consciente está en conflicto con dudas e inseguridades más profundas.

4. *Te sientes amenazado* por la expansión que deberías realizar y prefieres la seguridad de una imagen propia limitada. Muchas personas se aferran a un estado restringido creyendo que los protege. La realidad es que la mayor protección a la que podemos aspirar es la de la evolución, la cual resuelve problemas por medio de la expansión y el avance. Pero cada aspecto de ti debe poseer este conocimiento; basta con que uno desee permanecer en un estado restringido para que la evolución se entorpezca.

5. *Sigues viéndote como la persona antigua* que se adaptó a una situación vieja. Ésta suele ser una elección inconsciente. Las personas se identifican con su pasado e intentan utilizar sus viejas percepciones para entender lo que ocurre. Como la percepción es todo, considerarte demasiado débil, limitado, indigno o deficiente obstaculizará cualquier avance.

La conclusión final es que el Dharma necesita que colabores con él. La fuerza de conservación está en ti tanto como "allá fuera", en el universo o el reino del alma.

La mejor manera de alinearnos con el Dharma es dar por hecho que está escuchando. Da al universo oportunidad de responderte. Comienza una relación con él como lo harías con otra persona. Desde hace dos años soy un abuelo consentidor, y me sorprende que mi nieta Tara no tenga problemas para hablar con árboles, rocas, el mar o el cielo. Ella da por descontado que hay subjetividad en todas partes. "¿Ves esos dragones?", dice señalando un espacio vacío en mitad de la sala, nombrando a un dragón azul aquí y a uno rojo allá. Le pregunto a Tara si le dan miedo los dragones, pero ella me asegura que siempre han sido amigables.

Los niños habitan mundos imaginarios, no por la fantasía en sí sino para poner a prueba sus instintos creativos. Tara es una creadora en formación, y si se le privara de su relación con árboles, rocas y dragones, sería separada de un poder que necesita crecer. A su edad, la vida de Tara es un juego permanente, y en mi papel de abuelo procuro sumergirla en todo el amor y el placer posibles. Su vasana será blanco si puedo ayudarla. Pero también sé que su mayor reto será ir más allá de todas las tendencias, buenas o malas. Deberá cuidarse de mantenerse en el Dharma, y para quienes al crecer consideramos a la vida como un asunto serio con pocas pausas para jugar, el Dharma espera nuestro regreso a la cordura.

CAMBIA TU REALIDAD PARA ALBERGAR EL DECIMOPRIMER SECRETO

El decimoprimer secreto trata sobre cómo escapar de la esclavitud de causas y efectos. El universo está vivo e impregnado de subjetividad. Causas y efectos sólo son el mecanismo que utiliza para realizar lo que quiere. Y lo que quiere es vivir y respirar a través de ti. Para descubrir la verdad sobre esto necesitas relacionarte con el universo como si estuviera vivo. De otra manera, ¿cómo podrías saber que lo está? A partir de hoy, comienza a adoptar los siguientes hábitos:

Habla con el universo.
Escucha su respuesta.
Establece una relación íntima con la naturaleza.
Contempla la vida en todas las cosas.
Condúcete como un hijo del universo.

El primer paso, hablar con el universo, es el más importante. No implica ir por ahí susurrando a las estrellas o iniciar una conversación cósmica imaginaria. El hábito de considerar al mundo "allá fuera", desconectado de ti, está muy arraigado; todos compartimos un prejuicio cultural que reserva la vida sólo para plantas y animales, y concede inteligencia exclusivamente al cerebro. Tú puedes empezar a derribar esta creencia reconociendo cualquier pista de que los mundos interno y externo están conectados. Ambos tienen la misma fuente; están organizados por la misma inteligencia profunda; se responden entre sí.

Cuando digo que puedes hablar con el universo quiero decir que puedes conectarte con él. Si te sientes deprimido por un día gris y lluvioso, por ejemplo, considera lo gris de tu interior y del exterior como el mismo fenómeno con aspectos objetivo y subjetivo. Si vas de regreso a casa después de trabajar y una intensa puesta de sol atrapa tu mirada, considera que la naturaleza quería llamar tu atención, no que tú y la puesta de sol tuvieron solo un encuentro accidental. En un nivel íntimo, tu existencia se entrelaza con el universo, no por azar sino por intención.

Cuando veas que la vida existe en todas partes, reconoce lo que ves. Al principio puedes sentirte extraño haciendo esto, pero eres un cocreador y tienes el derecho de apreciar las pautas de conexión que has formado. Conducirte como un hijo del universo no es un juego de fingimiento cósmico. En el campo, tú existes en todas partes en el espacio-tiempo, un hecho científico al que llevamos un paso adelante diciendo que este momento en el espacio-tiempo tiene un propósito especial en tu mundo. Es *tu* mundo, y al responder a él de esa manera, empezarás a notar que te responde:

Algunos días todo sale bien.
Algunos días todo sale mal.
En ciertos momentos te sientes inmerso en el ritmo de la naturaleza.
En ciertos momentos sientes como si desaparecieras en el cielo o el océano.
A veces sabes que siempre has estado aquí.

Son ejemplos generales, pero puedes estar alerta a momentos que parecen hechos sólo para ti. ¿Por qué ciertos momentos parecen tener una magia irrepetible? Sólo tú puedes saberlo, pero no lo sabrás si no te sintonizas primero con el sentimiento. El símil más cercano que se me ocurre en esta clase de relación privilegiada es la que se da entre personas que se aman: los momentos ordinarios están impregnados de una presencia o peculiaridad que no podría sentir una persona ajena. Algo totalmente irresistible atrae nuestra atención cuando estamos enamorados; una vez que lo hemos experimentado, no se olvida fácilmente. Sentimos como si estuviéramos dentro de la persona amada y ésta dentro de nosotros. Nuestra fusión con algo más grande que nosotros es una fusión de dos subjetividades. Se le ha llamado relación "yo y tú", o la sensación de ser como una ola en el océano infinito del Ser.

No permitas que nombres y conceptos te distraigan. No hay una manera determinada para relacionarte con el universo. Sólo relaciónate a tu modo. Un niño pequeño, como mi nieta, encuentra su camino hablando con árboles y dragones invisibles. Ésa es su relación privilegiada. ¿Cuál será la tuya? Estremécete de expectación y descúbrelo.

No hay más tiempo que el ahora

He tenido momentos en que toda mi vida cobra sentido. Yo sabía exactamente quién era. Todas las personas presentes en mi vida estaban ahí por una razón. Me resultaba obvio, sin lugar a dudas, que la razón era el amor, pues entonces podía reírme de la absurda idea de tener enemigos o ser un extraño en este mundo.

La perfección tiene una manera misteriosa de escabullirse dentro y fuera del tiempo. Son pocos quienes no han sentido el momento que acabo de describir, aunque no he conocido a nadie que pueda aferrarse a él. Las personas ansían desesperadamente hacerlo, y con frecuencia este deseo motiva su vida espiritual. En la tradición budista hay una gran cantidad de ejercicios dedicados a la conciencia profunda, un estado en que podemos tomar conciencia de los momentos perfectos. Sería maravilloso que todos fueran perfectos. Pero para ser conscientes de ellos, primero debemos advertir cuándo no somos conscientes de ellos, lo cual es difícil; después de todo, no estar conscientes puede definirse como no saber que no estamos conscientes.

Esta capacidad de escabullirse me resultaba muy confusa hasta que alguien me dijo: "Es como ser feliz. Cuando estás feliz, simplemente lo estás. No tienes que pensar en ello. Pero llega un momento en que dices en voz alta: 'En verdad me siento feliz ahora', y entonces comienza a desaparecer. De hecho, para romper el hechizo basta con pensar las palabras 'Estoy feliz ahora'."

Gracias a este ejemplo comprendí qué significa ser consciente: atrapar el momento presente sin palabras ni pensamientos. Pocas cosas son tan fáciles de describir y tan difíciles de hacer. El meollo del asunto es el tiempo. El tiempo es escurridizo, como ese dichoso momento antes de que digas: "Estoy feliz ahora". ¿En verdad es fugaz ese momento, o es eterno?

La mayoría damos por hecho que el tiempo vuela, esto es, que pasa muy rápidamente. Pero en el estado consciente, el tiempo no pasa en absoluto. Sólo hay un instante de tiempo que se renueva una y otra vez con variedad infinita. El secreto sobre el tiempo es, entonces, que existe sólo como solemos pensar en él. Pasado, presente y futuro son sólo compartimentos mentales para cosas que queremos mantener cerca o lejos de nosotros, y al decir que "el tiempo vuela", conspiramos para evitar que la realidad se nos acerque demasiado. ¿Es el tiempo un mito que utilizamos para nuestra conveniencia?

Por todas partes hay libros que ensalzan las virtudes de vivir en el momento presente. Hay buenas razones para ello, pues las cargas de la mente provienen del pasado. En sí misma, la memoria es ingrávida, y el pasado también debería serlo. Lo que llamamos "el ahora" es la desaparición del tiempo como un obstáculo psicológico. Cuando retiras el obstáculo te liberas de la carga del pasado o el futuro: has encontrado el estado de conciencia profunda (y también la felicidad, ésa que no necesita palabras ni pensamientos). Nosotros somos quienes hacemos del tiempo una carga psicológica: nos hemos convencido de que las experiencias se acumulan a lo largo del tiempo.

Soy mayor que tú, sé de qué estoy hablando.
He pasado varias veces por eso.
Escucha la voz de la experiencia.
Presta atención a tus mayores.

Estas fórmulas convierten en virtud la experiencia acumulada, no con perspicacia o atención, sino simplemente por estar sin hacer nada. No obstante, son en su mayor parte expresiones vanas. Todos sabemos en algún nivel que cargar con la pesada maleta del tiempo es lo que ensombrece a las personas.

Vivir en el presente significa soltar esa maleta. Pero, ¿cómo se logra eso? En la realidad única, el reloj sólo marca "ahora". El truco para soltar el pasado consiste en descubrir la manera de vivir ahora como si fuera para siempre. Los fotones se mueven a la velocidad de Planck, que es igual a la velocidad de la luz, mientras que las galaxias evolucionan durante millones de años. Por tanto, si el tiempo es un río, debe ser uno muy profundo y suficientemente ancho para contener la partícula más pequeña del tiempo y la infinitud de la eternidad.

Esto implica que "ahora" es más complejo de lo que parece. ¿En qué situación estamos en el ahora, cuando somos más activos y energizados, o más quietos? Observa un río. En la superficie, la corriente es rápida y agitada; a media profundidad el flujo se hace más lento, y en el fondo, el légamo sólo es agitado ligeramente. En el lecho de roca, el movimiento del agua no ejerce efecto alguno. La mente es capaz de participar en todos los niveles del río. Podemos desplazarnos con la corriente más rápida, que es lo que la mayoría procura hacer en la vida cotidiana. Su versión del ahora es lo que tiene que hacerse en este momento. Para ellos, el momento presente es un drama constante. Tiempo es lo mismo que acción, tal como en la superficie del río.

Cuando se cansan demasiado por la carrera —o sienten que la están perdiendo—, las personas apresuradas pueden reducir el paso, sólo para descubrir con sorpresa cuán difícil es pasar de correr a caminar. Pero si decides, "Está bien, simplemente seguiré adelante", la vida trae nuevos problemas, como obsesiones, pensamiento circular, y la llamada depresión hiperactiva. En cierto sentido, todos estos son desórdenes del tiempo.

Tagore tiene una frase maravillosa acerca de esto: "Somos demasiado pobres como para llegar tarde". En otras palabras, corremos por la vida como si no pudiéramos desperdiciar un solo minuto. En el mismo poema, Tagore ofrece una descripción perfecta de lo que encontramos después de que toda esa premura llega donde quiere ir:

> *Y cuando terminó la frenética carrera*
> *Pude ver la línea de meta*
> *Hinchado de miedo a llegar demasiado tarde*
> *Sólo para descubrir en el último minuto*
> *Que aún hay tiempo.*

Tagore reflexiona sobre el significado de correr por la vida como si no tuviéramos tiempo que perder, para descubrir al final que siempre tuvimos la eternidad. Pero la mente tiene dificultades para ajustarse a un paso más lento cuando está condicionada a hacer mal uso del tiempo. Una persona obsesivo-compulsiva, por ejemplo, se siente aterrada por el reloj. Apenas hay tiempo suficiente para limpiar la casa dos veces antes de que lleguen invitados, para acomodar cuarenta pares de zapatos en el clóset y además preparar la cena. ¿Cuándo se corrompió el tiempo?

Sin haber identificado la fuente de la obsesión, los psicólogos han descubierto que la baja autoestima está acompañada por palabras negativas como *perezoso, aburrido, torpe, feo, perdedor, despreciable* y *fracasado*, que se repiten *varios cientos de veces por hora*. Esta repetición ininterrumpida es síntoma de sufrimiento mental así como un vano intento por hallar una cura. La misma palabra vuelve una y otra vez porque la persona desea desesperadamente que se vaya pero no ha descubierto cómo expurgarla.

El pensamiento circular se relaciona con la obsesión, pero tiene más etapas. En vez de rumiar una sola idea como "la casa no está suficientemente limpia" o "debo ser perfecto", la persona está atrapada en una lógica falsa. Un ejemplo serían los individuos que se sienten indignos de ser amados. No importa cuántas personas les expresen su amor, ellos no se consideran dignos de ser amados porque piensan: "Yo quiero que me amen. Esta persona dice que me ama pero yo no puedo sentirlo, así que debo ser indigna de amor. La única manera de solucionar esto es logrando que me amen". La lógica circular aflige a quienes nunca se sienten suficientemente exitosos, seguros o deseados. La premisa fundamental que los impulsa a actuar ("Soy un fracaso", "Estoy en peligro", "No tengo la capacidad necesaria") no cambia porque todos los resultados en el exterior, buenos o malos, refuerzan la idea original. Estos ejemplos nos traen a la "paradoja del ahora". Mientras más rápido corras sin avanzar, más lejos estarás del momento presente.

La depresión hiperactiva nos da una imagen clara de la paradoja, pues las personas deprimidas se sienten inertes, congeladas en un instante y sin más sentimiento que la desesperanza. Para ellos, el tiempo no avanza pero por su mente pasan a toda prisa ideas y emociones fragmentarias. Parece inverosímil que esta ráfaga de actividad mental ocurra en la cabeza de alguien incapaz de levantarse de la cama por las mañanas. En este caso la ráfaga mental está desconectada de la acción. Una persona deprimida piensa miles de cosas, pero no lleva a la práctica ninguna.

Cuando estos problemas no están presentes, la mente aminora su marcha sumergiéndose un poco más. Las personas que se dan tiempo a sí mismas buscan la soledad, donde las exigencias externas son menores. En su estado natural, la mente deja de reaccionar rápidamente si la estimulación externa desaparece. Es como huir de las ondas superficiales del río para buscar en un lugar profundo la corriente más tranquila. El momento presente se convierte en una especie de remolino lento; los pensamientos siguen en movimiento, pero no son tan insistentes como para hacernos avanzar.

Finalmente, hay personas que disfrutan más la quietud que la actividad, y se sumergen tanto como pueden donde el agua deja de correr, un punto quieto y profundo que les permite aislarse totalmente de las corrientes de la superficie. En este centro estable se experimentan a sí mismas al máximo y al mundo exterior al mínimo.

De una u otra forma, todos hemos experimentado estas distintas versiones del momento presente, desde una carrera exhaustiva hasta un punto de calma inmóvil. Pero, ¿qué hay del ahora que está justo frente a ti, este ahora? En la realidad única no tiene duración. Términos relativos como rápido y lento, pasado y futuro, carecen de significado. El momento presente incluye lo que es más rápido que lo más rápido, y lo que es más lento que lo más lento. Sólo cuando incluimos el río entero vivimos en la realidad única, y entonces vivimos en un estado de conciencia que es siempre nuevo y siempre el mismo.

Entonces, ¿cómo llegamos ahí?

Para responder debemos referirnos a las relaciones. Cuando te encuentras con alguien a quien conoces bien

—digamos tu mejor amigo—, ¿qué ocurre? Ambos se reúnen en un restaurante y su plática está llena de temas viejos y familiares que les producen una sensación de tranquilidad. Pero también quieren decir algo nuevo, pues de otro modo su relación sería estática y aburrida. Ya se conocen muy bien, que es parte de ser los mejores amigos, pero no son totalmente predecibles; el futuro traerá nuevos acontecimientos, algunos felices y otros tristes. Dentro de diez años uno de ustedes podría estar muerto, divorciado o convertido en un extraño.

Esta intersección entre nuevo y viejo, conocido y desconocido, es la esencia de las relaciones, incluyendo las que mantienes con el tiempo, el universo y contigo mismo. En última instancia, sólo mantienes una relación. Conforme evolucionas, el universo también lo hace, y la intersección de los dos es el tiempo. Sólo hay una relación porque nada más hay una realidad. Ya mencioné los cuatro caminos del yoga, pero cada cual es un sabor de la relación:

- El camino del conocimiento (Jñana yoga) tiene sabor a misterio. Percibes la incomprensibilidad de la vida. Experimentas la maravilla de cada experiencia.

- El camino de la devoción (Bhakti yoga) tiene el sabor del amor. Experimentas la dulzura de cada experiencia.

- El camino de la acción (Karma yoga) tiene el sabor del desprendimiento. Experimentas la interconexión de cada experiencia.

- El camino de la meditación y el silencio interior (Raja yoga) tiene el sabor de la quietud. Experimentas el ser en cada experiencia.

El tiempo existe para que experimentes estos sabores tan profundamente como sea posible. En el camino de la devoción, si puedes experimentar aunque sea un pequeño rayo de amor, es posible experimentar más amor. Cuando experimentas ese poco más, se hace posible el siguiente grado de intensidad. Así, el amor engendra amor hasta que alcanzas el punto de saturación, cuando te fundes totalmente en el amor divino. A esto se refieren los místicos cuando dicen que se sumergen en el océano del amor hasta ahogarse.

El tiempo despliega los grados de la experiencia para que alcances el océano. Elige cualquier cualidad que te seduzca, y si la sigues lo suficiente, con compromiso y pasión, te fundirás con el absoluto. Pues al final del camino, todas las cualidades desaparecen, tragadas por el Ser. El tiempo no es flecha, reloj, ni río; es, de hecho, una fluctuación en los sabores del Ser. En teoría, la naturaleza pudo ser organizada sin una progresión de menos a más. Uno podría experimentar amor, misterio o desprendimiento de manera aleatoria. Sin embargo, la realidad no fue construida de esa manera, por lo menos no como se experimenta mediante un sistema nervioso humano. Experimentamos la vida como evolución. Las relaciones crecen desde el primer atisbo de atracción hasta la intimidad profunda. (El amor a primera vista realiza el mismo viaje pero en cuestión de minutos y no en semanas o meses.) Tu relación con el universo sigue el mismo curso, si lo permites. El propósito del tiempo es ser el vehículo de la evolución, pero si haces mal uso de él, se convierte en fuente de temor y ansiedad.

El mal uso del tiempo

Sentirse ansioso por el futuro.
Revivir el pasado.
Arrepentirse de viejos errores.
Revivir el ayer.
Anticipar el mañana.
Correr contra el reloj.
Obsesionarse con la transitoriedad.
Resistirse al cambio.

Cuando haces mal uso del tiempo, el problema no está en el nivel del tiempo. Nada ha fallado en los relojes de la casa de quien pierde cinco horas de sueño preocupándose por la posibilidad de morir de cáncer. El mal uso del tiempo es sólo un síntoma de atención mal dirigida. Es imposible mantener una relación con alguien a quien no prestas atención, y en tu relación con el universo, la atención se presta aquí y ahora, o no se presta en absoluto. De hecho, no hay más universo que el que percibes en este instante. Por tanto, para relacionarte con el universo debes concentrarte en lo que está frente a ti. Como dijo un maestro espiritual: "La totalidad de la creación es necesaria para provocar el momento presente".

Si tomas esto en serio, tu atención cambiará. En este momento, cada situación en la que estás es una mezcla de pasado, presente y futuro. Imagina que vas a solicitar un empleo. Cuando te presentas al escrutinio de un extraño, tratando de controlar el estrés y crear una buena impresión, no estás realmente en el ahora. "¿Obtendré este empleo?" "¿Cómo me veo?" "¿Serán suficientes mis recomendaciones?" "De cualquier forma, ¿en qué estará pensando esta persona?" Pareciera que no puedes eludir los traspiés en la mezcla de pasado, presente y futuro. Pero el ahora no puede ser una mezcla de lo viejo y lo nuevo. Debe ser diáfano y abierto; de otro modo no estarías desplegándote, que es la razón de ser del tiempo.

El momento presente es en realidad una abertura, y por tanto no tiene duración: estás en el ahora cuando el tiempo deja de existir. Quizá la mejor manera de vivir esta experiencia es darnos cuenta de que la palabra presente se relaciona con la palabra presencia. Cuando el momento presente se llena de una presencia que todo lo absorbe, en completa paz y con total satisfacción, estás en el ahora.

La presencia no es una experiencia. La presencia se siente cuando la conciencia está suficientemente abierta. La situación en curso no debe implicar ninguna responsabilidad. Paradójicamente, es posible que una persona sufra un dolor tan intenso que la mente, incapaz de tolerarlo, decida abandonarlo de repente. Esto suele suceder con el dolor psicológico; los soldados atrapados en el horror de la batalla hablan de un momento de liberación en el que el intenso estrés es remplazado por una súbita tranquilidad extática.

El éxtasis cambia todo. El cuerpo pierde su pesadez y lentitud; la mente deja de experimentar su fondo de tristeza y temor. La personalidad es desechada y remplazada por la dulzura de un elíxir. Esta dulzura puede permanecer mucho tiempo en el corazón —algunos afirman que puede paladearse como la miel en la boca— pero cuando se va, uno sabe sin lugar a dudas que lo ha perdido. En el álbum de recortes de la mente colocamos una imagen de dicha perfecta que se convierte, como el primer bocado de helado, en una meta inalcanzable que no dejamos de perseguir, sólo para encontrar que el éxtasis permanece fuera de nuestro alcance.

El secreto del éxtasis es que debes desecharlo cuando lo has vivido. Sólo al alejarte puedes experimentar de nuevo el momento presente, el lugar donde vive la presencia. La conciencia está en el ahora cuando se conoce a sí misma. Si hacemos a un lado el vocabulario de dulzura, dicha y elíxir, la cualidad que está ausente en la vida de la mayoría de las personas, el factor más importante que les impide estar presentes, es la sobriedad. Debes estar sobrio antes de experimentar el éxtasis. Ésta no es una paradoja. Lo que estamos persiguiendo —llámese presencia, ahora, éxtasis— está totalmente fuera del alcance. No puedes perseguirlo, correr tras él, ordenarle o persuadirlo de que venga a ti. Tus encantos personales resultan inútiles, tanto como tus pensamientos y conocimientos.

La sobriedad comienza al entender, con toda seriedad, que debes desechar prácticamente todas las estrategias utilizadas hasta ahora para obtener lo que quieres. Si esto te parece fascinante, cumple el propósito de abandonar las estrategias inútiles de esta manera:

Sobriedad espiritual

Comprométete a estar en el presente

Advierte cuando no prestes atención.
Escucha lo que dices en realidad.
Observa cómo reaccionas.
Apártate de los detalles.
Sigue el ascenso y descenso de la energía.
Cuestiona a tu ego.
Sumérgete en un entorno espiritual.

Estas instrucciones podrían provenir de un manual para cazadores de fantasmas o de unicornios. El momento presente es más esquivo que éstos, pero si deseas apasionadamente llegar a él, lo que necesitas es implementar el programa para la sobriedad.

No prestar atención. El primer paso no es místico ni extraordinario. Cuando notes que no prestas atención, no te permitas divagar. Vuelve adonde estás. Casi instantáneamente descubrirás por qué te desviaste: estabas aburrido, ansioso, inseguro, te preocupaba otra cosa o estabas anticipando un suceso. No evites ninguno de estos sentimientos. Son hábitos arraigados de la conciencia, que te has acostumbrado a seguir automáticamente. Cuando adviertes que te desvías de lo que tienes frente a ti empiezas a recuperar el ahora.

Escuchar lo que dices. Una vez que regreses de tu distracción, escucha las palabras que dices o piensas. Las relaciones son impulsadas por las palabras. Escúchate y sabrás cómo te relacionas con el universo en ese instante. Que no te confunda el hecho de que haya otra persona frente a ti. Cualquier persona con quien hables, incluido tú, representa la realidad. Si estás quejándote de un mesero perezoso, te quejas del universo. Si alardeas frente a alguien a quien quieres impresionar, intentas impresionar al universo. Sólo hay una relación; escucha cómo está en este momento.

Observa tu reacción. Todas las relaciones son bilaterales; por tanto, el universo responderá a todo lo que digas. Observa tu reacción. ¿Estás a la defensiva? ¿Consientes y sigues adelante? ¿Te sientes seguro o inseguro? De nuevo, que no te distraiga la persona con la cual te relacionas. Sintonízate con la respuesta del universo, cerrando el círculo que abarca al observador y a lo observado.

Apártate de los detalles. Antes de la sobriedad debiste hallar una manera de adaptarte a la soledad que resulta de la ausencia de realidad. La realidad es totalidad, lo abarca todo. Te sumerges y no hay nada más. En la ausencia de la totalidad también ansías un abrazo similar que intentas encontrar en los fragmentos. En otras palabras, buscaste perderte en los detalles, como si el caos y el desorden pudieran saturarte hasta el punto de satisfacerte. Ahora sabes que esa estrategia no funcionó, así que renuncia a ella. Apártate de los detalles. Olvida el barullo. Ocúpate de él de la manera más eficiente posible, pero no lo tomes en serio; no permitas que sea importante para lo que eres.

Sigue el ascenso y descenso de la energía. Una vez que los detalles están fuera del camino, necesitas algo que seguir. Tu atención quiere ir a alguna parte, así es que llévala al corazón de la experiencia: es el ritmo respiratorio del universo que genera situaciones nuevas, un ascenso y descenso de energía. Advierte cómo la tensión conduce a la liberación, la excitación al cansancio, el júbilo a la tranquilidad. Así como hay altas y bajas en todos los matrimonios, tu relación con el universo asciende y desciende. Al principio puedes experimentar estos vaivenes de manera emocional, pero procura evitarlo. Éste es un ritmo mucho más profundo: comienza en silencio cuando se concibe una nueva experiencia; pasa por un periodo de gestación conforme la experiencia adquiere forma en silencio; comienza a acercarse al nacimiento insinuando cómo cambiarán las cosas; finalmente, nace algo nuevo. Este "algo" puede ser una persona, un suceso, un pensamiento, una intuición; en realidad, cualquier cosa. Lo que todos tienen en común es ascenso y descenso de energía. Necesitas conectarte con cada etapa porque en el momento presente una de ellas está justo frente a ti.

Cuestiona a tu ego. Todo este observar, notar y percibir no pasa inadvertido. Tu ego tiene su manera "correcta" de hacer las cosas, y cuando rompas esa pauta, te hará saber su descontento. El cambio provoca miedo, pero sobre todo es una amenaza para el ego. Este miedo es sólo una táctica para someterte. No puedes combatir las reacciones de tu ego porque eso sólo afianzará tu relación con él. Pero puedes cuestionarlo, lo que significa cuestionarte a ti mismo desde una distancia tranquilizadora. "¿Por qué estoy haciendo esto?" "¿No es éste un reflejo automático?" "¿Hasta dónde he llegado en el pasado actuando así?" "¿No he comprobado ya que esto no funciona?" Debes plantear obstinadamente estas preguntas una y otra vez, no con la intención de vencer a tu ego sino de reducir el control reflexivo que ejerce sobre tu comportamiento.

Sumérgete en un entorno espiritual. Cuando analizas seriamente tu comportamiento comprendes que el ego te ha mantenido aislado todo el tiempo. Él quiere que pienses que la vida se vive en la separación, pues con esa creencia puede justificar su aferramiento al yo y a los intereses de éste. De manera muy similar, el ego intenta aferrarse a la espiritualidad como si fuera una pertenencia nueva e invaluable. Para contrarrestar esta tendencia, que sólo traerá más aislamiento, sumérgete en otro mundo. Me refiero un mundo donde las personas buscan conscientemente experiencias de presencia, donde hay una intención compartida de transformar la dualidad en unidad. Puedes encontrar este entorno en los grandes textos espirituales.

Como alguien que ha encontrado esperanza y consuelo inconmensurables en estos escritos, te exhorto fervientemente a que te acerques a ellos. Pero también hay un mundo viviente que debes buscar. Sumérgete en un contexto espiritual acorde con tu definición de espíritu. Asimismo, prepárate para sentirte decepcionado cuando llegues ahí, pues es inevitable que encuentres mucha frustración entre personas que luchan con sus imperfecciones. La agitación que encuentras es también la tuya.

Una vez que te comprometes a mantenerte sobrio, no hay nada más que hacer. La presencia aparecerá por sí misma, y cuando lo haga, tu conciencia sólo podrá estar en el ahora. Un momento en el ahora provoca un cambio interno que se refleja en todas las células. Tu sistema nervioso aprende un modo de procesar la realidad que no es viejo ni nuevo, conocido o desconocido. Nos elevamos a un nuevo nivel del ser en el que rige la presencia, y rige de manera absoluta. Cualquier otra experiencia es relativa y por tanto puede rechazarse, olvidarse, ignorarse o desecharse. La presencia es el toque de la realidad, que no puede rechazarse ni perderse. Cada encuentro nos vuelve un poco más reales.

Las pruebas de esto son muchas y variadas. La más inmediata tiene que ver con el tiempo. Cuando el único momento es el ahora, nuestra experiencia muestra las siguientes características:

1. El pasado y el futuro sólo existen en la imaginación. Todo lo que hiciste carece de realidad; todo lo que harás carece de realidad. Sólo lo que haces ahora es real.
2. El cuerpo al que alguna vez llamaste "yo", ya no es quien eres. La mente a la que alguna vez llamaste "yo", ya no es quien eres. Los abandonas fácilmente, sin esfuerzo. Ambos son patrones temporales que el universo asumió por un instante antes de continuar.
3. Tu ser real se manifiesta en este momento como pensamientos, emociones y sensaciones proyectados en la pantalla de la conciencia. Los reconoces como el punto

de encuentro del cambio y la eternidad. Te ves a ti mismo exactamente del mismo modo.

Cuando te encuentras en el momento presente, no hay nada que hacer. El río del tiempo puede fluir. Experimentas remolinos y corrientes, superficies y profundidades, en un nuevo contexto: la inocencia. El momento presente es inocente por naturaleza. El ahora resulta ser la única experiencia que no va a ninguna parte. ¿Cómo es posible, si he dicho que el propósito del tiempo es desplegar los pasos de la evolución? Ése es el misterio de misterios. Crecemos pero la vida permanece eterna en su esencia. Imagina un universo que se expande en dimensiones infinitas a velocidad infinita, completamente libre de crear en todas partes a la vez. Para avanzar con él sólo necesitamos permanecer absolutamente quietos.

CAMBIA TU REALIDAD PARA ALBERGAR
EL DECIMOSEGUNDO SECRETO

El decimosegundo secreto es sobre cómo emplear el tiempo. El mejor uso que puedes hacer de él es para reconectarte con tu ser. El mal uso del tiempo se reduce a lo contrario: alejarte de tu ser. Siempre hay tiempo suficiente para evolucionar porque tú y el universo se despliegan juntos. ¿Cómo puedes comprobarlo? Una manera es mediante la práctica sánscrita llamada *sankalpa*. Cualquier intención o pensamiento tras del cual vaya tu voluntad es un sankalpa. El término comprende la idea de medios: una vez que has expresado un deseo o pensamiento que quieres realizar,

¿cómo obtienes resultados? La respuesta depende en gran medida de tu relación con el tiempo (la raíz etimológica *kalpa* significa tiempo).

- Si la eternidad es parte de tu ser, el deseo se realizará espontáneamente sin demora. Tienes el poder de jugar con el tiempo tal como lo harías con cualquier otra parte de tu mundo.

- Si la eternidad mantiene una relación indecisa con tu ser, algunos deseos se realizarán espontáneamente y otros no. Habrá demoras y la preocupación de que tal vez no obtengas lo deseado. Tu capacidad para dejarte ir con el tiempo es poco firme pero está en desarrollo.

- Si la eternidad no tiene relación con nuestro ser, necesitarás trabajo y determinación para obtener lo que quieres. No tienes poder sobre el tiempo. En vez de jugar con él, estás sujeto a su marcha inexorable.

A partir de estas categorías generales podemos proyectar tres sistemas de creencias. Considera con cuál te identificas mejor.

1. *Me siento presionado por el tiempo.* No hay horas suficientes en el día para lograr todo lo que quiero. Las demás personas reclaman mucho de mi tiempo y no puedo hacer más para mantener todo en equilibrio. Lo que he obtenido en la vida ha sido mediante trabajo duro y determinación. Hasta donde sé, éste es el camino del éxito.

2. *Me considero muy afortunado.* He logrado hacer muchas de las cosas que siempre quise. Aunque llevo una vida

ajetreada, encuentro la manera de tener tiempo para mí. De vez en cuando las cosas se solucionan por sí mismas. En el fondo, espero que mis deseos se realicen, pero no me molesto si esto no ocurre.

3. *Creo que el universo te da todo lo que necesitas.* Sin duda, éste ha sido mi caso. Me sorprende comprobar que cada uno de mis pensamientos suscita alguna respuesta. Si no obtengo lo que quiero, es porque algo dentro de mí lo está bloqueando. Dedico mucho más tiempo a trabajar en mi conciencia interna que a luchar con fuerzas externas.

Éstas son sólo instantáneas de sankalpa, pero la mayoría de las personas cae dentro de alguna de estas categorías. Representan, también de manera muy general, tres etapas de la evolución personal. Conviene saber que existen, pues a muchos les parecerá difícil creer en una realidad distinta a la primera, en la cual el trabajo duro y la determinación son los únicos medios para obtener lo que se quiere.

Una vez que percibes algún indicio, por pequeño que sea, de que los deseos pueden realizarse sin tanto esfuerzo, puedes avanzar a una nueva etapa de crecimiento. El crecimiento se logra mediante la conciencia, pero hoy puedes cambiar tu relación con el tiempo:

Permitiré que el tiempo se despliegue para mí.
No olvidaré que siempre hay suficiente tiempo.
Seguiré mi propio ritmo.
No haré mal uso del tiempo con postergaciones y aplazamientos.
No temeré lo que el tiempo traiga en el futuro.
No lamentaré lo que el tiempo trajo en el pasado.
Dejaré de correr contra el reloj.

Procura adoptar hoy sólo una de estas resoluciones y comprueba cómo cambia tu realidad. El tiempo no es exigente, aunque todos actuamos como si el reloj gobernara nuestra existencia (y aunque no creamos esto, le seguimos la pista muy de cerca). La razón de ser del tiempo es desplegarse de acuerdo con tus necesidades y deseos. Comenzará a hacerlo si renuncias a la creencia contraria: que el tiempo es una carga.

Eres auténticamente libre cuando no eres una persona

Hace muchos años, en un pequeño pueblo a las afueras de Nueva Delhi, estuve en una habitación pequeña y mal ventilada con un hombre muy viejo y un sacerdote joven. El sacerdote se sentó en el piso balanceándose de atrás hacia adelante mientras recitaba palabras escritas con tinta en hojas de corteza de aspecto antiguo. Yo escuchaba sin comprender en absoluto lo que entonaba el sacerdote. Él era del extremo sur y su idioma, el tamil, me era desconocido. Pero yo sabía que me estaba contando la historia de mi vida, pasada y futura. Me pregunté cómo me había enredado en todo eso y empecé a retorcerme.

Fue necesario un arduo trabajo de convencimiento por parte de un amigo para llevarme a esa habitación. "No es sólo *jyotish*, es mucho más sorprendente", me dijo. La astrología hindú se llama jyotish y se remonta a miles de años. La consulta del astrólogo familiar es una práctica común en India, donde las personas planean bodas, nacimientos y hasta transacciones rutinarias de negocios con base en sus cartas astrológicas (Indira Gandhi fue una célebre seguidora de la jyotish). Pero los tiempos modernos han contribuido a la decadencia de la tradición. Yo, como hijo de la India moderna y más tarde médico practicante en Occidente, había evitado sistemáticamente cualquier contacto con la jyotish.

Pero mi amigo logró su cometido y tuve que admitir que sentía curiosidad por lo que ocurriría. El sacerdote joven, vestido con una falda ceñida que dejaba su pecho descubierto y con el cabello brillante por el aceite de coco —rasgos típicos de los sureños— no trazó mi carta astral. Todas las cartas que necesitaba habían sido trazadas cientos de años atrás. En otras palabras, alguien se sentó bajo una palmera hace muchas generaciones, tomó un trozo de corteza —conocido como *nadi*— y escribió mi vida en ella.

Estas nadis se hallan dispersas por toda India y sólo por azar puedes encontrar una relacionada contigo. Mi amigo había buscado durante varios años una para él; el sacerdote sacó un fajo entero para mí, ante la sorpresa y deleite de mi amigo. Debes venir a la lectura, me insistió.

El anciano sentado al otro lado de la mesa traducía al hindi los cantos del sacerdote. Debido a la coincidencia de fechas de nacimiento y a la inevitable vaguedad cuando se habla de siglos, los nadis pueden superponerse parcialmente, de tal suerte que las primeras hojas no se aplicaban a mí. Sin embargo, hacia la tercera o cuarta hoja, el joven sacerdote de la voz monótona empezó a leer datos sorprendentemente precisos: mi fecha de nacimiento, mi nombre y el de mi esposa, el número de hijos que tenemos y el lugar donde vivían, el día y la hora de la reciente muerte de mi padre, así como su nombre exacto y el nombre de mi madre.

Al principio parecía haber un error: el nadi registraba un nombre equivocado para mi madre, Suchinta, cuando en realidad se llama Pushpa. Este error me inquietó, así que hice una pausa y fui a un teléfono para preguntarle a ella. Mi madre me dijo, con gran sorpresa, que su nombre original era Suchinta, pero como éste rima con la palabra que en hindi significa "triste", un tío sugirió que se lo cambiaran cuando cumpliera tres años. Colgué el teléfono preguntándome qué significaba toda aquella experiencia, pues el joven sacerdote también había leído que un pariente intervendría para cambiar el nombre de mi madre. Nadie de mi familia había mencionado jamás este incidente, prueba de que el sacerdote no estaba incurriendo en alguna lectura de la mente.

Diré en beneficio de los escépticos que el joven sacerdote había pasado prácticamente toda su vida en un templo en el sur de India y no hablaba inglés ni hindi. Ni él ni el anciano sabían quién era yo. Pues bien, en esta escuela de jyotish, el astrólogo no apunta la fecha de nacimiento de la persona ni bosqueja una carta astral para interpretarla. En vez de ello, la persona llega a la casa del lector de nadis; éste le toma la huella del pulgar y con base en eso localiza las cartas correspondientes (no hay que olvidar que los nadis pueden estar perdidos o dispersos). El astrólogo sólo lee lo que alguien escribió sobre esa persona hace, quizá, miles de años. Y he aquí otro giro de este misterio: los nadis no versan acerca de todos los individuos que vivirán en algún momento, ¡sólo sobre quienes algún día acudirían a la casa del astrólogo para pedir una lectura!

Con profunda fascinación escuché durante una hora información arcana de una vida pasada que yo había tenido en un templo del sur de India, los pecados de aquella vida que habían provocado dolorosos problemas en ésta y (después de un momento de duda cuando el lector me preguntó si en verdad quería saber) el día de mi muerte. Para mi tranquilidad, la fecha era lejana, aunque más tranquilizadora fue la promesa del nadi acerca de que mi esposa y mis hijos tendrían largas vidas llenas de amor y éxitos.

Me alejé del anciano y del joven sacerdote bajo el ardiente, cegador sol de Delhi, casi mareado por la duda acerca de cómo cambiaría mi vida aquel conocimiento. Pero lo importante no fueron los detalles de la lectura; he olvidado casi todos y rara vez pienso en el incidente, excepto cuando mis ojos se posan en una de aquellas hojas de corteza pulida, hoy enmarcada y exhibida en un sitio de honor en nuestra casa. El joven sacerdote me la entregó con una tímida sonrisa antes de que partiéramos. La información que sí ejerció un profundo impacto fue la fecha de mi muerte. Tan pronto como la supe, sentí una profunda sensación de paz y una sobriedad renovada que desde entonces ha modificado sutilmente mis prioridades.

Al reflexionar ahora en todo aquello, me gustaría que hubiera otro nombre para la astrología, como "cognición no circunscrita". Alguien que vivió hace siglos me conocía mejor de lo que yo me conozco. Él me vio como una pauta en el universo realizándose a sí misma y vinculada con patrones anteriores, capa sobre capa. Sentí que con esa hoja de corteza recibí una prueba directa de que no estoy restringido al cuerpo, la mente o las experiencias que llamo "yo".

Cuando vives en el centro de la realidad única empiezas a percibir patrones que vienen y se van. Al principio, estos patrones siguen pareciendo personales. Tú los creas y eso produce una sensación de acoplamiento. Se sabe que los artistas no coleccionan sus propias obras; lo que les produce satisfacción es el acto creativo. Una vez concluida, la pintura pierde vitalidad; se le ha exprimido todo el jugo. Lo mismo ocurre con los patrones creados. La experiencia pierde su jugo cuando sabes que tú la has creado.

El concepto de distanciamiento, presente en todas las tradiciones espirituales orientales, preocupa a muchas personas porque lo consideran equivalente a pasividad y desinterés. Pero en realidad se relaciona con el distanciamiento que siente cualquier creador una vez terminada la obra. Cuando hemos creado y vivido una experiencia, el distanciamiento surge con naturalidad. Sin embargo, no ocurre de manera inmediata. Durante mucho tiempo permaneccemos fascinados por el juego de la dualidad, opuestos en conflicto constante.

En algún momento llegamos a estar preparados para vivir la experiencia llamada *metanoia*, que en griego significa cambiar de opinión. Debido a que la palabra apareció muchas veces en el Nuevo Testamento, adquirió más de un significado espiritual. Significaba cambiar de opinión acerca de una vida pecaminosa, luego contrajo la connotación de arrepentimiento, y finalmente se amplió hasta significar salvación eterna. Pero si salimos de los muros de la teología, la metanoia es muy cercana a lo que aquí hemos llamado transformación. Cambias tu sentido del yo de circunscrito a no circunscrito. En vez de considerar "mía" cada experiencia, adviertes que todos los patrones del universo son temporales. El universo revuelve una y otra vez su material básico para crear nuevas formas, y durante un tiempo has llamado a una de esas formas "yo".

Pienso que la metanoia es el secreto detrás de la lectura de nadis. Un remoto vidente miró dentro de sí y seleccionó una onda de la conciencia que tenía el nombre Deepak acoplado a ella. Escribió el nombre junto con otros detalles surgidos en el espacio-tiempo. Esto implica un nivel de conciencia que debo alcanzar dentro de mí. Si pudiera verme como una onda en el campo de luz (jyotish significa "luz" en sánscrito), encontraría la libertad que no puedo lograr si sigo siendo quien soy dentro de mis límites aceptados. Si los nombres de mis padres se supieron antes de mi nacimiento, y si la fecha de la muerte de mi padre pudo calcularse generaciones antes de que naciera, estas precondiciones están cerradas al cambio.

La libertad auténtica ocurre sólo en la conciencia no circunscrita.

La capacidad de cambiar de la conciencia circunscrita a la no circunscrita es para mí el significado de la redención o salvación. Vamos a ese lugar donde el alma vive sin tener que morir primero. En vez de exponer de nuevo la metafísica de esto, permíteme reducir el tema de la no localidad a algo que todos buscamos: la felicidad. El deseo de ser feliz es intensamente personal y, por tanto, algo que encargamos al ego, cuyo objetivo único es que "yo" sea feliz. Si resulta que la felicidad esta fuera de "mí", en el ámbito de la conciencia no circunscrita, ése sería un argumento convincente en favor de la metanoia.

La felicidad es algo complejo para los seres humanos. Nos resulta difícil experimentarla sin recordar lo que puede destruirla. Algunas de éstas sobreviven al pasado como heridas traumáticas; otras son proyecciones hacia el futuro, como preocupaciones y anticipaciones de desastres.

No es culpa nuestra que la felicidad sea escurridiza. El juego de opuestos es un drama cósmico y nuestras mentes han sido condicionadas por él. La felicidad, como sabemos, es demasiado buena para durar. Y esto es cierto, siempre y cuando la definas como "mi" felicidad; al hacerlo te atas a una rueda que debe girar en sentido contrario. La metanoia, o conciencia no circunscrita, resuelve este problema trascendiéndolo porque no hay otra manera. Los ingredientes que integran tu vida están en conflicto. Aun si pudieras manipular cada uno de manera que condujera sistemáticamente a la felicidad, subsiste el problema sutil del sufrimiento imaginario.

Los terapeutas pasan años liberando a las personas de todo lo que ellas imaginan que podría salir mal en sus vidas, cosas que nada tienen que ver con las circunstancias reales.

Esto me recuerda la experiencia que vivió un colega hace años cuando yo estaba en capacitación. Él tenía una paciente muy aprensiva que acudía cada pocos meses a hacerse una revisión completa, aterrada por la posibilidad de contraer cáncer. Los rayos X siempre resultaban negativos, pero ella insistía, cada vez tan preocupada como las anteriores. Finalmente, luego de muchos años, los rayos X mostraron que en efecto tenía un tumor maligno. Con aspecto triunfante gritó: "¿Ven? ¡Se los dije!" El sufrimiento imaginario es tan real como cualquier otro, y en ocasiones se fusionan.

El hecho de que alguien se aferre a la infelicidad con tanta fuerza como otros lo hacen a la felicidad resulta desconcertante, hasta que analizamos cuidadosamente la conciencia circunscrita. La conciencia circunscrita está presa en la frontera entre el ego y el universo. Este lugar produce ansiedad. Por un lado, el ego obra como si tuviera el control. Navegas por el mundo con la asunción tácita de que eres importante y obtener lo que deseas es importante. Pero el universo es vasto y las fuerzas de la naturaleza, impersonales. La sensación de control del ego y el engreimiento parecen una absoluta ilusión cuando consideras que los seres humanos apenas son una mota en el lienzo del universo. No hay seguridad para quien sabe en el fondo que su posición en el centro de la creación es ilusoria: la evidencia física de nuestra insignificancia resulta aplastante.

¿Pero es posible escapar? En su propio ámbito, el ego dice no. Tu personalidad es un patrón kármico aferrado ferozmente a sí mismo. Sin embargo, cuando te distancias de la conciencia circunscrita abandonas el juego del ego, esto es, te apartas totalmente del problema de encontrar la felicidad del "yo". El individuo no puede ser aplastado por el universo si no hay tal individuo. Mientras vincules tu identidad con alguna parte de tu personalidad, por pequeña que sea, todo lo demás viene por añadidura. Es como entrar en un teatro y escuchar a un actor decir "ser o no ser". Al instante conocemos al personaje, su historia y su trágico destino.

Los actores pueden descartar un papel y adoptar otro con un rápido ajuste mental. El cambio de Hamlet a Macbeth no se hace palabra por palabra; simplemente evocas el personaje correcto. Más aún, cuando cambias de un personaje a otro te trasladas a lugares distintos: Escocia en vez de Dinamarca, una tienda de brujas al lado del camino en vez de un castillo cerca del Mar del Norte.

Una manera de renunciar a la conciencia circunscrita es darte cuenta de que ya lo has hecho. Cuando vamos a casa el día de Acción de Gracias, tal vez representemos automáticamente el papel del niño que fuimos. En el trabajo personificamos un papel distinto al que adoptamos durante las vacaciones. Nuestra mente es tan eficiente para almacenar papeles opuestos que hasta los niños más pequeños saben cambiar fácilmente de uno a otro. Cuando se han utilizado cámaras ocultas para observar a niños de tres años jugar sin la supervisión de adultos, los padres frecuentemente se sorprenden al ver la transformación que sufren sus hijos. El niño dulce, obediente y conciliador puede convertirse en un violento bravucón. Algunos psicólogos infantiles afirman que la crianza desempeña un papel menor en el desarrollo del niño. Dos pequeños criados bajo el mismo techo y la misma atención de sus padres, pueden ser tan diferentes fuera de casa que resulte imposible reconocerlos como hermanos. Pero sería más correcto decir que los niños aprenden muchos papeles simultáneamente y que el aprendido en casa es sólo uno de ellos. Además, no deberíamos esperar que fuera de otro modo.

Si puedes reconocer esto en ti, la conciencia no circunscrita está a sólo un paso. Todo lo que necesitas es darte cuenta de que todos tus papeles existen de manera simultánea. Al igual que un actor, mantienes a tus personajes en un lugar más allá del tiempo y el espacio. Macbeth y Hamlet se encuentran simultáneamente en la memoria del actor. Para representarlos en el escenario hacen falta horas, pero su hogar auténtico no es un sitio donde pasen las horas. El papel completo está en la conciencia, en silencio pero completo en todos sus detalles.

Del mismo modo, tú almacenas esos papeles superpuestos en un sitio que es más tu hogar que el escenario donde representas los dramas. Si intentas separar estos papeles superpuestos, encontrarás que ninguno de ellos eres tú. Tú eres quien oprime el botón mental que permite al papel cobrar vida. De tu amplio repertorio seleccionas situaciones que representan el karma personal, y cada ingrediente encaja a la perfección para producir la ilusión de que eres un ego individual.

El tú real está distanciado de cualquier papel, escenario o drama. Desde el punto de vista espiritual, el distanciamiento no es un fin en sí mismo; es algo que se desarrolla hasta alcanzar una clase de maestría, con la cual puedes cambiar de la conciencia circunscrita a la no circunscrita siempre que quieras. A esto se refieren los *Sutras de Shiva* cuando dicen que usemos la memoria sin permitirle utilizarnos. Pones en práctica el distanciamiento cuando renuncias a tus papeles memorizados, con lo cual te liberas del karma adjunto a cada uno de ellos. Si intentas cambiar tu karma parte por parte obtendrás resultados limitados, pero ese modelo mejorado de ti no será más libre que el anterior.

Si en verdad existe un secreto para la felicidad, sólo puede encontrarse en la fuente de la felicidad, que tiene las siguientes características:

La fuente de la felicidad es...

No circunscrita.
Distanciada.
Impersonal.
Universal.
Ajena al cambio.
Esencial.

Esta lista descompone la metanoia en sus partes constitutivas. Metanoia significaba originalmente cambio de opinión, y creo que los mismos elementos resultan pertinentes:

No circunscrita. Antes de cambiar de opinión debes salir de ti mismo para adquirir una perspectiva más amplia. El ego trata de reducir todos los asuntos a: "¿Qué obtendré de esto?" Cuando reformulas la pregunta como "¿Qué obtendremos de esto?" o "¿Qué obtendrán todos de esto?" tu corazón se sentirá inmediatamente menos confinado y constreñido.

Distanciada. Si tienes interés en un resultado específico, no puedes permitirte un cambio de actitud. Los límites han sido establecidos; todos han decidido de qué lado ponerse. El ego insiste en que mantener tu mirada en el premio —esto es, el resultado que él quiere— es de suma importancia. Pero gracias al desprendimiento te das cuenta de que muchos resultados podrían beneficiarte. Trabajas en favor del que deseas, pero permaneces suficientemente desprendido para cambiar de actitud cuando tu corazón te lo diga.

Impersonal. Las situaciones parecen ocurrirle a las personas, pero en realidad se desarrollan a partir de causas kármicas más profundas. El universo se despliega para sí mismo, produciendo todas las causas necesarias. No tomes este proceso de manera personal. El juego de causa y efecto es eterno. Tú eres parte de este ascenso y descenso perpetuo, y sólo montando las olas evitarás que te hundan. El ego toma todo de manera personal excluyendo toda guía o propósito más elevado. Si puedes, ten conciencia de que un plan cósmico está desarrollándose, y valora el tapiz increíblemente tejido por lo que es: un diseño sin parangón.

Universal. Cierta vez, cuando me esforzaba en comprender el concepto budista de la muerte del ego —que entonces me parecía frío y desalmado—, alguien me tranquilizó diciendo: "No es que destruyas lo que eres. Simplemente extiendes tu sentido del 'yo' desde tu pequeño ego hasta el ego cósmico". Es una gran propuesta, pero lo que me gustó de esta versión es que nada queda excluido. Empezamos a ver cada situación como parte de nuestro mundo, y aunque ese sentido de inclusión empiece modestamente —mi familia, mi casa, mi vecindario— puede crecer de manera natural. El hecho mismo de que al ego le parezca absurdo decir mi mundo, mi galaxia, mi universo, implica que se impone un cambio que no puede hacer por sí mismo. La idea clave es tener en mente que la conciencia es universal, por más que tu ego te haga sentir confinado.

Más allá del cambio. La felicidad a la que estás acostumbrado viene y va. En vez de imaginar un manantial seco, piensa en la atmósfera. En ella siempre hay humedad, y en ocasiones se libera en forma de lluvia. Los días en que no llueve no hacen desaparecer la humedad; ésta siempre se halla presente en el aire, esperando a precipitarse tan pronto cambien las condiciones. Tú puedes adoptar la misma actitud con respecto a la felicidad, la cual siempre está presente en la conciencia sin tener que precipitarse en todo momento: se muestra cuando las condiciones cambian. Las personas tienen distintas líneas de fondo emocionales, y algunas experimentan más alegría, optimismo y satisfacción que otras.

Esta variedad manifiesta la diversidad de la creación. No podemos esperar que el desierto y la selva tropical se comporten del mismo modo. No obstante, estas diferencias de carácter son superficiales. Todos podemos acceder a la misma felicidad inmutable en nuestra conciencia. Ten presente esta verdad y no utilices las altas y bajas de tu felicidad personal como pretexto para no realizar el viaje a la fuente.

Esencia. La esencia no es algo único. Es uno de los muchos sabores de la esencia. Cierta vez, un discípulo se quejó con su maestro de que todo el tiempo que había dedicado al trabajo espiritual no lo había hecho feliz. "Tu trabajo en este momento no es ser feliz", respondió con prontitud el maestro. "Tu trabajo es llegar a ser real." La esencia es real, y cuando la atrapas, la felicidad viene con ella porque todas las cualidades de la esencia vienen con ella. Buscar la felicidad como un fin en sí mismo resulta limitado; podrás sentirte afortunado si logras satisfacer los requerimientos de tu ego para una vida feliz. Si en vez de eso te esfuerzas por lograr un cambio total de conciencia, la felicidad llegará como un obsequio de la conciencia.

Cambia tu realidad para albergar el decimotercer secreto

El decimotercer secreto se refiere a la libertad personal. Es imposible que seas libre si tus interacciones con el universo son personales: una persona es un paquete limitado. Si permaneces dentro del paquete, también lo hará tu conciencia.

A partir de hoy, empieza a actuar como si tu influencia se extendiera a todas partes. Uno de los espectáculos más comunes en India, y en todo Oriente, eran los monjes con togas color azafrán meditando antes del amanecer. Muchas otras personas —mi abuela y mi madre entre ellas— también se levantaban a esa temprana hora para ir al templo a rezar. El objetivo de esta práctica es recibir al día antes de que empiece.

Recibir al día antes de que empiece significa estar presente al momento de su nacimiento. Te abres a una posibilidad. Como todavía no hay acontecimientos, el día recién nacido está abierto, es fresco y nuevo. Puede convertirse en cualquier cosa. Los monjes que meditan y las personas que rezan quieren añadir la influencia de su conciencia durante ese momento crítico, como estar presente en el inicio de la vida de un bebé.

Tú puedes hacer lo mismo hoy. Despiértate más temprano de lo que sueles hacerlo (lo ideal es que realices este ejercicio sentado y a la primera luz del día, pero puedes hacerlo acostado en tu cama antes de levantarte) y permite que tu mente contemple el día que comienza. Al principio es posible que notes residuos del hábito. Te verás realizando tu rutina normal en el trabajo, los quehaceres cotidianos relacionados con tu familia y otras obligaciones. Luego es probable que experimentes residuos de ayer: el proyecto no concluido, la fecha límite que se acerca, una discusión no resuelta. A continuación, es posible que experimentes el regreso de las preocupaciones, todo lo que esté pendiendo sobre tu cabeza en ese momento.

Permite que todo esto entre y salga de tu conciencia. Ten la intención de que esta maraña de imágenes y palabras se despeje. De cualquier forma, tu ego se hará cargo de todos estos asuntos habituales. Sigue contemplando el día que comienza, que no es cuestión de imágenes ni pensamientos, puesto que apenas está naciendo. Siéntelo; trata de recibirlo con tu ser.

Luego de unos momentos notarás que tu mente no siente el impulso de saltar apresuradamente de la cama. Entrarás y saldrás de una conciencia borrosa, lo cual significa que te has sumergido bajo la capa superficial de la inquietud mental. (Sin embargo, evita dormirte de nuevo. Cuando surja la somnolencia, vuelve a tu intención de recibir al día.)

En este momento descubrirás que tu mente, dejando de lado las imágenes, adopta un ritmo de sentimientos. Es más difícil de describir que las imágenes o las voces. Semeja una sensación de cómo serán las cosas, o de estar preparado para todo lo que venga. No esperes algo dramático. No estoy hablando de premoniciones ni portentos. Se trata de una experiencia simple: tu ser está recibiendo el día en el nivel de la incubación, donde los acontecimientos son semillas preparándose para germinar. Tu único propósito es estar ahí. No necesitas cambiar nada; no tienes que adherirte a juicios u opiniones sobre lo que debe pasar hoy. Cuando recibes al día, añades la influencia de tu conciencia en silencio.

¿Y eso de qué sirve? El efecto ocurre en un nivel sutil. Es como sentarse junto a la cama de un niño mientras se queda dormido. Tu presencia es suficiente, sin palabras o acciones, para tranquilizarlo. El día necesita comenzar en un estado de tranquilidad, libre de los residuos y torbellinos de la actividad de ayer. Pero también añades un nivel sutil de intención al recibir al día. Tu intención es permitir a la vida desplegarse según su voluntad. Te has presentado con la mente y el corazón abiertos.

He descrito este ejercicio en detalle con el fin de abrir el sendero que tu mente podría seguir. Sin embargo, no

experimentarás estas etapas exactamente como las he presentado. El ejercicio será exitoso si alcanzas, aunque sea brevemente, alguno de los siguientes estados de conciencia:

- Te sientes nuevo. Este día será único.
- Te sientes tranquilo. Este día resolverá algún asunto
  estresante.
- Te sientes en armonía. Este día estará libre de conflic-
  tos.
- Te sientes creativo. Este día te mostrará algo nunca an-
  tes visto.
- Te sientes afectuoso. Esta día limará asperezas e incluirá
  a quienes se sienten excluidos.
- Te sientes completo. Este día fluirá sin obstáculos.

Ahora ya conoces el mundo previo al amanecer, en que
santos y sabios se han afanado durante miles de años. Lo
que han estado haciendo, y lo que ahora estás empezando
a hacer, es precipitar la realidad a la Tierra. Estás abriendo
un canal en tu propia conciencia mediante el cual renovación, paz, armonía, creatividad, amor y plenitud tienen la
oportunidad de estar aquí. Sin alguien que reciba el día,
estas cualidades existen sólo dentro de los individuos, y a
veces ni eso. Como lluvia que cae de un cielo despejado, tu
influencia provoca que una posibilidad se manifieste.

Secreto 14

El significado de la vida es todo

¿Estamos más cerca de responder la pregunta suprema: "¿Cuál es el significado de la vida?" Imagina por un momento que alguien planteara una respuesta. Directa o indirectamente, todos hemos estado en contacto con la mayoría de las respuestas tradicionales; el significado de la vida suele reducirse a un propósito más elevado, tal como:

Glorificar a Dios.
Glorificar la creación de Dios.
Amar y ser amado.
Ser honesto con uno mismo.

Como sucede con muchas otras preguntas espirituales, me resulta difícil imaginar de qué manera podrían comprobarse estas respuestas. Si alguien tiene un buen trabajo, sostiene a su familia, paga sus impuestos y respeta la ley, ¿puede considerársele un ejemplo de glorificar a Dios o de ser honesto con uno mismo? En tiempos de grave crisis, como la guerra, ¿cambia el significado de la vida? Quizá sea todo lo que uno pueda hacer para mantenerse con vida y ser razonablemente feliz durante una crisis.

Una manera de comprobar la respuesta a la pregunta "¿Cuál es el significado de la vida?", sería escribirlo, sellarlo dentro de un sobre, y enviarlo por correo a mil personas elegidas al azar. Si la respuesta fuera correcta, todo el que abriera el sobre diría al leerla: "Tienes razón. Ése es el significado de la vida". Una emocionada novia en el día de su boda estaría de acuerdo. Un anciano paralizado en su lecho de muerte estaría de acuerdo. Personas que luchan a muerte por diferencias políticas y religiosas estarían de acuerdo, así como quienes comulgan con sus creencias.

Sin embargo, ésta podría parecer una prueba imposible, pues tal vez no exista respuesta alguna que satisfaga a todos. ¿Y si la hoja de papel estuviera en blanco, o dijera: "El significado de la vida es todo"? En la realidad única, estas respuestas no son evasivas; de hecho, ambas están apegadas a la verdad. El papel en blanco significa que la vida es potencial puro hasta que alguien le da una forma. El significado de potencial puro es que la vida está infinitamente abierta. Del mismo modo, decir que el significado de la vida es todo indica que no excluye nada ni nadie. "Todo" es sólo otra manera de abarcar la gama infinita de posibilidades.

La vida no permite que se le reduzca a una explicación. Sea cual sea el significado que deseas que refleje el universo, él lo reflejará. En la Europa medieval las personas querían que reflejara su ferviente creencia en la Sagrada Trinidad; en ese mismo periodo, las personas de India querían que reflejara la danza cósmica de Shiva y su consorte Shakti; en los dominios del Islam se esperaba que reflejara a Alá. En nuestros días, los agnósticos esperan que el universo refleje su confusión y dudas espirituales. De esta manera, el cosmos aparenta ser una explosión azarosa que comenzó con el *Big Bang*. Muchas personas religiosas aceptan esta realidad excepto los domingos, cuando el universo refleja débilmente la posibilidad de un creador divino.

Si intentas reducir el universo a un solo reflejo, reduces tu vida al mismo tiempo. La realidad es como un espejo doble en el que además de verte, contemplas lo que está del otro lado. Este efecto es inevitable porque el universo no posee un conjunto de hechos. Tú, el observador, das vida a tu versión de la realidad. Permíteme darte un ejemplo de cómo funciona este espejo doble en el campo de la medicina.

Resulta desconcertante que el cuerpo humano pueda ser curado de tantas maneras. Casi todas las enfermedades parecen seguir una historia típica. En el caso del cáncer de mama, por ejemplo, se ha identificado un índice de supervivencia con base en el momento de la detección de la primera anomalía en las células mamarias. Las mujeres que contraen la enfermedad caerán en algún punto de la curva campaniforme de supervivencia. Como me dijo un oncólogo hace años, el cáncer es un juego de números. Un estudio estadístico nos dirá a qué edad es más probable que se presente la enfermedad. La respuesta de los tumores a distintas formas de radiación y quimioterapia se documenta constantemente. Con estos datos en mente, la medicina busca una cura definitiva, y si ésta no ha sido descubierta, la ciencia seguirá trabajando hasta descubrirla.

Sin embargo, fuera de la norma estadística ocurren cosas extrañas. En mi experiencia como médico, he encontrado a los siguientes pacientes:

- Una joven me contó que su madre, que vivía en una remota granja de Vermont, desarrolló un gran tumor de mama pero consideró que estaba demasiado ocupada para tratárselo. Sobrevivió más de una década sin atención médica.
- Una mujer que sintió un bulto en su pecho decidió eliminarlo mediante la visualización. Veía hordas de leucocitos cayendo como nieve para tragar el bulto. Después

de practicar esta visualización durante seis meses, el bulto desapareció.

- Una mujer que tenía un tumor enorme, abandonó el hospital un día antes de la cirugía: no quería hacer frente a su afección con temor y pánico. Regresó meses después, cuando confió en que sobreviviría. La operación tuvo éxito y la mujer sobrevivió.

Todo médico se ha encontrado con el lado opuesto del espectro, mujeres que mueren rápidamente luego de comunicárseles la existencia de un pequeño número de células malignas en su pecho. (En algunos casos las células son anómalas. Esto significa que pueden ser inofensivas, aunque en algunas mujeres dichas anomalías se convierten rápidamente en tumores. A este fenómeno se le conoce desde hace mucho como "muerte por diagnóstico"). No estoy haciendo recomendaciones sobre cómo tratar el cáncer; sólo hago notar que, con frecuencia, la enfermedad parece reflejar las creencias del paciente. David Siegel, en una célebre investigación realizada en Stanford, dividió en dos grupos a un conjunto de mujeres con cáncer de mama en estado avanzado. Un grupo recibió la mejor atención médica, que entonces era muy modesta. El otro grupo se reunía una vez a la semana y compartía sus sentimientos acerca de la enfermedad. Esto produjo un resultado notable. Dos años después, todas las supervivientes a largo plazo habían pertenecido al segundo grupo, y la supervivencia general en él fue más del doble que en el otro, el cual no hablaba de sus sentimientos. En resumen, las mujeres que confrontaron sus emociones fueron capaces de modificar el reflejo del espejo.

El cuerpo humano funciona con doble mando. Responde si lo curamos desde el exterior con medios materiales y también si lo curamos desde el interior con medios

270

subjetivos. ¿Cómo es posible que hablar de los sentimiento sea tan eficaz —o más eficaz— que una poderosa droga contra el cáncer? La respuesta es que la conciencia siempre toma estos dos caminos. Se despliega objetivamente como el universo visible y subjetivamente como los sucesos de la mente. *Ambos son la misma conciencia.* La misma inteligencia se ha puesto dos máscaras, diferenciando entre el mundo que está "allá fuera" y el que está "aquí dentro". Así, los sentimientos que surgen en un paciente con cáncer se comunican con el cuerpo de manera muy similar a como lo hacen las moléculas de una droga.

Este fenómeno ya no se considera insólito. Toda la medicina mente-cuerpo se basa en el descubrimiento de moléculas mensajeras que surgen en el cerebro como pensamientos, creencias, esperanzas, temores y deseos. El paso decisivo se dará cuando la medicina deje de dar todo el crédito a las moléculas. Cuando Mozart quería componer una sinfonía, su intención evocaba la función cerebral necesaria. Sería absurdo decir que el cerebro de Mozart quiso componer una sinfonía y entonces produjo moléculas mensajeras que se lo informaran a él. La conciencia siempre está primero, y sus proyecciones, objetivas y subjetivas, vienen después.

Esto nos lleva a un nuevo principio de importancia crucial, llamado "co-surgimiento interdependiente simultáneo": *co-surgimiento* porque cada parte proviene de la misma fuente; *interdependiente* porque cada aspecto está coordinado con todos los demás; *simultáneo* porque una cosa no causa la otra.

Cuando Mozart quería componer una sinfonía, todo lo relacionado con su creación ocurría simultáneamente: idea, notas, sonido en su imaginación, actividad cerebral necesaria, señales a sus manos para escribir las notas. Todos estos recursos estaban integrados en una experiencia y surgían juntos. Sería falso decir que uno era la causa de otro.

Si faltara cualquiera de estos elementos, todo el proyecto se vendría abajo. Si Mozart se hubiera deprimido, su estado emocional bloquearía la música. Si estuviera exhausto físicamente, la fatiga bloquearía la música. Podemos imaginar cientos de maneras en que el desorden podría trastornar la situación: Mozart podía haber sufrido problemas maritales, un ataque cardiaco, un bloqueo artístico repentino o la distracción producida por un ruidoso niño de dos años en la casa.

La creación no es anárquica gracias al co-surgimiento simultáneo.

El cosmos es tan parecido a la mente humana que no podemos pasar por alto este hecho. Es como si el universo presentara su alucinante espectáculo de galaxias surgidas de la nada sólo para alardear ante nosotros. Es absurdo pensar que un proceso que abarca millones de años luz y se expande con increíble velocidad para generar millones de estrellas, haya alcanzado su clímax con la aparición del ADN. ¿Por qué el universo necesita nuestro asombro? Tal vez porque la realidad funciona simplemente de ese modo: el drama cósmico que está desplegándose existe simultáneamente con el cerebro humano, un instrumento tan finamente sintonizado que puede sumergirse en cualquier nivel de la naturaleza. Somos el público final. Nada nos pasa inadvertido, no importa cuán minúsculo o enorme sea.

Ahora empieza a surgir una respuesta extraordinaria: *Tal vez nosotros estamos montando todo el espectáculo.* El significado de la vida es todo porque exigimos nada menos que el universo como nuestro patio de juego.

La física cuántica reconoció hace mucho tiempo que el observador es el factor decisivo en toda observación. Un electrón no tiene una posición fija en el espacio hasta que alguien lo busca, y de repente surge justo donde se le buscó. Hasta ese momento, sólo existe como una onda que se propaga por todo el espacio. Esa onda puede convertirse en partícula en cualquier lugar. Cada átomo del universo tiene una mínima posibilidad de ser localizado tan lejos o cerca como sea posible.

El universo opera con un interruptor de sólo dos posiciones: encendido y apagado. "Encendido" es el mundo material con todos sus acontecimientos y objetos. "Apagado" es posibilidad pura, el vestidor a donde van las partículas cuando nadie las ve. La posición de encendido sólo puede controlarse por medios externos. Una vez que lo activas, el universo físico obedece un conjunto de reglas. Pero si lo percibes en la posición de apagado, el universo puede modificarse *sin tener en cuenta el tiempo y el espacio*. Nada es pesado o inamovible en la posición de apagado porque no hay objetos. Nada está cerca ni lejos. Nada está atrapado en pasado, presente o futuro. La posición de apagado es potencial puro. Ahí, tu cuerpo es un conjunto de posibilidades en espera de ocurrir, pero también es el conjunto de posibilidades ocurridas y que podrían ocurrir. En la posición de apagado, toda la creación se concentra en un punto y, milagrosamente, tú vives en ese punto; es tu fuente.

No obstante, las imágenes de encendido y apagado no son muy exactas. Así como hay muchos grados de realidad física, hay muchos de realidad no física. Tu cuerpo es un objeto sólido, un remolino de átomos, una tormenta de partículas subatómicas y un fantasma de energía, todo al mismo tiempo. Dichos estados son simultáneos, pero cada uno obedece reglas distintas. En física, este confuso conjunto de reglas recibe el nombre de "jerarquía enmarañada". La palabra jerarquía indica que los niveles están apilados en cierto orden. Tu cuerpo no está en peligro de desmoronarse porque en la jerarquía de las cosas, los objetos sólidos permanecen en su sitio, pero en realidad eres una nube de electrones y una curva de probabilidad, así como todo lo que hay entre las dos.

Esto es en la posición de encendido. En la de apagado rige el mismo enmarañamiento, pero es totalmente invisible. El ámbito invisible se divide de maneras extrañas. En un nivel, todos los sucesos están fundidos; los comienzos y los finales se tocan y nada ocurre que no influya en todo lo demás. Pero en otro nivel algunos acontecimientos tienen preeminencia; mientras unos pueden controlarse, otros flotan alrededor debido a que sus vínculos de causa y efecto son débiles. Puedes encontrar una analogía en tu mente. Algunos pensamientos te exigen que los acates mientras otros son caprichos pasajeros; algunos muestran una lógica estricta mientras otros obedecen a asociaciones laxas. Los acontecimientos del universo también son una mezcla de sucesos potenciales. Si lo deseas, puedes sumergirte en la posición de apagado y empezar a suscitar los acontecimientos que quieras. Sin embargo, debes estar preparado para confrontar frente a frente al enmarañamiento jerárquico, pues cada suceso que quieras modificar está inmerso en todos los demás. No obstante, hay ciertas condiciones que no cambian.

Sumérgete en el potencial puro

Cómo navegar en el campo del todo

1. Mientras más profundo te sumerjas, más poder tendrás a tu disposición para cambiar cosas.

2. La realidad fluye desde las regiones más sutiles hacia las más burdas.
3. La manera más fácil de cambiar algo consiste en ir primero a su nivel más sutil: la conciencia.
4. El silencio apacible constituye el principio de la creatividad. Cuando un suceso empieza a vibrar es porque ha comenzado a entrar al mundo visible.
5. La creación avanza por saltos cuánticos.
6. El comienzo de un suceso es simultáneo a su final. Los dos emergen del ámbito de la conciencia silente.
7. Los acontecimientos se desarrollan en el tiempo pero nacen fuera de él.
8. La manera más fácil de crear es hacerlo en la dirección de la evolución.
9. Como las oportunidades son infinitas, la evolución nunca termina.
10. El universo corresponde al sistema nervioso que lo contempla.

La exploración de estas condiciones te permitirá crear el significado de tu vida. Permíteme condensar estos diez puntos en un bosquejo que podrás rellenar: desde el *Big Bang*, el universo entero actúa como lo hace para adecuarse al sistema nervioso humano. Si pudiéramos percibir el cosmos de otra manera, sería diferente. El universo no tiene luz para los peces ciegos de las cavernas, los cuales han evolucionado para excluir todo lo visual. El universo tampoco tiene sonidos para las amibas, sabores para los árboles ni olores para los caracoles. Cada criatura elige su gama de manifestación de acuerdo con su gama de potencial.

El universo se ve obligado a respetar tus límites. Así como no hay belleza visual que afecte a un pez ciego de las cavernas ni perfume que seduzca a un caracol, cualquier aspecto de la vida fuera de tus límites carecerá de significado para ti. Eres como un nómada recolectando plantas en el bosque. Pasarás por alto todas las que no sean comestibles, y un bosque lleno de flora exótica estará vacío para ti. La fuerza de la evolución es infinita pero sólo puede trabajar con lo que el observador le proporciona. Una mente cerrada al amor, por ejemplo, contemplará un mundo sin amor y será inmune a cualquier evidencia de él, mientras que una mente abierta mirará el mismo mundo y encontrará infinitas expresiones de ese amor.

Si nuestros límites tuvieran la última palabra, la evolución no podría atravesarlos. Aquí es donde entran en acción los saltos cuánticos. Cada observador crea una versión de la realidad que encierra ciertos significados y energías. Mientras esos significados parezcan válidos, las energías lo mantienen unido. Pero cuando el observador quiere ver algo nuevo, todo significado se derrumba, las energías se combinan de nuevas maneras y el mundo da un salto cuántico. El salto ocurre en el plano visible cuando el interruptor está "encendido", pero fue fraguado en el ámbito invisible cuando el interruptor estaba "apagado".

He aquí un ejemplo: nuestra capacidad para leer surgió cuando el hombre prehistórico desarrolló una corteza cerebral aunque nadie en el mundo prehistórico necesitaba leer. Si la evolución fuera tan aleatoria como sostienen muchos genetistas, la capacidad para leer hubiera desaparecido hace un millón de años, pues su utilidad para la supervivencia era nula.

Pero este rasgo sobrevivió para la criatura que estaba surgiendo. La conciencia conoce lo que está por venir, e infunde en cada partícula de la creación el potencial necesario no sólo para el futuro que se está desarrollando, sino para *cualquier* futuro. La naturaleza no necesita predecir lo que ocurrirá en todos los niveles. Sólo abre vías de creci-miento, y luego una criatura —en este caso, nosotros— da el salto cuando lo considera apropiado. Mientras el poten-cial esté vivo, el futuro puede evolucionar por elección.

En varias ocasiones, individuos suspicaces me han seña-lado una inconsistencia en lo que he dicho. "Estás contradi-ciéndote. Por una parte dices que causa y efecto son eternos; ahora dices que el final está presente en el comienzo. ¿Cuál de los dos es correcto?" Bueno, los dos. Ésta no parece una respuesta muy satisfactoria, y sin duda los críticos suspicaces fruncirán el ceño al escucharla. Pero el universo *está utilizan-do* causas y efectos para llegar a algún lado. Cuando quiere dar un salto cuántico, causa y efecto se amoldan al propósito. (De hecho, experimentas esto en este preciso instante: cuan-do imaginas el color rojo, tus neuronas emiten señales de una manera concreta. Pero tú no les ordenaste que lo hicieran; ellas se alinearon automáticamente con tu pensamiento.)

En la jerarquía enmarañada, amibas, caracoles, ga-laxias, hoyos negros y quarks son expresiones igualmente válidas de la vida. El hombre prehistórico estaba tan in-merso en su realidad como nosotros en la nuestra, igual-mente fascinado por ella, y era asimismo privilegiado por ver el desarrollo de la realidad. La evolución ofrece a cada criatura exactamente el mundo que se ajusta a su capacidad de percepción. Pero hay algo que necesita evolucionar más que ninguna otra cosa: la brecha. Si aún no estás listo para aceptar que el significado de la vida es todo, encuentra tu significado en el cierre de la brecha. Aparta al mundo del borde del desastre; cambia el rumbo del futuro para evitar la colisión con el caos. El Dharma, la fuerza que sostiene la naturaleza, respaldará cualquier pensamiento, sentimiento o acción que cierre la brecha, porque el universo está hecho para fundir a observador y observado.

Debido a que eres consciente de ti mismo, tu destino es la unidad. La unidad está integrada a tu cerebro tanto como la capacidad de leer lo estaba en el cerebro del Hombre de Cromagnon. En la medida en que la brecha se cierre, los seres humanos modernos nos fundiremos con formas de vida inferiores y superiores. Todas las generaciones de la humanidad, desde el primer homínido hasta lo que sea que venga después de nosotros, serán consideradas una. ¿Y entonces qué? Imagino que quitaremos el cuadro de la pared, distanciándonos de cualquier imagen fija. Vivir desde el nivel de la existencia pura, libres de los sucesos del mundo físico, es el final de este viaje y el comienzo de otro nunca antes visto. Éste será el advenimiento de la unidad y el apogeo de la libertad.

CAMBIA TU REALIDAD PARA ALBERGAR EL DECIMOCUARTO SECRETO

El decimocuarto secreto se refiere a la comprensión total. Comprensión no es lo mismo que pensamiento. La comprensión es una habilidad que se desarrolla en la conciencia. Es lo que has hecho a partir de tu potencial. Un bebé se convierte en niño, por ejemplo, mediante el desarrollo de la habilidad de caminar, la cual representa un salto cuántico de la conciencia del niño, extendida hasta cada rincón de la existencia: los patrones cerebrales cambian; en el cuerpo surgen nuevas sensaciones, los movimientos descoordinados se coordinan; los ojos aprenden a ver el mundo desde una perspectiva vertical y móvil; nuevos objetos del entorno están al alcance; y desde el umbral del primer paso, el bebé entra en un mundo de posibilidades inexploradas que podría culminar en escalar el Monte Everest o en correr un maratón. Así pues, no estamos hablando de una habilidad sino de un auténtico salto cuántico que no deja intacto ningún aspecto de la realidad del bebé.

La diferencia entre un niño pequeño y un corredor de maratón es que el nivel de comprensión se ha profundizado, no sólo en un frente sino en toda la persona. Cuando realizas una acción en realidad estás expresando un nivel de comprensión. En una carrera, dos corredores pueden compararse en áreas tales como disciplina mental, resistencia, coordinación, administración del tiempo, equilibrio de obligaciones y relaciones, etcétera. Cuando compruebas cuán amplio es el alcance de la conciencia, empiezas a comprender que nada está excluido.

La comprensión modifica la imagen total de la realidad.

Ser capaz de influir en la totalidad de tu realidad al mismo tiempo es la esencia del "co-surgimiento interdependiente simultáneo". No hay límites para la influencia que puedes ejercer, pero para descubrir esto debes abordar la vida con pasión. Cuando haces algo con pasión, expresas cada aspecto de quien eres. La pasión libera toda la energía que posees. En ese momento te juegas el todo por el todo, pues si pones todo lo que tienes en una empresa, tus defectos y debilidades también quedan expuestos. La pasión saca todo a la luz.

Este hecho inexorable desanima a muchas personas, a quienes desagradan tanto sus aspectos negativos, y se sienten tan intimidados por ellos, que contienen su pasión creyendo que así la vida será más segura. Tal vez lo sea, pero al mismo tiempo limitan gravemente su comprensión de lo que la vida puede ofrecer. En términos generales, hay tres niveles de compromiso que puedes expresar:

1. Abordar una situación sólo hasta encontrar el primer obstáculo real.
2. Abordar una situación lo suficiente para superar algunos obstáculos.
3. Abordar una situación para vencer todos los obstáculos.

Usando este modelo, piensa en algo que hayas deseado apasionadamente hacer bien: pintar, escalar montañas, escribir, criar a un hijo o destacar en tu profesión. Evalúa honestamente tu desempeño en esa tentativa.

Nivel 1. "No estoy satisfecho con lo que he logrado. Las cosas no resultaron como yo quería. Otros tuvieron un mejor desempeño que el mío. Perdí el entusiasmo y me desanimé. Sigo haciendo lo que debo hacer, pero básicamente estoy patinando sobre la superficie. Creo que esencialmente he fracasado."

Nivel 2. "Estoy bastante satisfecho con mis logros. Mi desempeño no siempre es el mejor pero sigo en la carrera. La gente confía en mí porque sé lo que hago. He vencido muchos obstáculos para llegar a ser así de bueno. Siento que esencialmente soy un triunfador."

Nivel 3. "Dominé lo que me propuse. Las personas me miran con respeto y me consideran una autoridad. Conozco todos los recovecos de esto y siento una profunda satisfacción por ello. Ya casi no necesito pensar en los pormenores. Mi intuición me guía. Esta área de mi vida es una de mis grandes pasiones."

Cada nivel de compromiso refleja la comprensión que estás dispuesto a alcanzar. Si no conocieras la naturaleza humana podrías suponer que actividades como pintar, practicar montañismo o escribir podrían tratarse aisladamente, pero toda la persona se ve afectada porque toda ella se está expresando. (Por esto se dice que uno llega a conocerse en la montaña o frente al lienzo en blanco.) Aun si piensas en una habilidad modesta, como correr un maratón o cocinar, todo tu sentido del yo cambia cuando tienes éxito con pasión, a diferencia de cuando fracasas o te echas para atrás.

La voluntad de entrar en cada parte de ti abre la puerta a la comprensión total. Te juegas toda tu identidad, no sólo una parte. Esto puede parecer sobrecogedor, pero es de hecho la manera más natural de abordar cualquier situación. Cuando retienes una parte de ti, le niegas contacto con la vida; reprimes su energía y evitas que comprenda lo que necesita saber. Imagina a un bebé que desea caminar, pero tiene estas reservas:

1. No quiero verme mal.
2. No quiero caer.
3. No quiero que nadie me vea fracasar.
4. No quiero vivir con la carga del fracaso.
5. No quiero gastar toda mi energía.
6. No quiero dolor.
7. Quiero acabar con las cosas lo más rápidamente posible.

Para un bebé, estas reservas parecen absurdas. Si cualquiera de ellas entrara en juego, nunca aprendería a caminar o lo haría con vacilación. La oportunidad de alcanzar la maestría jamás se presentaría. Sin embargo, los adultos recurrimos a estas reservas todo el tiempo. Como resultado, nos negamos la maestría. Nadie puede cambiar el hecho de que todos los aspectos negativos de una situación se expresan en el instante en que la situación surge, junto con todos los aspectos positivos. No podemos escapar de las decisiones internas que hemos hecho.

Todo lo que has decidido sobre ti está en juego en este instante.

Por fortuna, estas decisiones individuales pueden examinarse y modificarse. Como todos los aspectos negativos están justo frente a ti, no necesitas ir en su búsqueda. Lo que las personas experimentan como obstáculos en la vida son reflejos de una decisión mediante la cual rechazaron la comprensión. Si rechazas demasiada comprensión te conviertes en una víctima sujeta a fuerzas que te abruman y apabullan. Estas fuerzas no son destino ni infortunio: son huecos en tu conciencia, lugares donde no has sido capaz de mirar.

Considera hoy una de las decisiones que has evitado que te comprometan totalmente en la vida; puede estar incluida en la lista anterior.

No quiero verme mal. Esta decisión se relaciona con la imagen propia. "Verse bien" significa preservar una imagen, pero las imágenes son sólo fotografías congeladas. Dan la impresión más superficial de quién eres. A la mayoría de las personas se le dificulta superar su imagen propia. Crean cierta apariencia, cierta manera de actuar, cierto nivel de gusto, estilo de vida y estatus que se engranan en quienes creen que son. Su imagen propia se proyecta en cada situación nueva con sólo un resultado posible: se ven bien o se ven mal. Mucho tiempo atrás, estas personas decidieron que nunca se verían mal si podían evitarlo.

La única manera en que puedes contrarrestar esta decisión es mediante tu voluntad de olvidar cómo te ves. Estoy seguro de que has visto filmaciones en cámara lenta de corredores olímpicos cruzando la línea de meta, empapados en sudor, las caras distorsionadas por el esfuerzo, gastando hasta el último gramo de sí mismos. En su pasión por ganar no les importa en lo más mínimo cómo se ven. Esto te ofrece una pista sobre tu situación: si estás verdaderamente concentrado en el proceso en curso, no pensarás en tu apariencia.

Considera hoy las siguientes ideas y reflexiona en ellas hasta comprender cómo se relacionan contigo:

- El triunfo no tiene que verse bien. Una cosa no tiene nada que ver con la otra.
- Apasionarse por algo se ve bien desde dentro, que es lo que importa.
- Verse bien desde dentro no es una imagen. Es un sentimiento de satisfacción.
- No te sentirás satisfecho mientras mantengas una imagen en tu mente.

No quiero caer. Esta decisión gira alrededor del fracaso, que a su vez gira alrededor del enjuiciamiento. En el ámbito de la pintura, toda obra maestra está precedida por un boceto. A veces estos bocetos son unos cuantos garabatos burdos, otras requieren años y decenas de intentos. ¿Fracasó el pintor cuando hizo un boceto? No, porque dominar una habilidad requiere etapas de desarrollo. Si consideras que tus primeros esfuerzos son fracasos, te opones a un proceso natural.

En general, las personas que temen caer fueron ridiculizadas o humilladas en el pasado. Ésta es un área donde los padres emiten juicios negativos de terribles consecuencias: el fracaso es algo que heredas de alguien que te desalentó. El temor se adhiere al fracaso al vincularse con el sentido del yo. "Caer significa que no valgo." Junto a verse mal, la segunda reserva mental más nociva es el miedo a caer y sentirse como un individuo sin valor.

Hoy, analízate honestamente y considera cuánto de este miedo hay en ti. El grado con que te evalúes es el grado con que necesitas sanar. La mayoría de las personas dice que odian fracasar, pero detrás de la palabra *odio* puede haber una amplia gama de emociones, desde un derrumbe desolador del yo hasta una ligera molestia por no haber tenido tu mejor desempeño. Tú puedes sentir en qué nivel de la escala caes. Califícate:

- Me siento desolado cuando fracaso. No puedo librarme de ese sentimiento durante días, y cuando recuerdo mis más grandes fracasos revivo cuán intensa fue la humillación.
- Me siento tan mal cuando fracaso que generalmente deserto. Me cuesta mucho volver a la carrera, pero finalmente lo hago. Es una cuestión de orgullo y amor propio.

- Me tomo con calma el fracaso porque me importa más alcanzar mis objetivos. Aprendo de mis fracasos. Hay algo positivo en cada revés. Si puedes aprender de tus errores, no has fallado.

- No pienso en términos de ganar o perder. Permanezco concentrado y observo mi desempeño en cada situación. Cada respuesta me muestra un nuevo aspecto de mí mismo. Quiero comprender todo, y desde esa perspectiva, cada experiencia es como pasar otra página en el libro de la evolución.

Una vez que determinas en dónde te encuentras, desarrolla un programa de cambio apropiado para ese nivel.

Primero, las personas en este nivel son hipersensibles a los reveses y los toman de manera tan personal que abren sus viejas heridas una y otra vez. Si es tu caso, vuelve a lo básico. Encuentra algo muy sencillo de lograr, como preparar un omelet o correr alrededor de la cuadra. Aparta tiempo para esta actividad, y mientras la estés llevando a cabo, percibe cómo se siente triunfar. Sé como un buen padre y elógiate. Si las cosas salen un poco mal, piensa que no hay problema. Necesitas reformatear tu manera de sentir respecto de establecer una meta y alcanzarla.

Dentro de ti hay una voz desalentadora que percibes muy pronto y a la que das demasiado crédito. Desarrolla progresivamente una conexión con la voz que alienta. Ésta también está en ti pero ha sido ahogada por la voz de la crítica. Incrementa gradualmente los retos que puedes enfrentar. Pasa de preparar un omelet para ti a preparar uno para alguien más. Percibe qué se siente ser alabado. Asimila el hecho de que mereces este halago. No te compares con nadie más; tú estás donde estás y en ninguna otra parte. Sigue reforzando tus éxitos.

Por lo menos una vez al día, haz algo que consideres un éxito y que suscite elogios de ti o de alguien más. Asegúrate de que el elogio externo sea sincero. Tomará tiempo, pero luego de un tiempo notarás que la voz interior de aliento está empezando a crecer. Aprenderás a confiar en ella, y llegarás a comprender que tiene razón.

Segundo, a las personas de este nivel les afectan de tal manera los fracasos que con frecuencia evitan nuevos desafíos, pero no tanto como para sentirse desolados. Si es tu caso, necesitas más motivación porque estás en la frontera entre querer ganar y el temor al fracaso. Puedes inclinarte hacia uno u otro. Para aumentar tu motivación puedes unirte a un equipo o buscar un tutor. El espíritu de equipo te ayudará a hacer caso omiso de las voces desalentadoras de tu interior. Un tutor te mantendrá concentrado de manera que desertar no sea una opción. Elige un nivel de actividad que no ponga en riesgo la confianza en ti mismo. Es más importante interiorizar los elementos del éxito que vencer un gran desafío. El equipo no tiene que ser deportivo; busca cualquier grupo que tenga *esprit de corps*. Podría ser una banda de jazz, un grupo de voluntarios o un partido político. El apoyo externo te ayudará a vencer tus obstáculos internos. Llegarás a comprender que esos obstáculos no son montañas; pueden reducirse a pequeñas cimas de éxito.

Tercero, las personas de este nivel se sienten más alentadas por el éxito que desalentadas por el fracaso. Tienen un buen abastecimiento de motivación positiva. Si es tu caso, puedes tener éxito por mucho tiempo pero llegará un momento en que las recompensas externas dejarán de satisfacerte. Necesitas fijarte un objetivo completamente interno parar crecer. Entre los objetivos internos más valiosos están aprender a profundizar en ti, aprender a servir a otros sin recompensa, y aprender sobre las profundidades de la espiritualidad. Proponte obtener mayor comprensión de ti sin recompensas externas. Con el tiempo, la distinción entre éxito y fracaso empezará a difuminarse. Empezarás a ver que todo lo hecho no ha sido sino el despliegue de ti mismo para ti mismo. Las mayores satisfacciones de la vida ocurren cuando ese despliegue es lo único que necesitas.

Cuarto, las personas de este nivel han vencido el fracaso. Disfrutan cada giro de la vida y les satisfacen todas las experiencias. Si es tu caso, profundiza tu maestría. Tus obstáculos restantes son sutiles y están en el nivel del ego. Aún crees que un yo aislado está teniendo esas experiencias. Proponte distanciarte e ir más allá de este yo limitado. Los textos espirituales más profundos y tu compromiso personal con uno de los cuatro caminos te proporcionarán gran satisfacción.

No quiero que nadie me vea fracasar. Esta decisión gira alrededor de la vergüenza, temor interiorizado a la opinión de los demás. La desaprobación de ellos se convierte en tu vergüenza. El cliché acerca de que las personas en Oriente no soportan "perder la cara" se refiere a la vergüenza, que puede ser una poderosa fuerza social. La respuesta a la vergüenza no es la adopción de un comportamiento desvergonzado. Muchas personas intentan esa solución en su adolescencia, esperando vencer su intensa timidez con actos externos de bravuconería, como pasearse en autos robados o vestir de manera extravagante. Si te sientes avergonzado fácilmente, has tomado una decisión interna que necesitas modificar.

Primero, date cuenta de que lo que los demás piensan de ti depende frecuentemente de si tus actos son buenos o malos *a sus ojos*. La opinión social es inevitable, y nos afecta a todos. No obstante, algunos intentarán avergonzarte mediante sus palabras, tono de voz y comportamiento. Distánciate de tu situación y observa cómo funciona esto. Lee un tabloide o ve un programa televisivo de chismes del espectáculo. Advierte el flujo constante de insinuaciones y juicios. Siéntete cómodo con el hecho de que este tratamiento existe. No estás aquí para cambiarlo, sólo para tomar conciencia de cómo funciona.

Segundo, evita avergonzar a los demás. Este comportamiento es un disfraz. Crees que si chismorreas, hablas mal de las personas, intentas sentirte superior o atacas de cualquier otra manera, protegerás tu vulnerabilidad. En realidad, lo que estás haciendo es hundirte en la cultura de la vergüenza. Aléjate; no te puedes permitir permanecer ahí más tiempo.

Tercero, encuentra maneras de granjearte halagos que te hagan sentir una buena persona, lo cual es diferente a recibir halagos por tus logros. Sin duda puedes hacer muchas cosas por las que los demás dirían que has hecho un gran trabajo, pero lo que te hace falta es el halago que sane tu sensación de vergüenza. Eso sólo puede ocurrir cuando las emociones están en juego. Necesitas sentir el calor de la gratitud; necesitas ver la admiración en la mirada de otra persona. Te sugiero que ayudes a los pobres, ancianos o enfermos. Dedica tiempo a un programa voluntario de ayuda a necesitados, sea cual sea tu definición de ese término. Mientras no te reconectes sobre la base del amor, no serás capaz de separarte de los sentimientos de vergüenza.

No quiero vivir con la carga del fracaso. Esta decisión gira alrededor de la culpa, conocimiento interno de que se ha obrado mal. Tiene su lugar como una voz saludable de tu conciencia. Pero cuando la culpa se adhiere a la razón equivocada puede ser destructiva y enfermiza. Las personas que se sienten culpables sufren por la incapacidad de distinguir entre pensamientos y actos. Sienten la carga de cosas exclusivamente mentales, no de acciones. A esto suele llamársele "pecar en el corazón". Sea cual sea el nombre que le des, la culpa te hace sentir un fracasado debido a tu horrendo pasado.

Las personas que se sienten culpables no quieren enfrentar nuevos desafíos por miedo a que, cuando fracasen, se sentirán más culpables y la carga del pasado se incrementará. Esto les suena razonable, pero en realidad la culpa es extremadamente irracional. Como la vergüenza, podemos descomponer la culpa en sus ingredientes irracionales:

- La culpa no es una medida confiable del bien y el mal. Puede hacerte sufrir por razones triviales.

- La culpa es una manta que quiere cubrir todo. Te hace sentir culpable respecto de personas y cosas que no tienen relación con tus actos excepto porque casualmente estaban en los alrededores.

- La culpa te hace sentir excesivamente responsable. Crees haber causado males que, en realidad, no tienen nada que ver contigo.

- La culpa es parcial. Invariablemente te considera culpable, sin oportunidad de indulto.

Cuando comprendes estos cuatro enunciados puedes empezar a aplicarlos en tu caso. No intentes ahuyentar la culpa. Ten tu reacción de culpa, déjala ser, y entonces pregúntate: "¿En verdad hice algo malo?" "¿Condenaría yo a alguien que hiciera lo mismo?" "¿Actué lo mejor posible dadas las circunstancias?" Estas preguntas te ayudarán a percibir más objetivamente el bien y el mal. Si tienes duda, busca la opinión de una persona poco inclinada a inculpar.

"¿A quién lastimé en realidad?" Sé específico; no permitas que la culpa sea una manta. Tal vez descubras que en realidad jamás lastimaste a nadie. Si aún crees que lo hiciste, ve con la persona y pregúntale cómo se siente al respecto. Comenta tus acciones. Intenta llegar al punto donde puedas disculparte. Escribe la disculpa en un papel. Cuando la voz de la culpa te acuse de nuevo, toma el papel que demuestra que has sido perdonado y di: "¿Lo ves? No importa que quieras hacerme sentir así. La persona que lastimé ya no se preocupa por esto".

"¿En verdad soy el responsable aquí? ¿Cuál fue mi participación? ¿Jugaron mis acciones un papel importante o secundario?" Sólo eres responsable de las acciones que realizaste o que no realizaste. Sé específico. Detalla esas acciones; no las exageres y no caigas en la idea irracional de que eres totalmente responsable sólo porque estabas ahí.

Muchas situaciones familiares nos sumergen en una sensación general de culpa compartida; pero si eres específico y te responsabilizas de lo que en realidad dijiste e hiciste, no lo de lo que dijeron e hicieron quienes estaban alrededor, puedes disipar el sentimiento de ser responsable de todo.

"¿Qué cosas buenas he hecho para compensar las malas? ¿Cuándo habré hecho lo suficiente para dejar esto atrás? ¿Estoy listo para perdonarme?" Todas las malas acciones tienen su límite, después del cual eres perdonado e indultado. Pero como hemos visto, la voz interna de la culpa es parcial: eres culpable desde el momento en que entras al tribunal y sigues siéndolo por siempre. Piensa en cualquier acción que te produzca culpa y escribe el día en que serás perdonado. Haz todo lo que puedas para compensar tu mala acción y cuando llegue el día de la liberación, toma tu indulto y aléjate. Ninguna acción, por atroz que sea, merece una condena perpetua; no te dejes llevar por el prejuicio que sigue responsabilizándote hasta de tus pecados más veniales año tras año.

No quiero gastar toda mi energía. Esta decisión gira alrededor de la creencia de que la energía, como el dinero de tu cuenta bancaria, es limitada. Las personas que no quieren gastar mucha energía evitan nuevos desafíos por pereza, pero ésta es en gran medida un disfraz de asuntos más profundos. Es cierto que la energía es limitada, pero si alguna vez te has comprometido apasionadamente con algo, sabrás que mientras más energía le dediques, más tendrás. La pasión se renueva a sí misma.

Curiosamente, lo que drena la energía es el acto de contenerla. Mientras más reserves tu energía, más se estrechan los canales por los que puede fluir. Quienes temen amar, por ejemplo, reprimen la expresión del amor. Su corazón se constriñe en vez de expandirse; las palabras afectuosas se atoran en sus gargantas; se sienten torpes hasta en los más pequeños gestos de cariño. La constricción desarrolla el temor a la expansión y la serpiente sigue mordiendo su propia cola: mientras menos energía gastes, menos tienes para gastar. Los siguientes pasos pueden expandir los canales de la energía:

- Aprende a dar. Cuando sientas el impulso de acumular, acércate a una persona necesitada y ofrécele algo que tengas en abundancia. No tiene que ser dinero o mercancías. Puedes dar tiempo y atención, lo que de hecho contribuirá más a abrir tus canales de energía que dar dinero.

- Sé generoso. Esto implica ser generoso con elogios y agradecimientos más que con dinero. La mayoría de las personas ansía el elogio y recibe mucho menos del que merece. Sé el primero en notar cuando alguien obre bien. Agradece con todo el corazón y no sólo con fórmulas verbales. Elogia detalladamente, mostrando a la persona que en verdad prestaste atención a lo que hizo. Mira a la persona a los ojos y mantén esa conexión mientras la elogias.

- Sigue tu pasión. Algún área de tu vida te hacer querer gastar toda tu energía ahí. Sin embargo, a la mayoría de las personas les inhibe la idea de ir demasiado lejos y no gastan su energía ni en esas áreas. Ten la disposición de llegar al límite, y entonces avanza un poco más. Si te gusta la caminata, fija tus expectativas en una montaña y conquístala. Si te gusta escribir, comienza y termina un libro. No se trata de forzarte sino de demostrar cuánta energía hay ahí en realidad. La energía es la portadora de la conciencia; le permite salir al mundo. Al dedicar más energía a cualquier empresa incrementas la recompensa de comprensión que obtendrás.

No quiero dolor. Esta decisión gira alrededor de varias cuestiones que se relacionan más con el dolor psicológico que con el físico. La primera de ellas es el sufrimiento pasado. Las personas que han sufrido y no han podido sanar sienten gran aversión hacia cualquier nueva posibilidad de dolor. Otra cuestión es la debilidad. Si el dolor ha vencido a alguien en el pasado, la perspectiva de sufrir más dolor hace surgir el temor de debilitarse aún más. Finalmente está la vulnerabilidad. El dolor nos hace sentir expuestos y más susceptibles al dolor que si permaneciéramos invulnerables. Todas estas cuestiones son profundas y no es fácil encontrar a alguien inmune a ellas. Como siempre, hay varios grados de sensibilidad.

El dolor es neutral en el plan cósmico. En el mundo material, el dolor nos motiva negativamente y el placer lo hace positivamente. Aprender a ser libres significa que tus actos no dependen de accionar alguno de estos interruptores. No hay desafío mayor, pues todos estamos profundamente inmersos en el ciclo de placer y dolor. Sólo alcanzando el nivel del testigo puedes notar cuán incómodo te sientes cuando el placer o el dolor te impulsan.

Quiero acabar con las cosas lo más rápidamente posible. Esta decisión gira alrededor de la impaciencia. Cuando tu mente está inquieta y desorganizada no puedes evitar sentirte impaciente. Careces del nivel de atención necesario para tomarte tu tiempo y ser paciente. Las personas que se contienen porque no pueden prestar suficiente atención también se privan de nuevos desafíos. Su comprensión se ve forzada a permanecer en un nivel muy superficial. Irónicamente, el tiempo no es esencial para una respuesta atenta. Lo que importa no es cuánto tiempo sino con qué profundidad prestas atención.

En la película *Amadeus*, un compositor muy competente, Salieri, se siente atormentado por el genio de Mozart, su rival. Mozart no era mejor persona que Salieri: para favorecer el dramatismo, la película convierte a Mozart en un hedonista vanidoso y pueril. Él no dedicaba más tiempo a componer que Salieri; no era más favorecido por los patrones; no asistió más tiempo a la escuela de música. Salieri culpaba a Dios por esta flagrante disparidad de dones, y casi todos hacemos inconscientemente lo mismo cuando conocemos a alguien que excede por mucho nuestras capacidades.

La impaciencia está arraigada en la frustración. Nos rehusamos a prestar atención porque los resultados no ocurren con suficiente rapidez o no producen suficientes recompensas. La mente prefiere alejarse de esta fuente potencial de incomodidad. Si te impacientas fácilmente, probablemente responsabilizas a las circunstancias externas. El tránsito no avanza con suficiente rapidez, la fila para pagar en el supermercado dura una eternidad; cuando pides a alguien que realice una tarea, siempre arrastra los pies.

La proyección de tu impaciencia en el mundo externo es una defensa, una manera de desviar el miedo a la ineptitud. En los casos más graves del transtorno por déficit de atención, especialmente en niños, ese miedo siempre está detrás de la falta de atención. Las personas impacientes están demasiado desalentadas como para profundizar demasiado. Aun sin un rival del genio de Mozart, todos nos sentimos intimidados por un competidor interno y misterioso, alguien que por definición es mejor que nosotros. Este fantasma nos expulsa de nuestra propia conciencia.

La impaciencia termina cuando vuelves a tu interior con la confianza suficiente para permitir que la conciencia se despliegue. La confianza no puede forzarse. Te considerarás apto cuando experimentes niveles más y más profundos de comprensión. Si eres impaciente, necesitas enfrentar la realidad de que no eres el mejor en nada, ni necesitas serlo. Detente cuando te sientas eclipsado por genios, riquezas, estatus o logros mayores. La única persona real dentro de ti eres tú. Esa persona es una semilla cuyo crecimiento es ilimitado. Para que las semillas germinen es necesario alimentarlas, y en este caso la alimentación se logra prestando atención. Ten la disposición de enfrentarte a ti mismo, sean cuales fueren las limitaciones que creas tener. Sólo un encuentro directo contigo mismo produce el alimento de la atención, y mientras más alimento ofrezcas, mayor será tu crecimiento.

Secreto 15

Todo es esencia pura

Finalmente hemos retirado todas las capas de la cebolla. Estamos cara a cara con lo indescriptible, el secreto en el corazón de la vida. Pero las palabras casi han alcanzado su límite.

¿Con qué cuentas cuando estás frente a lo indescriptible? Sólo queda intentar describirlo con palabras inadecuadas. La mente no puede ayudarse. Acostumbrada a poner todo en un pensamiento, no puede comprender *algo* que está más allá del pensamiento.

Todos dibujamos un mundo de líneas, formas y colores con tinta invisible. Nuestro instrumento no es más que una mota de conciencia, como la punta de un lápiz desplazándose sobre un papel blanco. No obstante, todo surge de ese punto. ¿Hay algo más misterioso y al mismo tiempo más milagroso? Un punto infinitamente más pequeño que la punta de un lápiz traza la forma del universo.

Ese punto está hecho de esencia, o la forma más pura del Ser. La esencia es el misterio supremo porque se las arregla para hacer tres cosas a la vez:

Concibe todo lo que existe.
Hace realidad lo que ha imaginado.
Entra en esa realidad y la mantiene viva.

En este instante tú también estás realizando estas tres actividades. Antes de que algo te suceda, ese algo es concebido en la imaginación, esto es, en el estado donde surgen las imágenes y los deseos. Esas imágenes se despliegan entonces en objetos y sucesos explícitos. Mientras eso ocurre, tú entras en el suceso de manera subjetiva, lo que significa que lo absorbes en tu sistema nervioso. La manera más sencilla de describir este acto tripartita de creación es decir que imaginas un cuadro, luego lo pintas y finalmente entras en él.

Todo lo que se requiere para hallar la esencia de la vida es salir del cuadro y verte a ti mismo. No verás una persona, ni siquiera un alma, sólo una mota de conciencia, el punto que está produciendo los cuadros más adorables, horrorosos, insulsos, sagrados, asombrosos, vulgares y maravillosos. Pero al usar estas palabras he caído en la tentación de intentar describir lo indescriptible. Permíteme desechar todas las imágenes y decir las cosas más simples que son verdaderas: existo, estoy consciente, soy creador. Éstas son las tres características de la esencia que impregnan el universo.

Cuando has retirado todos los aspectos irreales de ti, sólo queda la esencia. Cuando te das cuenta de que esa esencia es el tú real, se abren las puertas doradas. La esencia es preciosa porque es el material del que está hecha el alma. Si pudieras mantenerte en contacto con la esencia y volver al cuadro que has creado, vivirías desde el nivel del alma en todo momento.

Sin embargo, una gran dificultad mantiene cerradas las puertas doradas: no hay nada que *no* sea esencia. Cuando reduces la realidad única a su esencia, todas las características desaparecen. Ahora, un árbol, un caballo, una nube y un ser humano son lo mismo. Las dimensiones físicas también desaparecen. El tiempo transcurrido entre dos sucesos cualquiera es cero; el espacio entre dos objetos cualquiera es cero. La luz y la oscuridad dejan de existir. Completamente lleno y totalmente vacío son equivalentes.

En otras palabras, en el preciso instante en el que crees conocer el secreto de todo, tus manos quedan vacías. Es un resultado especialmente perturbador para quienes recorren el sendero espiritual con el fin de encontrar a Dios. A menos que definas a Dios como esencia, él también se esfumará. Pero en India hay una fuerte tradición que coloca la esencia muy por arriba de los dioses personales. Uno de los más grandes maestros espirituales modernos, Nisargadatta Maharaj, no hizo concesiones a este respecto. Él declaró que era —al igual que todas las demás personas— esencia pura. Como resultado, enfrentó mucha oposición contenciosa.

He aquí una conversación típica de Maharaj con un visitante escéptico:

Pregunta: ¿Dios creó la Tierra para usted?
Respuesta: Dios es mi devoto y él hizo todo esto para mí.
P: ¿No hay un dios aparte de usted?
R: ¿Cómo podría haberlo? "yo soy" es la raíz, Dios es el árbol. ¿A quién voy a venerar, y para qué?
P: ¿Es usted el devoto o el objeto de la devoción?
R: Ninguno de los dos. Soy la devoción.

Podemos percibir el desconcierto y la frustración en la voz de quien pregunta, ¿y quién podría culparlo? El camino a la unidad es tan diferente del que enseña la religión organizada, que fuerza a la mente. Maharaj solía afirmar que no fuimos creados para Dios; Dios fue creado para nosotros. Con esto quería decir que la esencia, siendo invisible, debía crear una proyección todopoderosa que fuera venerada. En sí misma, la esencia no tiene características; no hay de qué sujetarse.

La esencia realiza un acto de desaparición porque no es algo que podamos sentir o pensar. Pero si estar vivo consiste en sentir y pensar, ¿de qué sirve la esencia? En el nivel más superficial, la esencia es inútil porque las diferencias siguen atrapando nuestra atención. Supongamos que quieres ser feliz y no infeliz, rico y no pobre, bueno y no malo. Ninguna de estas distinciones resulta relevante para tu esencia. Ella sólo trabaja con tres cosas: existe, crea, es consciente.

Una vida sin diferencias puede parecernos absolutamente inconcebible, pero hay un documento que habla de la esencia en términos prácticos, lo que sugiere que alguien ha descubierto cómo vivir desde este nivel. El documento, conocido como *Yoga Vashistha*, contiene muchas cosas extrañas. Como sabemos, yoga significa unidad, y Vashistha es el nombre del autor. Así pues, el título significa en sánscrito "la versión de Vashistha sobre la unidad". Nadie ha demostrado que esta persona haya existido —el texto tiene varios siglos de antigüedad—, pero la versión de la unidad propuesta por Vashistha es una obra que destaca por su singularidad. Creo que es el más grande esfuerzo realizado por el sistema nervioso humano para tomar conciencia de la existencia.

Algunas reflexiones características de Vashistha te darán rápidamente una idea de su visión de la vida:

En la conciencia infinita, los universos van y vienen como partículas de polvo flotando en un haz de luz que penetra por un hoyo del techo.
La muerte siempre está al pendiente de tu vida.
Todos los objetos son experimentados en el sujeto y en ningún otro lado.
Mundos enteros se alzan y caen como las olas del mar.

La enseñanza de Vashistha tiene la reputación de ser uno de los textos más difíciles y abstractos del canon espiritual y, por tanto, de no ser apropiado para principiantes. Yo lo leo de manera mucho más sencilla, como la voz de la esencia. Un puñado de frases basta para darnos una idea de sus temas principales. Vashistha considera que el universo es transitorio y fugaz; advierte que la muerte está irrevocablemente unida a la vida; utiliza la conciencia subjetiva como la medida auténtica de lo real, y comparado con ella, el mundo material es como una ráfaga.

Conforme avanza la lectura, estos temas aparecen reelaborados cientos de veces con tal convicción que el lector pronto queda atrapado. Los pasajes suenan oscuros, inconcebibles a veces, pero ése es el meollo: ésta es la vida condensada en ideas tan concentradas como diamantes:

Eso que la mente piensa es lo único que ve.
Lo que la gente llama destino o voluntad divina no es más que un acto del pasado obedeciéndose a sí mismo.
Así como el movimiento es inherente al aire, la manifestación es inherente a la conciencia.

Al estudiar estas palabras es fácil caer en una especie de trance en el que el mundo visible sale volando como una pluma. El efecto no es alentador ni agradable; Vashistha no ofrece consuelo alguno. Nada le interesa fuera de la esencia, por lo que es el maestro supremo en cómo ser reales. Llegar a ser reales es también el objetivo de este libro, así que he tratado de destilar los consejos de Vashistha sobre cómo vivir si en verdad te interesa despertar de la irrealidad. Él describe cuatro condiciones para encontrar la realidad:

Complacencia.
Voluntad de investigar.
Conciencia de uno mismo.
Fortaleza.

Cuatro palabras y frases comunes, un tanto inofensivas. ¿Qué quería decir con ellas este sabio que probablemente conoció la esencia mejor que ninguna otra persona que haya existido?

Complacencia. Es la tranquilidad mental. Una persona que vive en la complacencia es ajena a dudas y miedos. Las dudas nos recuerdan insistentemente que no hay respuesta para el misterio de la vida o que ninguna de ellas es fiable. El temor nos recuerda sin cesar que podemos sufrir algún daño. Mientras alguna de estas creencias se albergue en tu mente, te resultará imposible encontrar paz en ti. La complacencia debe ganarse en el nivel donde la duda y el temor han sido vencidos.

Voluntad de investigar. Para ser real debes cuestionar lo irreal una y otra vez hasta que desaparezca. Este proceso es similar a pelar una fruta. Si algo que te parecía confiable traiciona tu confianza, debes arrancarlo y decir: "No, esto no es real". Si lo siguiente que reclama tu confianza tampoco resulta confiable, asimismo tendrás que arrancarlo. Capa por capa sigues indagando hasta que encuentres algo totalmente confiable, y eso será real.

Conciencia de uno mismo. Esta cualidad nos indica dónde debemos realizar nuestras indagaciones: no fuera en el mundo material sino en ti mismo. Este vuelco no se completa en una sola acción. Para cada desafío hay siempre dos soluciones, una interna y otra externa. Sólo al analizar todas las razones para volcarnos hacia fuera descubrimos por qué debemos volcarnos hacia dentro.

Fortaleza. Como estás vuelto hacia dentro, nadie del exterior puede ayudarte. Esto implica aislamiento y soledad que sólo los fuertes pueden aceptar. La fortaleza no es innata; no nacemos fuertes o débiles. La fortaleza interior es resultado de la experiencia. En las primeras etapas en que mires hacia dentro obtendrás un indicio de que puedes llegar a ser real, y con esa fuerza agregada seguirás avanzando. Te volverás más resuelto y seguro. Pondrás a prueba todo lo que encuentres a tu paso hasta que lo sientas seguro. Paso a paso comprobarás que la fortaleza nace de la experiencia. El viaje mismo nos hace fuertes.

Vashistha no menciona casi nada más sobre asuntos cotidianos. No es necesario empezar a vivir de cierto modo —o dejar de vivir de cierto modo— para ser real. La actitud de Vashistha es de aceptación total: le complace dejar que la vida se despliegue. "Pues sólo mientras invistamos a un objeto de realidad", afirma, "durará ese confinamiento; una vez que esa noción se va, con ella se va el confinamiento". En otras palabras, la irrealidad debe desvanecerse por sí sola. Mientras tanto, podemos ser ricos o pobres, felices o infelices, indecisos o seguros, según lo dicte nuestro karma.

Vashistha siente infinita tolerancia porque "lo irreal no existe y lo real nunca dejará de existir". Siente infinita tranquilidad porque "la conciencia es omnipresente, pura, serena, omnipotente". Sin embargo, no es por estos profundos pensamientos por lo que considero que Vashistha es extraordinario. Su talento está en aguijonearnos con verdades agudas como lanzas: "El universo es un largo sueño. El sentido del yo, al igual que la fantasía de que existen más personas, es tan irreal como un sueño".

Cuando imagino a Vashistha, visualizo un día de campo en que todos se han dormido bajo la sombra de una vieja haya. Están agotados por comida, placer y juego. Sólo una persona está sentada, despierta y alerta, esperando a que los demás terminen su siesta. *Todos los demás están dormidos.* No hay manera de negar esa verdad. Vashistha sabe que está solo, pero no es pesimista. Su solitaria vigilia no ha debilitado su amor por las demás personas. La esencia *es* amor. No el amor de la emoción pasajera ni el que liga a una persona, sino el amor por el simple hecho de estar aquí. En comparación, el amor emocional es limitado, incierto, temeroso y está motivado por sueños que nunca se realizan plenamente.

En esencia pura, Vashistha supo que había descubierto el secreto de la felicidad universal, el cual consta de tres partes: libertad de toda limitación, conocimiento completo de la creación e inmortalidad. Vashistha descubrió los tres. El hecho de que esta condición sea posible demuestra la existencia del amor, pues no hay otra cosa digna de desearse. Mientras no se alcancen estas tres cosas, cualquier otro despertar es falso; el universo entero existe en el estado del sueño, en el mantenimiento de una ilusión cósmica.

Ahora conoces esta ilusión en todos sus detalles. Consiste en separación, fragmentación, pérdida de la totalidad. Debe haber un "¡No!" definitivo que se rehúse a participar en la ilusión, y Vashistha lo ha pronunciado, fuerte y claro. En lo personal, él es el maestro al que recurro cuando imagino que estoy en problemas. Al leer sus palabras siento que me elevo a su nivel, no completa ni permanentemente, pero con la suficiente validez como para regresar tranquilizado. A veces me gustaría que la CNN dejara de informar sobre crisis interminables por la banda de texto que está en la parte inferior de la pantalla de televisión, y transmitiera en su lugar estas palabras para que la gente recuerde qué es real:

Todo lo que hay en la mente es como una ciudad en las nubes. El surgimiento de este mundo no es más que la manifestación de pensamientos. A partir de la conciencia infinita, todos nos hemos creado mutuamente en nuestra imaginación.

Mientras haya un "tú" y un "yo", la liberación resultará imposible. Amados míos, todos somos la conciencia cósmica que ha adoptado formas individuales.

Tal vez sea imposible trasladar estos nobles sentimientos a los vaivenes de la vida cotidiana, pero lo que Vashistha quiere primordialmente es que vivamos desde la esencia, y eso sí es factible. El maestro que mencioné antes, Nisargadatta Maharaj, vivió una vida así. Creció en una granja caminando tras un par de bueyes y un arado. Pero la espiritualidad lo intrigaba y se abrió paso hasta un gurú que le dio un consejo: "Tú eres el 'yo soy' nonato e inmortal. Recuerda esto, y si tu mente se desvía de esta verdad, hazla volver". El joven Maharaj no necesitó visitar a más gurúes; encontró su esencia con esa sencilla enseñanza.

El estado de conciencia más exaltado se reduce a darse cuenta de cuán ordinario es en realidad vivir una vida cósmica. Lo hacemos en todo momento. Sólo hace falta ver cómo Vashistha mira alrededor con gran sentido práctico y descubre infinitud en todas partes. Tener sus enseñanzas cerca de la cama es lo más apropiado cuando quieras hacer algo más que dormir:

Para el que sufre, la noche es una eternidad; para el parrandero, un instante. En los sueños, un instante no difiere de una eternidad. Pero para el sabio, cuya conciencia ha superado todas las limitaciones, no existe el día ni la noche. Cuando nos alejamos de las nociones del "yo" y "el mundo", encontramos la liberación.

CAMBIA TU REALIDAD PARA ALBERGAR
EL DECIMOQUINTO SECRETO

El decimoquinto secreto se refiere a la unidad. Cuando era joven sentía el impulso de llegar lo más lejos posible, pero con el tiempo comprendí que la unidad no es un objetivo que pueda plantearse como ganar un juego, encontrar al cónyuge perfecto o llegar a la cima de una profesión. La unidad es más parecida a la música. Imagina que Bach visitara un jardín de infantes e infundiera a los niños la esperanza de que todos pueden llegar a ser como él. En realidad, pocos llegarán a tener el genio de Bach para la música. Pero no tienen que hacerlo. La música es una actividad gloriosa en sí misma, sin necesidad de compararte con nadie. Cada momento en la ejecución de música produce dicha por sí mismo, no sólo por ser un paso más en el ascenso a la cima más alta.

La espiritualidad puede producir dicha en todo momento —o al menos todos los días— si se le busca teniendo en mente las cuatro enseñanzas de Vashistha. Repasémoslas, considerando esta vez cómo aplicarlas en nuestra vida:

Complacencia. Busca un momento de complacencia todos los días. Tienes derecho a ella porque, en el plan cósmico, estás protegido y eres atendido. Complácete no por lo que tienes en la vida sino por estar en el flujo de la vida. Las glorias de la creación están en tus células; estás hecho del mismo material que los ángeles, las estrellas y Dios mismo.

Voluntad de investigar. No dejes que pase ni un día sin preguntarte quién eres. La comprensión es una habilidad, y como todas las habilidades, debe persuadírsele para que surja. Comprender quién eres significa volver una y otra vez a la pregunta. ¿Quién soy? Cada vez que vuelves permites que un ingrediente nuevo entre en tu conciencia. Cada día está lleno del potencial para expandir tu conciencia, y aunque cada nueva adición parezca minúscula, la acumulación será grande. Pueden ser necesarios miles de días para saber quién eres; sólo se necesita uno para dejar de preguntar. No dejes que ese día sea hoy.

Conciencia de uno mismo. Nunca olvides que no estás en el mundo; el mundo está en ti. Nada de lo que necesitas saber sobre la existencia surgirá fuera de ti. Cuando te ocurra algo, lleva la experiencia a tu interior. La creación está hecha de tal manera que te ofrece indicios y pistas constantes de tu papel como cocreador. Toma conciencia de ellos; asimílalos. Tu alma metaboliza la experiencia tal como tu cuerpo metaboliza el alimento.

Fortaleza. Nadie podrá decir jamás que recorrer el sendero espiritual es lo más sencillo ni lo más arduo que hay. El nacimiento de lo nuevo está demasiado ligado a la muerte de lo viejo. La alegría sucede inmediatamente a la pena, como debe ser si el nacimiento y la muerte se funden. No esperes hoy una u otra. Utiliza tu fortaleza para recibir lo que venga. Comprométete y apasiónate con la espiritualidad lo más que puedas. La fortaleza es la base de la pasión, y tú fuiste diseñado para sobrevivir y prosperar sin importar cómo se desarrolle la vida. Fortalécete hoy con este conocimiento.

Renacimiento

En determinado punto, la vida no tiene más secretos que revelar. Vives como si hubiera una sola realidad, y a cambio ésta te recompensa en abundancia. El miedo producido por la dualidad ha sido remplazado por una complacencia inquebrantable. La conciencia ha tomado plena conciencia de sí. Cuando alcanzamos este nivel de libertad, la vida comienza de nuevo. Por ello, a la iluminación se le llama apropiadamente renacimiento.

Crecí en India pero nunca conocí a un iluminado. Mi familia era profundamente religiosa, en especial la rama de mi madre. Pero cuando nací, el país entero estaba atrapado en el remolino de un nacimiento político: los ingleses levantaron sus campamentos de un día para otro y nos dejaron padecer solos los dolores del nacimiento. Fueron tiempos horrendos: la intolerancia religiosa desató la violencia en todo el norte de India y los disturbios y matanzas a gran escala se propagaron sin restricción.

Cuando Mahatma Gandhi fue asesinado por un fanático religioso el 30 de enero de 1948, el homicida cobró otra víctima. Una cuerda. La vestimenta tradicional de la casta de los brahmanes incluía una cuerda doble que se colocaba sobre un hombro. Había muchos vicios en el sistema de castas, pero para mí, esa cuerda simbolizaba una profunda verdad: que la iluminación era posible. Hasta hace poco, en India todos sabían que la cuerda doble era la promesa de un renacimiento. Representaba un legado que se remonta a mucho antes de la aparición de la memoria. La iluminación ya no se considera la meta de la vida, ni siquiera en India. Lo más que puede hacer un maestro es abrir la puerta de nuevo; puede responder las tres preguntas a la manera antigua:

- *¿Quién soy?* Eres la totalidad del universo actuando mediante un sistema nervioso humano.
- *¿De dónde vengo?* De una fuente que no nació ni morirá.
- *¿Por qué estoy aquí?* Para crear el mundo en todo momento.

Recibir este conocimiento es como ser empujado a través del útero por segunda vez. Damos un grito de sorpresa —tal vez de conmoción y dolor— al encontrarnos en un mundo desconocido. Una vez que hemos aceptado este renacimiento, aún tenemos pensamientos y sentimientos, pero ahora son impulsos suaves sobre un fondo de conciencia silente, suaves oleadas que ascienden y descienden sin perturbar el océano del ser.

No puedo evitar el pensamiento de que la iluminación nunca fue el derecho exclusivo de India ni de ninguna cultura. El renacimiento es resultado de ver la vida como es, de verla desde el punto inmóvil de nuestro interior. En la medida en que una persona haga esto, permanecerá iluminada. El universo va al punto inmóvil para crear el tiempo y el espacio. Nosotros vamos ahí para buscar una palabra, el recuerdo de un rostro, el aroma de una rosa. En este preciso instante, el mundo está floreciendo con su infinita variedad antes de volver al silencio, asombrado por el milagro que acaba de realizar.

Sobre el autor

Los libros de Deepak Chopra se han convertido
en bestsellers internacionales y son clásicos en su género.
El doctor Chopra es fundador del Centro Chopra para
el Bienestar, de Carlsbad, California. Visita su portal
de internet en:

www.chopra.com

El libro de los secretos, de Deepak Chopra
se terminó de imprimir en octubre de 2015
en los talleres de
Impresora Tauro S.A. de C.V.
Av. Plutarco Elías Calles 396, Col. Los Reyes, México D.F.